国家社会科学基金青年项目
（项目编号：18CGL015）

U0668206

"碳达峰、碳中和"背景下绿色供应链优化调控机制与创新实践研究

刘 峥　胡 斌／著

Wuhan University Press
武汉大学出版社

图书在版编目(CIP) 数据

"碳达峰、碳中和"背景下绿色供应链优化调控机制与创新实践研究 / 刘峥,胡斌著. —武汉 : 武汉大学出版社, 2022.3

ISBN 978-7-307-22858-0

Ⅰ. 碳⋯　　Ⅱ.①刘⋯　②胡⋯　Ⅲ. 供应链管理 – 研究　Ⅳ. F252

中国版本图书馆 CIP 数据核字(2022)第 012693 号

责任编辑:黄朝昉　　　责任校对:牟　丹　　　装帧设计:刘亚非

出版发行:**武汉大学出版社** 　(430072　武昌　珞珈山)

（电子邮箱:cbs22@whu. edu. cn　网址:wdp. com.cn）

印刷:三河市京兰印务有限公司

开本:710×1000　1/16　　　印张:17　　　　字数:293千字

版次:2022年3月第1版　　2022年3月第1次印刷

ISBN 978-7-307-22858-0　　定价:68.00元

摘　　要

人类在追求发展物质文明的过程中对自然资源的过度利用,给自然环境造成了严重的负面影响,许多国家逐渐开始调整自己的发展战略,全球性的产业结构也开始呈现绿色发展的战略趋势。在力争2030年前实现"碳达峰"、2060年前实现"碳中和"以及构建新发展格局等新形势的影响下,绿色供应链管理对减污降碳、保障产业链供应链安全稳定的积极作用日益凸显。因此,将绿色供应链的优化调控机制应用于供应链管理实践,减少和控制绿色供应链周期内碳足迹的策略,以市场机制助力我国"碳达峰、碳中和",具有重要的现实意义。

在"碳达峰、碳中和"背景下,本研究着眼于碳足迹视角下绿色供应链的优化和调控机制,分析了基于供应链成员非对称权力、碳税和成本双重约束、合作减排机制、回购和补贴政策下绿色供应链的运作优化策略,以及基于政府视角的定价和碳减排调控策略,并提出了绿色供应链的优化和调控策略。同时,基于绿色供应链的运营现状及主要问题,以生鲜品、纺织服装品、农产品和电子回收品行业为例进行了案例研究,提出相应的优化调控对策,为实现绿色供应链优化运营提供了思路。

研究报告共分为六个部分:第一部分为研究概述,对研究背景和问题进行了界定,同时对研究内容做了简要概述;第二部分为基础理论与问题解析,综述相关理论的研究现状,并明确了当前绿色供应链运营的主要问题,同时对影响供应链优化调控的关键要素进行了分析,为后续的研究奠定了基础;第三部分为碳足迹核算方法,主要对生鲜品、纺织服装品、钢铁产品、电子产品及建筑五个行业的碳足迹核算方式进行了研究,为企业针对性减排和企业针对性调控提供了依据;第四部分为绿色供应链优化与调控的理论研究,即从供应链成员非对称权力、碳足迹与成本双重约束、合作减排机制、回购和低碳补贴政策等角度分析了绿色供应链的运作优化策略,以及基于政府视角的定价和碳减排调控策略;第五部分为行业应用研究,基于对生鲜品、纺织服装品、农产品和电子回收品行业的应用研究得出一些管理启示;第六部分为对策建议,从不同的视角提出了绿色供应链优化调控的对策与建议,并对研究进行了总结和展望。

针对绿色供应链的运营现状及主要问题,通过基础理论研究、应用理论研究以及行业应用研究,对绿色供应链的优化和调控策略进行了分析,研究得出以下结论。

(1)供应链成员权力非对称下最优碳足迹及产品定价优化策略。无论供应链成员的权力是否对称,从产品销售价格、碳足迹以及供应链总利润角度,分散决策模式均显示出了竞争导致的低效率,但实现供应链之间主体的竞合更有利于产品的低碳化转型。因此,在对供应链进行优化时,需要权衡低碳与效率。

(2)碳足迹和成本双重约束下供应链的优化均衡策略。回收商对碳排放有很大的影响,适当提高再生产品回收系数和废品再制造系数,可以使碳排放量和碳交易利润同时达到最优水平;为了提高供应链中碳交易的利润,制造商需要制订合理的订货计划,以平衡碳排放和碳交易的利润。即,要实现低碳供应链的网络均衡,需要供应链成员之间的协调与合作;通过回收利用、工艺改进等措施,减少供应链网络的碳排放,并将多余的碳排放在碳交易市场上出售,所得利润可以抵销减排的成本投入,最终达到低碳供应链管理的目的。

(3)合作减排机制下的低碳供应链优化策略。将合作减排机制纳入碳足迹管理,通过制造商与零售商之间的合作,可以在更大程度上减少碳排放的同时,维护制造商和零售商本身的利益;制造商的碳减排行为可以增加供应链主体的利润,但是会出现零售商"搭便车"现象,而制造商与零售商的合作减排行为能够消除这种不公平现象。

(4)回购和补贴政策下供应链优化策略。在分散决策模式下对供应链进行优化时,回购契约比补贴政策更具有效性,相应的利润也更大;回购和补贴的联合政策可以实现对供应链的协调问题;分散决策下的零售商和系统的总利润大于单一补贴策略下的总利润,但集中决策下供应链系统的总利润小于单一补贴策略情形。

(5)政府对碳足迹调控的政策选择策略。企业的产出水平,社会总碳足迹及社会总福利均与环境影响系数呈负相关;当环境影响系数较小时,无论从减少碳足迹效果角度,还是从社会总福利角度而言,碳交易政策均比碳税政策更有优势;随着碳税不断增加或者碳排放限额不断减少,碳足迹的控制效果更好,但是当碳税增加到一定范围或者碳排放限额低到某一临界值时,社会总福利就会呈现下降趋势。

(6)基于政府惩罚行为的供应链碳减排调控策略。政府选择监管策略和制造商(零售商)选择进行碳减排投入的概率越大时,零售商(制造商)便会采取"搭便车"策略。当政府处罚力度较低以及管制成本较高时,企业也会采取此策略政府应协同多方部门,加大监管力度,制定合理的惩罚制度,同时可以设置碳交易政策及碳排放权,促使企业自主地进行低碳减排。企业应该加大力度自主研发碳减排的设备或技术手段,同时通过合作协调或者收益共享契约的方式,避免"搭便车"行为的发生。

(7)生鲜品供应链的优化调控策略。冷藏车行驶速度会对碳足迹有着关键影响作用;将冷链物流系统的生鲜度控制在某一范围可以在最大程度满足终端市场对于生鲜度要求的同时,又使得冷链物流带来的环境效益和经济效益得到均衡发展。

(8)纺织服装品供应链的优化调控策略。对纺织服装企业而言,在实施碳交易的同时,应重视低碳减排,提高企业减排动力。同时,还应结合碳交易价格的变动来寻求恰当的策略。此外,供应链上下游企业也可以进一步选择合适的契约方式,通过提高碳减排水平来增强产品的市场竞争力。

(9)农产品供应链的优化调控策略。零售价、碳减排量以及农产品需求量都随着碳税的增加而增加,而供应链系统利润都随着碳税的增加而降低;在集中决策下,农产品销售价格降低,而碳减排量、农产品需求量以及供应链整体总利润上升,使消费者和企业双方都能够获利,集中决策下的农产品更具市场优势;随着零售商对制造商投资比例的增加,制造商利润呈上升趋势,零售商利润呈下降趋势,且随着投资比例的增加,制造商利润增加和零售商利润减少的趋势更加明显。

(10)电子回收品供应链的优化调控策略。在高惩罚政策下,政府和企业的动态博弈较快达到稳定状态,政府检查的概率变低且电子回收企业选择检查的概率升高,这对企业而言是理想状态;在低补贴政策下,政府检查的概率变高且电子回收企业选择检查的概率升高,这对企业而言是可接受状态。政府可以在一定范围内加大惩罚力度或者减小补贴力度来规范电子回收企业的行为。

目　　录

第一部分　研究概述

第二部分　基础理论与问题解析

第三部分　碳足迹核算方法

第四部分　绿色供应链优化与调控

第五部分　行业应用

第13章　考虑碳足迹的冷链物流优化实践——以生鲜品行业为例

第14章　考虑政府监督的供应链定价调控实践——以纺织服装行业为例

第六部分　对策建议

第一部分　研究概述

　　本部分主要对研究背景、研究问题、主要内容、研究方法和逻辑思路加以说明。首先,描述研究背景和界定研究问题,并对相关概念进行阐述。接下来具体介绍主要的研究内容以及研究方法,并对研究的思维逻辑和章节结构安排加以阐述,引出本研究的核心问题。

第1章

研究背景及问题描述

本章首先阐述了"碳达峰、碳中和"背景下绿色低碳经济发展的背景和意义,并明确了研究的核心问题,即如何更好地实现绿色供应链的优化与调控。围绕这一核心问题,分解出绿色供应链的基本运作问题、绿色供应链的激励机制及协调机制、纯产品视角下供应链的优化及调控策略三个基础理论问题。

1.1 研究背景及意义

1.1.1 研究背景

绿色低碳经济是以生态、环境、资源为要素,以经济、社会、生态协调发展为目的,以科学开发利用资源和协调人与自然关系为主要特征的一种新的经济形态。碳足迹,作为企业机构、活动、产品或个人通过交通运输、食品生产和消费以及各类生产过程等引起的气体排放的集合,已成为反映绿色低碳经济的关键指标。随着世界工业经济的发展、人口的剧增,二氧化碳排放量越来越大,地球臭氧层正遭遇前所未有的危机。气温升高、冰川融化、极端气候灾害增加、生态系统退化、自然灾害频发,深度触及了农业和粮食安全、水资源安全、能源安全、生态安全和公共卫生安全,直接威胁人类的生存和发展。

(1)从全球层面看

从全球层面看,许多国家将减少碳排放计划提上议程,与其他国家共同应对气候变化问题。气候变化作为所有发达国家和发展中国家制定政策的对象,其重要性与日俱增。与气候相关的政策以控制碳排放为主,同时也涉及减少其他温室气体的排放,如二氧化氮、二氧化硫等。联合国在应对全球气候变化上走过如下的历程:

1992年全球195个国家加入了《联合国气候变化框架公约》，通过合作，发展和传播创新技术，采取措施控制全球平均温度的升高以及应对气候变化；1997年《京都议定书》对发达国家提出了具有约束力的减排目标；2009年《哥本哈根协议》通过了发展中国家和发达国家都必须进行减排的倡议，要求建立筹资机制来支持发展中国家的减排行动；2015年196个缔约方在共同而有区别责任的原则上，签署了《巴黎气候协定》，这是继《京都议定书》后第二份有法律约束力的气候协议，目标是将全球气温增幅控制在比工业革命前高2℃以内，争取全球废气排放总量在2100年之前实现温室气体净零排放，从2020年起，发达国家牵头减排，发展中国家逐渐减排。然而，仅签署气候协议并不能实现全球气温增幅控制在2℃以内的目标，还需要各国行动起来，转变经济发展方式，节能减排。美、日、德、英、法等发达国家都在重新反思低碳环保在未来经济和社会可持续发展中的重要作用和意义，如欧盟、日本等提出了2050年碳减排60%~80%的长期目标。

（2）从国家层面看

从国家层面看，我国将碳排放强度削减列入"十三五"规划约束性指标，实现单位GDP能耗下降15%，单位二氧化碳排放量下降18%。在世界经济论坛第48届年会上向世界宣告继续打好污染防治攻坚战，明确推动绿色低碳发展是中国人民和世界人民的强烈愿望，也是对传统增长方式的调整。党的十九大报告指出，在中高端消费、创新引领、绿色低碳、共享经济、现代供应链、人力资本服务等领域培育新增长点，形成新动能，这表明我国经济在转型升级发展过程中，进入到供应链创新时代。2021年2月，国务院印发的《关于加快建立健全绿色低碳循环发展经济体系的指导意见》中明确提出，全方位、全过程推行绿色规划、绿色设计、绿色投资、绿色建设、绿色生产、绿色流通、绿色生活、绿色消费，使发展建立在高效利用资源、严格保护生态环境、有效控制温室气体排放的基础上，确保实现"碳达峰、碳中和"目标，以全生命周期理念，厘清绿色低碳循环发展经济体系建设过程。

削减碳足迹、推动低碳经济发展是一项复杂的系统工程，创新绿色供应链优化调控机制为柔性减少碳足迹提供了重要途径，但在理论和实践过程中还存在一些难点，包括认识存在偏差，资源配置不充分，供应链环节匹配弱，协同机制设计不合理等。为此，进一步厘清碳足迹指标对于低碳经济的重要意义，分析绿色供应链节能减排的瓶颈，研究基于碳足迹的绿色供应链优化和调控方法，通过实践案例进一步验证和优化机制设计,进而形成绿色供应链优化调控策略,这对我国提出的发展绿色低碳现代供应链、实现绿色经济和可持续发展的目标具有重要的理论意义和实践价值。

通过梳理现有文献可知,部分学者提出了一系列用以正确评估温室气体效应的碳足迹计算方法。但由于基于碳足迹核算分析方法的绿色供应链属于新兴的研究领域,现有研究尚存在一定的局限性,如:①在碳足迹核算上,目前还缺乏对碳足迹统一而明确的定义;碳足迹的概念直接关系其计算边界,是碳足迹计算方法的理论基础和约束条件。现有的投入产出分析法多使用部门平均排放强度数据,不适合用来分析供应链微观系统,而且对源头产品包括进口产品或资本商品的温室气体排放量难以估算。全生命周期法存在边界问题,只有直接的和少数间接的影响被考虑在内。因而,从供应链各个节点如何计算隐含碳排放等有待进一步完善。②在宏观研究范畴上,现有研究对工业、交通、建筑等行业的碳足迹分析较多见,但对碳足迹与可持续发展、生态安全等方面的研究较缺乏,特别是对整个供应链上碳足迹的影响机制、扩散机制的研究较为鲜见,对不同碳足迹经济政策约束下的碳足迹的控制管理方法也有待进一步深入。③在微观研究尺度上,现有碳足迹的研究较多集中在单一组织节点(产品、个人、家庭),对于跨组织的供应链上各个节点相互协调的碳足迹控制的研究还较为欠缺。④在实践案例上,现有供应链优化调控往往面向工业生产等传统领域,很少关注生鲜品冷链等高耗能、高消费增长的流通领域,而这些新兴领域对于碳排放的影响日益显著。

1.1.2 研究意义

(1)学术价值

本研究着眼整个绿色供应链的碳足迹,对其内涵、运动规律等加以界定和科学核算,并在此基础上研究低碳供应链的优化调控机制。从不同行业和领域的视角探究了绿色供应链中各环节及各主体间的相互关系,构建了绿色供应链碳足迹核算模型。以构建的绿色供应链碳足迹核算模型为基础,提出了绿色供应链的优化与调控策略,并将其运用到不同的行业中,这对于进一步拓展和丰富绿色供应链管理理论体系,推动我国低碳经济的发展具有重要的理论意义。

(2)应用价值

随着低碳经济的发展和国家对环保的日益重视,各行业的供应链战略目标已经不再只是追求经济效益,而同样重视低碳环保因素对于行业可持续发展的影响。本研究以碳足迹为研究核心,将绿色供应链的优化调控机制应用于生鲜品、纺织服装品、农产品和电子回收品行业的供应链实践,可以帮助供应链企业发现影响绿色供应链系统有效运行的因素,进而明确改进方向,为企业的战略决策提供支持,从而优化绿色供应链整体运营效果。进一步检验和提升绿色供应链优化和调控机制设计的合理性和有效性,采取减少和控制绿色供应链周期内碳足迹的策略,这对于有效节约能源、提升企业供应链综合竞争力、促进可持续发展、改善消费者消费体验具有重要的应用价值。

1.2　问题描述及基本概念

1.2.1　问题描述

本研究解决的核心问题是实现绿色供应链的优化与调控,其中优化和调控的目的在于:①降低供应链系统的总成本,增加总收益;②实现供应链的协调,避免无谓的运作损耗和利润的流失;③低绿色供应链总碳足迹。其中,前两个目标是一般供应链优化问题的共性目标,降低碳足迹则是针对绿色供应链的特点提出的。为了实现对绿色供应链的优化和调控,我们主要基于以下思路:对于供应链优化问题,借助回购契约以及补贴政策等手段来实现绿色供应链的上述目标;从政府对绿色供应链的调控角度来分析,政府根据碳税、碳交易以及惩罚等调控策略来实现上述目标。

为了解决这个核心问题,首先需要分析三个基础理论问题。

(1)绿色供应链的基本运作问题

分析绿色供应链的本质内涵和运作要求,与普通产品供应链的差异,并界定低碳供应链的相关核心运作问题:供应链决策问题、激励问题、协调问题以及调控决策问题。

(2)绿色供应链的激励机制及协调机制

研究绿色供应链在回购契约、补贴政策、回购和补贴联合策略等不同契约环境下的供应链最优激励策略,然后基于此研究满足包含激励机制的绿色供应链的协调机制。

（3）纯产品视角下供应链的优化及调控策略

这个策略的特点主要体现在：产品的定价、订货策略，配送的路径优化问题；政府对供应链企业的研发成本补贴对供应链协调的影响等。

1.2.2　相关概念概述

在解决以上问题之前，首先对一些重点概念进一步加以明确。

（1）供应链

供应链是通过设计好的信息流、物流和现金流，通过全球网络将产品和服务从原材料交付给最终客户。供应链主要分为计划、采购和物流三个部分，通过实物流、信息流、资金流精准的计划、低价的采购和低成本的物流，推进最低总成本的供应链建设，是供应链的核心。供应链上各节点之间的联系类似生物学上的食物链。同时，供应链是一个具有复杂性、动态性、响应性和交叉性的网链结构。

（2）绿色供应链

绿色供应链又称环境意识供应链或环境供应链，区别于传统供应链，它是一种既追求经济效益又将环境因素考虑在内的供应链管理方式。在政企和消费者的共同作用下，市场机制传导效应随之产生，由此对产品的生产、消费以及回收再制造等环节提出新的绿色要求，推动供应链主体提高环境绩效。因此，绿色供应链具有重塑供应链品牌形象、提高供应链的协同效益、提升供应链的客户价值以及构建供应链的竞争优势等特点。

（3）碳足迹核算

碳足迹指企业机构、活动、产品或个人通过交通运输、食品生产和消费以及各类生产过程等引起的温室气体排放的集合。国际上获得广泛认可的碳足迹方法主要包括投入产出法、全生命周期评价法、IPCC（Intergovernment Panel on Climate Change，政府间气候变化专门委员会）法及碳计算器法。进行产品碳足迹核算可以帮助企业跟踪产品组合中的温室气体排放情况，从侧面反映产品系统运营效率，帮助企业发掘减少排放及节约成本的机会，同时有利于企业提升自身品牌形象。

（4）激励机制

激励机制是指在供应链系统中，激励主体运用激励手段与激励客体相互影响、相互制约,实现供应链高效率运营。供应链系统中各主体信息不对称等原因导致市场失灵,使得供应链的绿色产品无法获取相应的利润。同时企业由于缺乏环境意识、过于追求利润最大化等导致绿色供应链运营效率较低,因此通过价格杠杆、处罚、补贴等节能型激励手段,有利于实现消费者福利、企业利润及环境相容的三维目标。

(5)协调机制

供应链的协调机制是指供应链系统内各主体为了实现某一共同的战略目标,通过契约或合作等手段形成一个网络式联合体。由于企业没有过多关注环境保护、节约资源以及与其他企业之间的相互合作,导致供应链系统内部存在浪费,例如,当零售商向供应商订购绿色产品时,订货的数量是出于自身利益的最大化而不是供应链系统总利润的最大化,这种状态为不协调状态。通过给供应链成员之间的交易环境增加一定条件,使绿色供应链系统总利润达到最大,这个条件即成为供应链的协调机制。

(6)绿色供应链的优化

绿色供应链的优化指的是在资源有限等约束条件下供应链的最优决策方案。绿色供应链的优化问题主要由目标函数、约束条件及决策变量组成,主要包括定价优化、订货优化、碳减排投入优化以及配送路径优化等。优化的目的在于降低供应链系统总成本,增加总收益;实现供应链系统协调,避免无谓的运作损耗以及利润损失;供应链成员间利润分配合理,维护供应链系统运作的稳定。

(7)绿色供应链的调控

绿色供应链的调控问题指的是在满足客户需求以及企业利润前提下,以降低产品全生命周期的环境影响为目标,通过诸如绿色产品研发成本补贴、碳税政策及碳交易政策等环境经济政策和市场调控手段,引导企业绿色采购、绿色生产、消费者绿色消费,从全产业链进行绿色改造,降低供应链各环节对环境造成的负面影响。

第2章

研究内容概述

本章重点介绍了研究的主体内容。首先,对研究的主要视角、研究方法进行了阐述,并对研究目标加以明确。围绕"碳足迹的核算与优化调控"这个核心思想,以碳足迹视角下绿色供应链的优化调控问题为对象,分析研究的思维逻辑和行文路线,合理安排研究的章节。

2.1 研究内容和重点

2.1.1 研究对象

本研究对象选取碳足迹视角下绿色供应链的优化调控问题。具体而言,首先,厘清碳足迹相关指标定义及其对衡量低碳经济的重要意义,指出目前绿色供应链运营中存在的问题,对关键要素进行分析,并提出科学核算碳足迹的一般方法;在此基础上,根据不同领域或行业的特点,对原有传统的碳足迹核算方法进行改进,从而形成更加精确且针对性更强的碳足迹核算方法,并提出从非对称权力、碳足迹与成本双重约束、合作减排等角度考虑的绿色供应链的调控策略;最后,通过在不同行业应用的优化实践,提出相应的对策建议。

2.1.2 总体框架

(1)碳足迹视角下绿色供应链的基础理论与问题解析

绿色供应链又被称作环境意识供应链,它通过对供应链上下游即产品包装、原材料采购等环节的设计,减少产品制造、销售及流通等环节对环境造成的污染,在改善气候环境的同时推动社会的可持续发展。近年来,国家和政府高度重视绿色供应链的构建,相继出台了多个绿色供应链建设的指导文件,将构建绿色供应链作为未来可持续发展的重要一环。但目前绿色供应链的发展存在一些问题,主要集中在绿色设计、绿色制造以及绿色回收等环节,需要企业、政府、行业协会与公众多方联动,共同推进绿色供应链的建设。结合绿色供应链管理思想,对供应链优化条件的关键指标进行分析,构建绿色视角下的供应链优化关键要素评价指标体系,从而对供应链中涉及低碳环保的指标进行优化。

(2)碳足迹视角下绿色供应链的碳足迹核算方法

碳足迹是衡量生产活动或服务的碳排放量的一种方式。同时,计算产品碳足迹逐渐成为世界各国应对气候变化、发展低碳经济的全新阐述方式,这对于该生产活动或服务采取针对性减排措施、提高节能减排效率具有重要意义。由于目前并不存在通用的碳足迹测算方法,因此在不同背景条件下碳足迹核算方法的选择对碳足迹的测算十分重要。国际上获得广泛认可的碳足迹方法主要包括投入产出法、全生命周期评价法、IPCC法和碳计算器法四种,其中比较常用的方法是全生命周期评价法和IPCC法。依托传统全生命周期评价法和IPCC法,结合生鲜品、纺织服装品、钢铁产品、电子产品以及建筑五个行业或领域的特点,对该行业的供应链碳足迹核算范围进行研究,并以生鲜和纺织两个行业为例进行具体碳足迹核算,为实现低碳生产、绿色制造提供理论支持。

(3)碳足迹视角下绿色供应链优化与调控的策略研究

在生鲜品、纺织服装品、钢铁产品、电子产品及建筑五个行业的供应链碳足迹核算方法基础上,研究碳足迹低碳优化与调控策略。基于Stackelberg模型、Nash博弈模型、供应链网络均衡模型、回购与补贴模型、演化博弈模型等,研究非对称权力、碳足迹和成本约束视角下的供应链优化策略,分析由于供应链成员博弈能力的差异,不同的供应链权力结构对博弈主体最优决策的影响;利用变分不等式分析低碳供应链各节点的均衡条件,建立低碳供应链网络均衡优化模型。从合作减排、碳税约束、政府策略、政府惩罚行为等视角研究供应链的调控策略,从企业和政府等不同市场主体的角度出发,探讨如何更好达到低碳供应链管理的目的,帮助决策者制定最优的碳税、碳权分配等政策,实现绿色供应链优化调控。同时,借助供应链上下游碳减排补贴等激励手段,供应链成员可通过各自的减排努力,形成上下游共赢的绿色供应链协调机制,使供应链利润在各节点之间能够合理分配,由此实现绿色供应链的协调。

（4）碳足迹视角下绿色供应链优化调控的行业应用

以生鲜品行业、纺织服装行业、农产品行业、电子回收品行业为研究对象，分别从碳足迹的物流优化、供应链的定价调控、供应链减排决策优化以及供应链渠道选择调控的角度研究碳足迹下绿色供应链的实际应用问题。采用全生命周期评估法、投入产出法，引入距离系数和生鲜度等参数，界定生鲜品冷链物流中不同环节的碳足迹测算范围；考虑由政府参与及协调的二级供应链，运用 Stackelberg 博弈理论进行分析，研究政府督促和碳交易机制下的碳减排策略及定价策略，分析碳交易价格、融资利率对供应链决策的影响；考虑碳税约束下由制造商和零售商组成的农产品供应链系统合作减排的决策问题，通过建立制造商与零售商之间的博弈模型，对零售商制造商不合作减排、在集中决策下合作减排和在分散决策下合作减排三种情况下的最优决策和利润进行对比；基于政府所采取的动态惩罚和动态补贴措施，构建政府和电子回收企业之间的演化博弈模型，从系统动力学角度研究政府和电子回收企业的渠道选择问题。

（5）碳足迹视角下绿色供应链优化调控的对策建议

首先，提出碳足迹视角下绿色供应链调控的目标：构建节能减排、绿色环保、协调共赢的现代供应链体系，在内部层面优化供应链运作机制，外部层面提供政策配套实现激励和引导；其次，加强对实施机制后的系统评估与风险管理，研究绿色供应链调控政策的实施效应和风险；再次，加强对相关行业内企业的监督管理，建立统一的企业评估考核制度，强化环境监管；最后，提出进一步完善机制设计的行动方案与建议。

2.1.3　重点难点

（1）重点

研究重点包括：①从微观视角，调研绿色供应链各节点碳排放情况，以及碳足迹的特性和气象状况的影响，分析直接碳足迹和隐含碳足迹的扩散过程，研究生鲜品绿色供应链碳足迹的核算方法；②分析绿色供应链的运作模式，设计各环节成本最优的网络结构，探讨碳足迹和成本双约束下的绿色供应链的多目标优化模型；③从碳排放权约束和减排激励正反两个方面分析碳税等政策对绿色供应链碳排放的影响,分别探讨碳交易环境下碳排放权和碳补贴应用于供应链的调控方法。

（2）难点

在对生鲜品供应链进行优化和调控机制实践验证的过程中,由于碳足迹的扩散过程复杂,且不同行业、不同领域的供应链环节与包含的主体各不相同,需要考虑不同行业下的绿色供应链碳足迹核算的繁杂的影响因素,这对碳足迹核算模型选取提出了很高的要求。与此同时,碳足迹的核算对数据样本来源的精确度要求高,但部分行业或领域的碳足迹相关数据披露有限,且部分原始数据获取渠道有限,需要通过长期测量统计得出;部分数据由于涉及企业或行业机密,无法轻易获取。

2.1.4　主要目标

在我国大力发展绿色低碳经济,构建现代供应链,发挥新动能的新时代背景下,研究主要达到如下目标:①通过文献研究和理论分析,得出绿色供应链碳足迹一般核算方法,并根据不同行业及领域的特点,优化改进相应的碳足迹核算方法;②分析碳足迹约束、供应链物流成本约束下的供应链资源优化配置机制,以及碳税约束和政府惩罚行为等视角下的调控机制;③通过实践检验,进一步完善机制设计,为政府主管部门制定政策以及行业企业指导运营实践提供理论依据和决策参考。

2.2　研究方法与技术路线图

2.2.1　研究方法

（1）文献研究法

文献研究法通过对国内外文献加以搜集、梳理,明确供应链碳足迹的主要影响因素、现有核算手段以及优化协调方法,为后续构建模型提供理论支撑。

（2）社会调查法

社会调查法通过政府主管部门、行业协会、企业实地走访以及专家座谈,调研现阶段碳排放的现状、碳足迹的影响因素,明确供应链企业在运营过程中遇到的高排放、高成本等瓶颈问题以及潜在诉求,为构建绿色供应链优化和调控机制提供思路。

（3）建模仿真法

建模仿真法包括三方面的内容：①以绿色供应链为研究对象，测算供应链各节点的碳足迹量，运用供应链全生命周期理论，修正供应链碳足迹核算模型；②根据低碳供应链的输入、输出因子，运用混合整数规划方法建立成本最优的低碳供应链优化模型；③运用Stackelberg模型、Nash博弈模型、供应链网络均衡模型、回购与补贴模型、演化博弈模型等，从非对称权力、碳足迹和成本约束视角研究供应链的优化策略，从合作减排、碳税约束、政府策略、政府惩罚行为等视角研究供应链的调控策略。

（4）案例研究法

案例研究法根据所构建的模型得出的优化和调控机制，将其应用于生鲜品、纺织服装品、农产品、电子回收品行业，分别从碳足迹的物流优化、供应链的定价调控、供应链减排决策优化以及供应链渠道选择调控的角度进行实际应用，结合反馈效果及时纠偏模型和完善相应的优化调控机制。

2.2.2　技术路线图

本研究围绕"碳足迹的核算与优化调控"这个核心思想，以绿色供应链为对象，以碳减排优化调控为目标，沿着三条路径展开研究：①通过对整个绿色供应链碳足迹的科学核算方法的研究，为碳减排策略奠定理论依据；②在碳足迹核算的基础上，考虑供应链各节点的碳排放量和绿色供应链的运作成本，研究不同行业或领域内，在碳足迹与成本双约束下的绿色供应链优化运作机制，旨在实现供应链碳排放和总成本最小的优化运作；③考虑碳税约束、合作减排、政府惩罚等碳管理政策，研究碳交易和碳税情形下的约束模型和供应链碳排放最小的激动策略，包括碳减排补贴、低碳供应链网络均衡等，从而实现绿色供应链的优化调控。研究技术路线如图2-1所示。

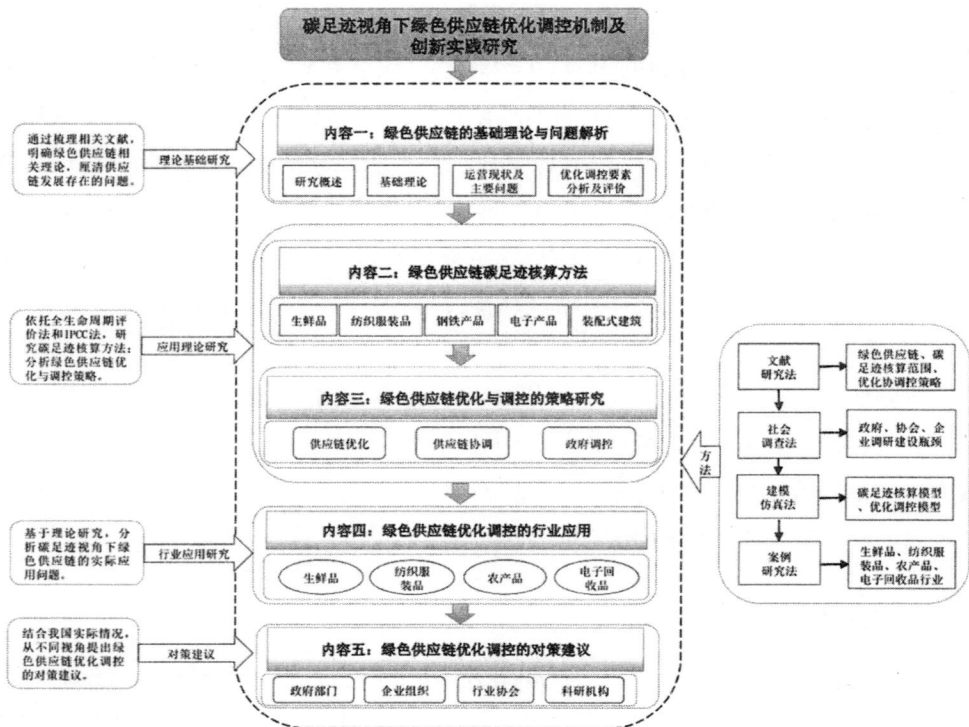

图2-1　研究技术路线

2.3　思维逻辑与结构安排

2.3.1　思维逻辑

本研究解决的核心问题是如何更好地实现对绿色供应链的优化与调控。而优化和调控的目的包括以下三点：①降低供应链系统的总成本,增加总收益；②实现供应链的协调,避免无谓的运作损耗和利润流失；③降低绿色供应链总碳足迹。

对于供应链的优化问题,分析的切入点有两个：①通过绿色产品的定价优化和路径优化的方式,来实现对绿色供应链的优化,这种对定价和配送路径的优化,可以降低供应链系统的运作成本,增加收益,实现专业化和规模化的优势,有利于运作优化的改进;②通过供应链主体间合作、企业回购以及政府补贴等协调机制来实现对供应链的优化。在这种协调机制下,可以避免无谓的运作损耗和利润流失。对于供应链的调控问题,分析的切入点为:政府通过碳税、碳交易以及惩罚等措施来实现对绿色供应链的调控,引导企业绿色采购、绿色生产以及消费者绿色消费,从全产业链进行绿色改造,降低供应链各环节对环境造成的负面影响。

基于对本研究思维逻辑的分析,绘制思维逻辑图,如图2-2所示。

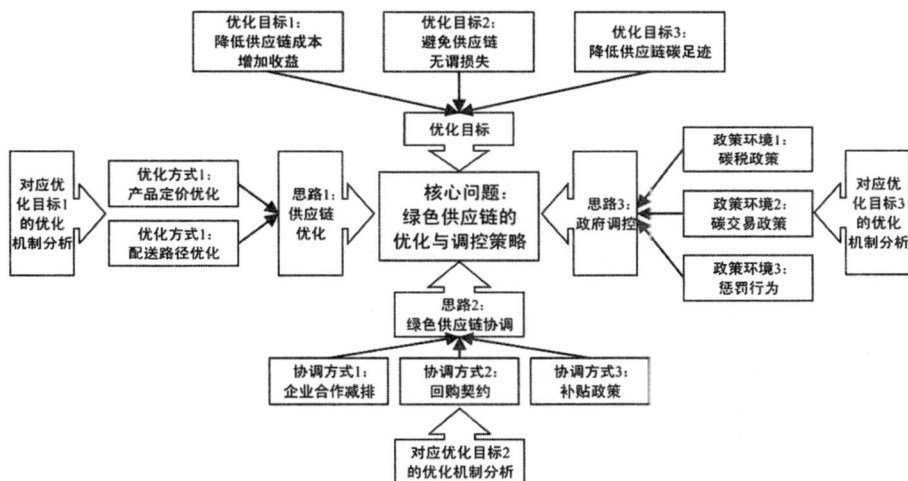

图2-2 思维逻辑图

2.3.2 结构安排

基于上述研究逻辑,首先对研究概述进行了说明,然后通过基础理论研究、应用理论研究和行业应用研究对绿色供应链的优化和调控策略进行了分析,具体的章节结构安排如图2-3所示。

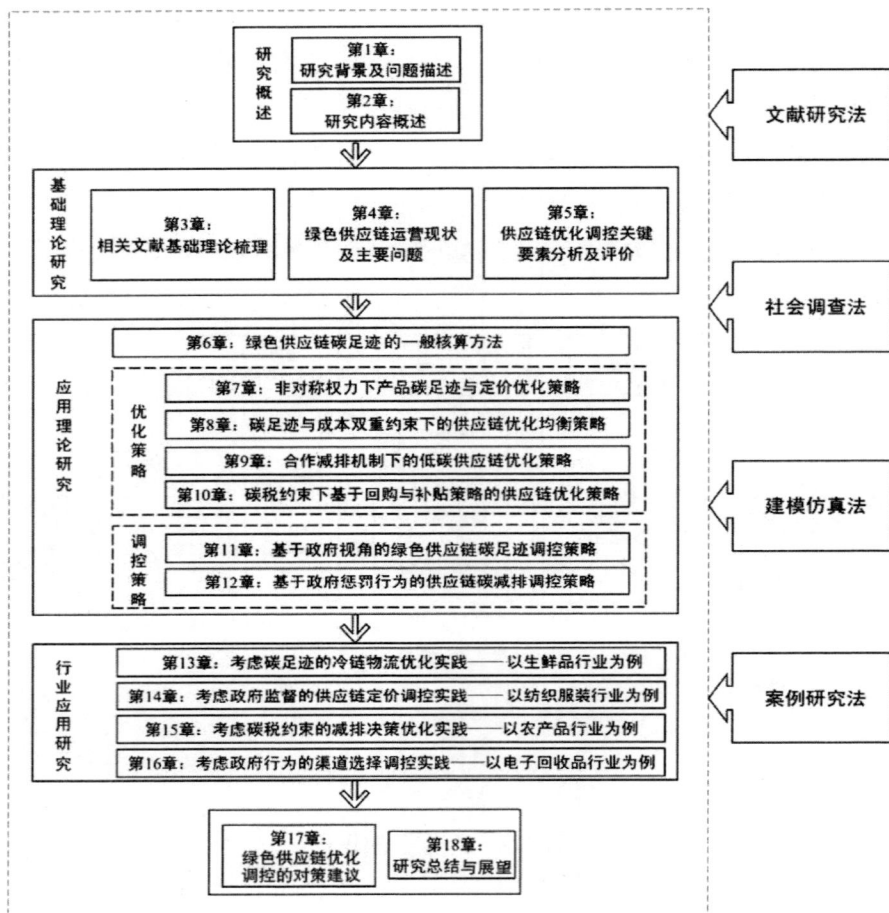

图2-3 章节安排

第二部分　基础理论与问题解析

　　绿色供应链基础理论是进一步研究绿色供应链优化与调控策略的基础,本部分主要通过对理论文献的梳理,进一步明确研究内容的理论进展,分别从市场、政府、行业协会以及公众视角明确了当前绿色供应链运营的主要问题,同时对影响供应链优化调控的关键要素进行了分析,为后续应用理论研究和行业应用研究奠定了基础。

第3章

相关文献基础理论梳理

本章将对碳足迹视角下的绿色供应链理论的相关文献进行梳理,并对现有研究成果进行评述,以更好地探求绿色供应链的现状及问题所在。在进行理论梳理时,首先从绿色供应链的含义、发展历程、管理体系结构、影响因素、运作技术以及绿色视角下的低碳供应链来对绿色供应链理论进行介绍;其次,从碳足迹的含义、发展历程以及多种核算方法来介绍碳足迹,包含碳标签、碳税、碳交易、碳补贴以及碳减排合作的绿色供应链优化与调控理论;再次,从制造业和服务业的角度分别介绍绿色供应链的行业应用情况;最后,对现有的研究情况进行评价,明确后续研究的空间和范畴。

3.1 绿色供应链理论

3.1.1 绿色供应链的含义与发展进程

1996年,美国密歇根州立大学制造学院在进行环境负责制造(ERM,Environmentauy Responsible Manufacturirg)的过程中第一次提出绿色供应链这一概念,绿色供应链又被称作环境意识供应链(Environmentally Conscious Supply Chain,EC-SC)。它通过对供应链上下游即产品包装、原材料采购等环节的设计,减少产品制造、销售以及流通等环节对环境造成的污染,在改善气候环境的同时推动社会的可持续发展。

对于绿色供应链这个概念,如今并没有统一认可的权威定义,国内外的专家学者从不同角度发表了他们的看法,其中代表性的论断主要有:Beamon(1999)和Hervani(2005)认为,绿色供应链覆盖了从原材料采购到用户收到产品的整个流程,物流和信息流交叉其中,它涵盖了整个过程中的产品和信息的流动和转移。Beamon (1999)以及Hervani(2005)认为,绿色供应链是对传统供应链的扩展,在传统供应链的采购、制造、营销、物流等环节的基础上加上产品的回收及再制造等逆向物流环节,就形成了绿色供应链。在国内,方健等(2012)提出,绿色供应链在进行网络设计时应该注重环境保护与经济绩效之间的平衡。曹翠珍等(2014)认为,可以将供应链的上下游进行整合,通过知识共享、技术共享等方式构成一个链合创新的绿色供应链系统。蔡霞等(2016)将精益供应链与绿色供应链进行了融合,通过合理分配供应链上下游企业的任务和利益,构建精益绿色供应链评价体系。傅京燕等(2018)认为,在"一带一路"建设的进程中,应该推动与沿线国家在绿色供应链上的交流与协作,建立专门的合作平台,促进各国绿色发展、可持续发展。王正巍(2019)提出,随着经济全球化进程的加快,供应链之间的协作将远比企业自身发展要更容易成功,而企业要想在供应链中推行绿色化,就需要推动供应方和消费者群体绿色意识的提高。程晏萍等(2020)发现,在大数据技术的不断完善下,供应链绿色化在未来发展过程中变得必不可缺,将绿色供应链与大数据技术创新性地进行融合,将有助于绿色供应链在企业中更大范围地推广。杨晓叶(2020)认为,绿色供应链中经常会出现融资难的问题,供应链加金融的模式可以缓解企业在实施绿色战略中遇到的困境,绿色供应链金融区别于普通供应链金融,基于正向且稳定的供应链关系,在融资和审核过程中对企业与生态环境的关系、对环境保护的举措有着更为严苛的要求。金宝辉等(2020)提出,绿色供应链在实施的过程中会有一定的来自企业社会责任、市场环境监管以及消费者绿色消费倾向的压力,但也会因此产生动力,从而构建包括消费者、政府及中小企业的监管、扶持"三职一体"服务体系。

3.1.2 绿色供应链管理体系结构

国内外学者对绿色供应链管理体系有不同的认识。Walton等(1998)将集成管理思想的运用作为绿色供应链管理的核心,将供应商作为企业环境管理中的一个要素。Nagel(2003)提出,对绿色供应链的管理应该是贯穿产品从生产到使用的整个过程。Zsidisin和Siferd(2001)认为,对绿色供应链的管理应该建立在产品的整个流程都不对环境造成影响的基础上。Hoek(2001)在对整个绿色供应链的流程进行拆分之后,分析了每一个部分应该采取的管理措施,并且提出可增加相应的服务部门来健全绿色供应链的管理。Hsu等(2009)在确立绿色供应链的供应商时,提出应该将污染环境物质管理这一指标列入评价体系,认为可以采取网络分析法来对污染环境物质进行指标评价,并最终构建出了一个多目标、多周期的绿色供应链决策模型。国内方面,武春友等(2001)倡导对产品进行绿色设计、使用绿色材料、科学选择供应商、合理管理产品物流,提出绿色供应链管理中供应及采购人员的重要性。张金华(2014)构建了包含有各类供应商、制造厂商、供应链质量管理平台、信息平台、ERP运作平台等内容的绿色供应链管理运作框架。谢志明等(2015)对绿色供应链管理中的两个环节进行了界定,一是涉及供应链核心企业与制造商和顾客之间的环境协同作用,二是顾客和供应商对制造企业的环境监督作用。尹小悦等(2016)采用三角模糊评估的方法对中小企业实施绿色供应链管理的可行性进行了系统评估。谢志明等(2015)认为,制造企业应该将绿色供应链管理融入组织经济责任和社会责任进行统一管理,绿色供应链使企业在未来面对市场不确定性以及核心竞争力上有明显的优势。成琼文等(2018)以电解铝企业为例,引入系统动力学模型,探索构建绿色供应链对企业绩效实践的影响。何欣怡等(2019)对国内外的电子行业进行了研究,发现如戴尔、IBM等龙头企业都已经建成完备的绿色供应链管理体系,而国内电子企业还缺乏相应标准的体系结构,建设针对电子产业的供应链绿色评价体系尤为重要。郭怡等(2020)指出,印刷行业目前处于从供应商管理向供应链管理发展的初期阶段,该行业由于缺乏相应的环保法规也缺乏相应的绿色实践,绿色供应链管理的意识相对比较薄弱。孙海鹏等(2020)提出,汽车产业在构建绿色供应链管理的方案时,应重点关注供应商绿色管理平台及构建供应商在减排节能方面的激励举措,同时对于没有履行环境责任的供应商建立"实体清单"。

3.1.3 绿色供应链管理的影响因素

对绿色供应链管理产生影响的因素包括内部因素和外部因素。Lippmann(1999)注重考察环境管理过程中核心企业的创新及协作能力,高层领导的参与程度、专业团队的加入、创新意识的培养等都是影响绿色供应链管理效率的重要因素。Trowbridge(2001)以芯片的生产商为例,分析了影响芯片企业对绿色供应链进行管理的内外部因素,其中内部因素主要包括芯片生产源头的供应商是否愿意合作开发出更为绿色的原材料及低碳技术,公司内部是否愿意承担因提高绿色度而带来的供应链风险;外部因素包括企业投资者对于绿色理念的未来展望以及顾客对绿色产品的消费意愿、政府对绿色产品的支持力度等。Sarkis(2003)从产品的全生命周期视角提出,在供应链管理中的主要影响因素包括企业的实践活动、在整个链条中所处的地位以及企业对组织绩效的重视程度。Lee(2008)提出,顾客的需求以及政府在整个过程中的参与程度是绿色供应链的实施动力。Ambec和Lanoie(2008)将绿色供应链中的各个个体作为影响绿色供应链管理的关键因素,这些个体不仅包括供应链中的供应商和制造商等,还包括政府之类的社会组织。Testa和Iraldo(2010)提出,影响绿色供应链管理的内外部因素分别是利益压力和企业战略选择。张荣兰等(2015)分析了大型钢铁企业在进行绿色供应链管理过程中的主要影响因素,发现政府的推动和支持是促使钢铁企业进行GSCM(Green Supply Chain Management,绿色供应链管理)的直接和最重要外部因素。吴绒(2016)从认知、管理、规范三个维度来分析企业进行绿色供应链管理的制度驱动因素。张璇等(2017)采用元分析的方法探索绿色供应链管理对社会系统、消费系统以及生产系统等因素的影响,结果表明GSCM对生产系统因素影响的相关程度最高。王晓玉等(2018)认为,要想推动GSCM的构建,就要注重在产品制造源头的绿色设计,绿色设计的驱动要素包括企业的环境成本和环境战略、市场因素以及竞争对手开展绿色设计的程度。李婧婧等(2019)研究发现,在绿色供应链中处于供应链核心地位的企业如果加强对整个供应链的绿色信息共享,将显著提高非核心企业在绿色研发中的投入,从而促进绿色供应链的完善。尚文芳等(2020)构建了一个包含制造商、零售商和政府在内的三级绿色供应链体系,研究在零售商主导市场的背景下,政府针对零售商或者制造商给予补贴对绿色供应链管理的影响。孙博行等(2020)采用三重底线理论,从社会、经济、环境等系统因素来分析影响企业实施GSCM的因素,其中政府的激励与强制因素对于企业的行为有显著影响。谭乐平等(2020)研究了包含一个供应商和一个销售商的绿色供应链模型,讨论了消费者的绿色偏好、供应商的绿色投入水平和资金水平对绿色供应链的影响。

3.1.4 绿色供应链运作技术

在对绿色供应链各个方面的研究过程中,国内外学者采用了多种技术方法。Noci(1997)、Handfield等(2002)以及Sarkis(2003)采用层次分析法分别进行了供应商的绿色绩效评估、绿色采购分析、绿色技术选择。Lu 等(2007)在对供应商的评价中采用了多目标决策的方法。Lee 等(2009)基于高科技产业,使用FAHP(Fuzzy Analytic Hierarchy Process,模糊层次分析法)来对绿色供应商进行选择。Tsai 和 Hung (2009)为了优化绿色供应链,利用模糊目标规划方法进行绩效考核并计算供应链成本。Tuzkaya 等(2009)以及 Awasthi 等(2010)分别采用混合模糊多准则决策法和模糊 TOPSIS 方法对供应商的绿色环境的绩效进行评估,对绿色供应商进行综合性的考量,使其既满足传统供应商的适用性,又具备绿色供应商的环保特性,Bai 和 Sarkis(2010)、Kuo 等(2010)分别将灰色关联分析的方法和粗糙集方法相结合、网络分析和数据包络分析方法与人工神经网络法相结合来进行供应商选择。Faruk 等(2001)基于全生命周期评价与绿色供应链管理的密切关系,采取生态供应链方法对供应链中的环保问题进行讨论。刘名武等(2019)在研究跨国绿色供应链时,构建了包含出口供应商和进口零售商的Stackelberg模型,探索征收关税和补贴对于构建绿色供应量的影响。黄湘萌等(2020)利用区块链技术来解决绿色供应链中信息不透明和不对称的现象,从而使供应链中各成员间的利益分配更为合理,以寻求整条供应链的利益最大化。魏光兴等(2020)在研究绿色供应链决策时,考虑偏好异质性来分析产品的定价水平和绿色程度,最终发现偏好信息的不对称会导致产品绿色度和批发价格的下降。尚媛媛等(2020)采取主成分分析法对北京市蔬菜市场的绿色供应链的评价指标进行提取,从绿色种植、绿色流通及绿色回收的角度建立绿色供应链评价指标体系。

3.1.5　绿色视角下的低碳供应链

"低碳供应链"一词最早出现于美国的环境负责制造研究领域。Xu 等(2013)认为,低碳供应链是在传统供应链的基础上加上对环境和资源的考量,基于此,他们对低碳供应链的概念进行了探讨,然后从低碳供应链的影响因素、运营决策和博弈等方面叙述了低碳供应链的管理和运作。Sharma 等(2016)在进行文献分析后,采用定量方法对低碳供应链的环境绩效进行了评估。Pérez-Neira 和 Grollmus-Venegas 等(2018)在对低碳供应链的管理情况进行系统梳理后,认为传统供应链过于强调经济利益,忽视了环境保护问题,而低碳供应链就是在传统供应链的基础上加入了环境绩效因素,强调环境保护和碳减排在应对全球环境变化中的重要作用。Pandey 等

(2011)基于低碳供应链理念已经融入各个领域这一情况,认为低碳供应链的管理极具意义。Liu等(2012)对低碳供应链的各个组成主体及主体间关系进行了分析,认为主体间的合作能够有效降低供应链系统成本,提高企业主体的竞争力。石敏俊等(2013)认为,可以通过设立碳税征收机制以及碳交易规则来对低碳供应链进行管理。Mohajeri等(2016)讨论了在无法准确计算碳排放量的情况下,如何对低碳供应链进行有效的管理。石松等(2016)将低碳供应链的管理重点放在低碳技术的提升以及低碳制度的支撑上,一方面要提升供应链各个主体节能减排的意识,另一方面要通过改进生产技术提高能源的利用效率。Mao等(2017)认为,可以通过引入质量管理的方式对低碳供应链进行管理。Munasinghe等(2017)和Chen等(2017)分别通过分析制造业中的能源利用效率以及碳排放、供应链主体碳减排责任,认为对低碳供应链进行管理能够为企业主体起到重要的支撑作用。Hong等(2018)、Zhou(2018)、Bai等(2019)以及孙嘉楠等(2018)从各种角度对低碳供应链的管理运作及重要作用进行了详细探讨,肯定了低碳供应链在环境治理中的重要作用。此外,也呼吁亟须构建一个科学严谨的低碳供应链的管理体系。

在研究低碳供应链管理的过程中,国内外的专家学者选择了多种方法。Shen等(2013)采用模糊逼近理想解排序法,对低碳供应商的选择设置了一种多准则的评价方法,并且讨论了在低碳管理中应该注意和强调的问题。基于标杆法和历史比较法,刘超等(2017)研究政府对碳排放的约束以及顾客对低碳产品的敏感性对供应链主体进行节能减排决策的影响。Sun(2019)通过实证评价研究,提出制造企业碳排放效率提高的关键在于技术水平的提高。乔毅等(2020)基于目前市场上对低碳产品的巨大需求,鼓励低碳供应链中的企业通过上下游的金融合作或者银行提供贷款来增加制造企业对碳减排的投资。李艳冰等(2020)探讨了在低碳供应链中,供应链中的企业决策者有公平偏好,非常关注利益分配的公平性问题,如果决策者认为企业在利益分配中有不公平现象,将会对低碳供应链的推进有一定的抵触心理。徐春秋等(2020)提出了在低碳经济下,政府对低碳供应链是否给予补贴将会影响供应链中各主体的低碳商誉。刘小红等(2020)采用混合神经网络算法,来解决低碳供应链运行过程中的柔性资源配置问题,使用整体配置错误率准则来验证最终构建模型的鲁棒性。范贺花等(2020)分析了在不确定环境下,低碳供应链中的渠道选择问题,提出消费者对于线上销售渠道和线下零售渠道的选择受制造商在生产过程中的边际成本的影响。

3.2 碳足迹理论

3.2.1 碳足迹的含义与发展进程

"碳足迹"一词是从"生态足迹"这个概念中提取出来的,而"足迹"这个词最早源于加拿大的生态学家 William Ree 博士。1996 年, William 博士的学生 Wackmagel Rees 在其老师的基础上又对"足迹"这个词进行了补充说明,并提出了一个新的概念"生态足迹"。Wackmagel Rees 将生态足迹定义为既能够为一定领域内的人口提供可用资源又能承载使用资源后产生的垃圾的一片土地。在此之后,英国学者们开始对生态足迹这一概念展开研究,并于 2007 年举办了一场关于生态足迹的学术研讨会,经过众多专家学者的商讨,得出了一个新的概念即"碳足迹"。自此,"碳足迹"一词在英国学术界传播开来(罗云阔等,2010),并在新闻媒体以及环保组织的推动下被人们所熟知。虽然英国学者提出了"碳足迹"一词,却没有对其进行具体的定义,因此,国内外学者对"碳足迹"一词各有不同的理解且存在争议,争议点在于碳足迹的核算对象是包括所有温室气体排放量还是仅为二氧化碳的排放量。

对于认为碳排放核算应该包括所有温室气体的观点,英国碳信托(Carbon Trust)公司认为,碳足迹是产品的整个生命周期中释放的包括二氧化碳在内的所有温室气体。Hertwich 和 Peters(2009)同样认为,"温室气体"不应该只包含二氧化碳,而是所有会导致地球表面变暖的气体,包括但不限于甲烷、氧化亚氮以及氟氯烃等。Browne 等(2009)也从产品的整个生命周期中温室气体排放的角度,对碳足迹进行了定义。

对于认为碳排放核算只包括二氧化碳排放量的观点,杨传明等(2018)使用随机机会约束和分布决策的方法,构建了不对称信息条件下的产品碳足迹优化模型。孙丽文等(2019)通过分析制造业使用能耗的碳足迹的影响因素,发现经济增长是导致中国工业能源碳足迹生态压力的最主要因素。冯雪等(2019)基于 UNWTO 测算模型,分析了在旅游中、交通运输中产生的碳足迹与旅游产业整体经济增长的关系,发现二者存在长期的正向关系。赖镜鸿等(2020)以广东省为例,基于 NEP 模型(Net

Ecosystem Productivity,净生态系统生产力),对广东省的二氧化碳排放强度和人均能源消费进行了估算,发现广东省的碳排放强度虽然随着减排政策的实施有一定的下降,但是下降速度仍低于经济的增长速度。侯欣彤等(2020)基于国内有关原镁制造工艺生命周期的数据库,对国内原镁制造工艺的碳排放与碳足迹进行了准确客观的评价,为原镁产业的健康发展提供了依据和保障。

3.2.2 碳足迹核算

由于目前并不存在通用的碳足迹测算方法,因此在不同条件下的碳足迹核算方法的选择对碳足迹的测算十分重要。国际上获得广泛认可的碳足迹方法主要包括投入产出法、全生命周期评价法、IPCC法(Intergovernment Panel on Climate Change,政府间气候变化专门委员会)及碳计算器法四种。投入产出法是一种自上而下的碳足迹核算法,以地方或者企业的投入产出表为基础。全生命周期评价法是一种自下而上的碳足迹核算法,它对产品每一个环节的碳足迹进行分析,然后汇总整个生命周期的碳足迹。IPCC法主要是依据联合国政府间气候变化专门委员会提供的信息对碳足迹进行计算。碳计算器法则是通过计算个人碳排放来核算碳足迹。其中比较常用的方法是全生命周期评价法和IPCC法。下面主要介绍投入产出法、全生命周期评价法和IPCC法。

(1)投入产出法

投入产出法最早是在1996年由美国经济学家Wassily Leontief提出,该方法是利用投入产出表的数据来核算国家、各省以及部分副省级城市的碳足迹。孙建卫(2010)等通过利用投入产出法,对中国1995—2005年的相关统计数据进行分析,对历年的碳足迹进行了核算,得出这十年里中国二氧化碳的排放强度呈持续不断增长趋势的结论。叶作义和江千文(2020)利用长三角区域间的投入产出表,计算长三角地区碳足迹,对其溢出效应和反馈机制进行研究。董会娟等(2012)将北京市的居民产生的碳足迹分为直接碳足迹和间接碳足迹,采用投入产出法对北京市2007年的碳排放总量进行了计算。王丽萍等(2018)提出相对于能源消耗法得到的结果,使用投入产出表测算物流行业的碳足迹计算的结果更具科学性,也更能真实地反映在现实中物流行业产生的碳排放。毕华玲等(2018)引入旅游消费剥离系数,采用投入产出法对河北省2012年旅游产业的碳足迹进行了测算。王晓旭等(2019)提出,投入产出法在计算碳足迹的过程中由于进行平均化的处理,因此仅仅适用于计算单一行业或部门的碳足迹,无法计算微观中单个产品的碳足迹,存在一定的局限性。徐恺飞等(2020)根据国内的碳排放数据库,采用投入产出法对2015年中国制造业的碳足迹进行了测算,发现在能源结构调整的情况下,制造业的碳足迹有了较为明显的下降。

（2）全生命周期评价法

对产品从生产制造到回收利用的整个循环过程中产生的各种碳排放进行计算的方法,就是全生命周期评价法。全生命周期评价法从四个角度对碳足迹进行评价,即碳足迹目标、清单分析、影响评价及结果分析。Jensen等(2012)为了研究低碳供应链的管理方法,利用全生命周期评价法对产品的碳足迹进行计算。杨东等(2015)利用全生命周期评价法对风力发电机企业的各环节碳足迹进行核算,发现生产环节产生的碳足迹在碳足迹总量中占了很大的比例,据此提出减少生产环节的资源利用以及改善物料处理方式等建议来降低碳排放。根据生命周期各阶段碳足迹占碳足迹总量的比重,一些学者选择具有更大影响力的阶段展开研究。宋博等(2015)基于LCA和多目标灰靶模型对北京蔬菜生产系统的碳足迹进行了核算。刘文珊等(2015)建立了毛纱产品工业碳足迹核算模型,基于全生命周期法对六类工业产品的碳足迹进行了核算,结果显示生产中的工艺越复杂,产生的碳足迹越多。张帆等(2016)以赣南脐橙为例,采用了全生命周期法对其进行了碳足迹核算,最终得出每1千克脐橙的碳足迹约为0.04kg Ce。师帅等(2017)对畜牧业的碳排放研究进程和核算方法进行了梳理,提出基于全生命周期评价的方法在实际操作过程中很难真正做到"从摇篮到坟墓"的要求。童庆蒙等(2018)介绍了欧美各国在采用LCA进行碳足迹测算的实践,对LCA在使用过程中的核心要素,包括核算单位、核算范围及数据要求,等进行了细致的介绍。崔文超等(2020)使用全生命周期评价法对青田县的水稻和鱼共生系统的整体碳足迹进行了测算,发现该农业系统中主要产生的碳排放为甲烷,占比54%。

（3）IPCC法

1988年,世界气象组织与联合国环境规划署为了应对气候变化,成立了联合国政府间气候变化专门委员会(International Panel on Climate Change,IPCC)。IPCC在2006年提出了一个《IPCC国家温室气体清单指南》,对碳足迹进行测算的IPCC法就是依据该指南对不同区域、不同领域的碳足迹进行计算。国外方面,Aylin Çiğdem Köne 和 Tayfun Büke(2019)以土耳其的可持续发展为目标,利用 IPCC 法测算碳足迹后又采用对数平均指数法对二氧化碳排放量进行分解分析。Schueler 等(2018)利用 IPCC 法测算奶牛场的碳足迹,对不同奶牛场的环境绩效进行比较,确定温室气体排放量最高和最低的奶牛场。国内方面,侯玉梅(2012)依据钢铁生产过程中每个环节的能源使用情况,利用 IPCC 法计算出对应的碳足迹。赵先贵等(2014)基于山西省的面板数据,使用 IPCC 法对山西省的碳足迹进行测算,提出山西省应该从发展节能减排技术、优化产业结构以及提高能源利用效率等方面来减少碳排放。张兰怡等(2016)采用 IPCC 法对福建地区的物流企业进行了碳足迹的测算,发现近年来该地区的碳足迹逐年上升且与 GDP 的增长有着正相关的联系。闫丰等(2018)使用 IPCC 评价法对京津冀地区 2006—2015 年的碳足迹进行了测算,并且提出了碳赤字敏感度来构建该地区的生态补偿机制。杨名扬等(2020)为了评价宁夏近几年碳减排的成果,采用 IPCC 法对宁夏 2013—2017 年的能源使用进行了碳足迹测算,结果发现碳减排的控制取得了一定的成果,但仍需要进行产业结构的优化,减少碳排放。

3.3 绿色供应链优化与调控理论

发达国家在向绿色经济转型过程中,纷纷采取行动对供应链实施绿色改造。绿色供应链的优化和调控离不开政府和企业的共同努力,政府制度的完善加上企业对低碳措施的支持才能对绿色供应链进行有效优化与调控。Paksoy 等(2012)基于政府低碳压力考虑供应链环节的再设计,建立多目标模型对绿色供应链的物流成本、碳排放进行优化。Aliakbar 等(2021)利用多目标模型优化中断背景下的绿色供应链,提高绿色供应链中断情况下的应对能力。Umar 等(2021)以电池绿色供应链为研究对象构建两级供应链,利用多目标优化方法将库存、运输以及碳排放成本最小化。田中禾和陈琛(2007)针对中国的国情提出了适合中国企业供应链优化的方法。郭羽含和杨晓翠(2016)在考虑环境因素的基础上构建数学模型,利用遗传算法对绿色供应链的网络设计进行优化,给企业提供理论参考。吕利平等(2020)通过对农产品绿色供应链各个环节的分析,提出针对绿色供应链各个环节的优化方案。关于绿色供应链的调控研究,国内外很多学者均提出可以通过对碳排放权进行分配和交易,并且对主体企业设置一定的限额政策来达到绿色供应链协调的目的,之后从不同行业出发,探讨了碳排放政策调控可能造成的影响。张克勇等(2019)基于政府的绿色补贴及供应链主体的风险规避态度,选择绿色供应链的调控方法。

3.3.1 碳标签理论

国外已经对碳标签上规模应用,并对消费者行为及国际贸易产生影响。Vanclay等(2011)分别以绿色、黄色、黑色对应碳排放的程度,黑色对应最高的碳排放,然后将这些颜色应用到产品的外包装标签中,吸引低碳偏好消费者。Feucht和Zander(2018)利用问卷调查法和访谈法对欧洲几个国家的消费者对碳标签产品的偏好进行了调查。Shuai等(2014)研究了消费者对于碳标签产品是否存在偏好,发现受教育程度越高、购买力越强的消费者越愿意购买碳排放程度较低的产品。Peschel等(2016)以德国和加拿大的消费者为研究对象,采用在线选择实验法(OCE)对影响碳标签产品接受度的因素进行了分析,发现消费者知识水平对消费者的接受度有影响而消费者的生活方式不会对此产生影响。Brunner等(2018)、Babakhani等(2020)都对餐馆进行了试验,将在菜单上添加了碳标签后的每道菜的销量和没有添加碳标签的每道菜的销量进行对比,发现顾客会选择购买碳排放更低的菜品。

在国内,目前尚未建立完善的碳标签制度。余运俊等(2010)和兰梓睿(2020)根据中国的实际情况,认为中国要实施碳标签制度,不仅应该完善碳标签的相关标准,还要对碳标签的实施进行指导和约束。尹忠明等(2011)指出,在国际贸易中要慎用碳标签,且碳标签的使用要考虑消费者、供应链节点企业、政府部门的感受,要让三方主体均达到满意。彭永华等(2011)和申娜(2019)认为,为了消除中国与发达国家的贸易壁垒,中国也应该积极主动地采用与国际接轨的碳标签制度,减少高碳排、低价值产品的生产。彭慧灵等(2020)结合西方国家的征税经验和我国外贸的现实需求,提出我国应该建立相应的碳标签制度以应对贸易壁垒。胡剑波等(2015)和康丹等(2018)在对国外碳标签政策进行深入研究后,对中国碳标签制度的整个流程进行了设想,并强调政府在此过程中需发挥的重要作用。冯振宇(2016)将各国的碳标签政策进行了分类,分为自愿性或者强制性的碳标签制度,并提出解决碳标签矛盾的方法。申成然和刘小媛(2018)构建了制造商与供应商之间的投资减排模型,对碳标签制度下不同合作减排方式的最优决策进行比较分析。

3.3.2　碳税理论

（1）碳税征收

"碳税"这一词最早源于庇古的外部性理论和矫正税收的想法。Pigou（1920）提出了"庇古税"这一想法来实现资源的最优配置。但是，后面的实践证明，庇古税不能用于动态的经济活动。此后，Pearce提出的"双重红利"假说渐渐得到学者们的认可。Birchall（2017）提出，政府应该对碳税的实施进行干预，对超出一定范围内造成污染的企业征收碳税。Babatunde Damilola E 等（2020）根据火力发电燃料的消耗情况建立碳税预测模型，对降低碳排污染具有实际意义。Nordhaus（2008）提出，政府可以利用碳税所得的收入支持纳税企业的低碳投入，形成良性循环。Hasan Md. Rakibul 等（2021）则通过案例研究，提出优化碳税下供应链的库存方法，并对低碳技术进行投资来提高消费者需求。

直到19世纪90年代，国内学者开始在借鉴发达国家制定碳税经验的基础上对碳税展开研究。贺菊煌等（2002）通过定量分析发现，中国征收碳税会导致化石能源价格上升和产量下降，但是整体的经济不会受到影响且对碳排放的制约作用也是显著的。随着中国经济的迅猛发展，气候环境成为越来越受关注的问题，碳税制度的建立也变得非常必要。刘兰翠（2008）、姚昕等（2010）和刘洁等（2011）都对中国制定碳税措施对经济的影响进行了研究，发现从长远角度出发，碳税不会对经济产生负面影响，反而有益于市场经济。包群等（2013）认为，要充分发挥碳税的作用，不仅在于碳税制度本身，还必须要有法律规范及政府监管。马草原等（2015）考虑针对地区和行业的特征征收碳税，提到企业低碳技术的提高对降低碳税约束的作用。王娜等（2020）、庞庆华等（2020）基于政府对企业征收碳税以及消费者对低碳产品的偏好，分别研究了供应链的产品定价问题、供应链成员之间的合作减排协调问题。王齐齐（2020）则通过文献分析，对我国碳税的发展历程和重要节点进行了梳理和总结。

（2）碳税最优税率

Ramsey早在1927年就对"最优碳税"一词进行了定义，即政府税收收入效率最高点的对应值。随后碳税的最优税率引起了很多学者的兴趣，West（2004）在调查中发现，污染产生的边际损失会直接影响最优税率，且只有在最优税率高于边际损失的情况下,对环境才是最有利的。Shiro Takeda(2006)利用动态 CGE 模型来研究日本的最优税率。研究发现,只有当碳税收入最终用于替代资本税时,双重红利才是存在的。Fullerton 等(2008)基于社会福利最大化的角度,漠拟经济的动态增长,估算出了当前美国社会的最优税率。Cai 等(2015)基于内生增长模型,对生产函数以及效用函数进行求解,从而得出政府实施碳税政策的最优税率。Jin 等(2018)利用数据包络分析法和多目标决策模型研究最合适中国的碳税税率。

付伯颖(2004)认为,"双重红利"的假说,虽然可以为环境税制度的设立提供方向,但是并不完全适用于国情。程永伟等(2016)、周艳菊等(2017)研究得出,国家在设置碳税税率时,可以通过计算最优碳税税率,提升社会福利和市场竞争力。张孜孜(2014)基于减排收益和减排成本的结果,采用 DICE 模型,融合经济与气候的共同作用,计算出符合我国国情的最优税率,但是缺失的气候地理数据会影响结果的准确性。金成晓等(2018)经过计算得出当前经济环境下的最优税率,但是最优税率并不是一成不变的,会受到多个因素的影响。李雪慧等(2019)采用 QUAIDS 模型,提出对于城市和农村的不同收入群体应该征收不同的碳税。唐文广等(2020)利用 Stackelberg 博弈模型研究政府应该对企业施加的最佳碳税比例,并对企业供应链的最优决策在最优碳税影响下的变化情况进行了分析。许舒婷等(2020)考虑政府碳税下企业的低碳技术投资信息公开问题,分别对企业公开信息和不公开信息下的供应链制造商利润进行对比。

3.3.3 碳交易理论

碳交易是指将排放二氧化碳的权利作为一种商品进行买卖。在全球碳排放基数确定的基础上,企业通过市场转让碳排放权利,将多余的碳排额度出售给碳排额度不足的企业。在 1997 年的联合国气候大会上,商议通过了《京都议定书》,在这份约定中首次提出利用碳交易解决碳排放问题。联合国对各国碳排总量进行规定后,各国将碳排指标下放到企业,超过碳排指标将面临高额惩罚。因此,为了降低碳排放的惩罚成本,碳排放量高的企业会向碳排放量低的企业购买碳排额度,由此实现总体的减排目标。Hepburn Cameron(2007)通过分析《京都议定书》签订后 10 年内碳交易政策的变化,发现全球气候政策一直在优化改进,碳交易市场的建设也处于持续的改善状态。Thais Diniz Oliveira 等(2020)以拉丁美洲为研究对象,分析政府若实施碳交易政策对经济以及环境可能产生的后果,并提出一些降低负面影响的建议。Spash(2010)也认同这个观点,认为碳交易还需要继续探索才能够发挥应有的效果。Eckart Zollner(2020)通过对世界范围内不同国家碳交易和碳税计划的分析,将这两种手段进行对比,找出优缺点。Sorrell(2003)对碳交易政策之间的关系进行研究,探索不同政策共存的条件。Maria Flora 和 Tiziano Vargiolu(2020)则对欧盟交易系统中的碳交易价格调整以及碳减排投资决策时机进行了研究。Yasaman Memari 等(2021)以生物燃料供应链为研究对象,对企业的碳排放超过标准后的产品外包成本以及碳信用交易成本进行权衡。Wang(等)(2020)在碳交易政策下,考虑消费者存在低碳偏好时,运用博弈论方法研究了供应链的动态碳减排投入问题。Chen 等(2016)研究了制造商采用绿色技术和标准技术两种生产模式下,实行碳排放限额和碳交易政策时供应链的最优决策。Hosang Jung 等(2010)以供应链系统成本最小化与碳足迹最小化为目标,提出了一个在碳税和碳交易政策下,用以预测二氧化碳总排放量的供应链规划模型。Zakeri Atefe 等(2015)提出一个用于检验在碳税和碳交易政策下,供应链在策略选择层面绩效评价的供应链规划模型,给碳减排政策的选择提供了一些思路。

碳交易在发展的过程中,有学者发现,碳交易的对象可以不仅仅是国家以及企业,还可以是个人。Fawcett Tina & Parag Y(2010)对个人碳交易进行了介绍,以个人为主体,对每个人的碳排放额进行限定,允许个人进行交易,达到保护环境的目的。对于这一个新的政策,Parag Ylael 等认为,个人的碳交易是很难实施推广的。Fawcett Tina(2010)则认为,虽然目前政府和公众很难接受个人碳交易这个想法,但是从长远来看,它比碳税政策具有更高的优越性,也能产生更多的效益。L.I.Guzman 等(2017)对个人碳交易如何实施应用进行了研究,认为不仅要有政府层面的制度规范,还要有对交易价格的考量。Fahd Mohamed Omar Al-Guthmy 等(2020)则以发展中国家中的肯尼亚为研究对象,利用三种不同的碳排放额度分配模型对道路运输中个人碳交易的可行性进行研究。

3.3.4 碳补贴理论

(1)补贴供应链企业

企业的碳减排行为会增加企业的减排成本,为了鼓励供应链企业的碳减排积极性,政府对供应链上实施碳减排政策的企业进行补贴。徐春秋等(2014)通过对政府补贴政策下普通产品与低碳产品的价格对比,研究政府补贴政策下的产品定价问题。朱庆华等(2011)基于消费者对低碳产品的偏好,研究政府补贴系数对供应链企业减排决策产生的影响。王爱虎等(2020)对企业在碳税压力下政府的决策进行研究,探讨政府是对企业进行碳税补贴还是对企业的碳减排技术研发进行资助。曹细玉等(2018)基于消费者对低碳产品的偏好,研究碳补贴形式对供应链企业最优决策的影响。李友东等(2014)讨论了生产商进行减排研发的举措与政府进行减排补贴二者之间的关系,对企业在减排过程中的最佳投入和政府在补贴过程中的最优比率进行了分析,认为对产品进行回收再加工利用是减少碳排的一个重要途径。路正南等(2019)基于政府对回收再制造产品的补贴,研究产品回收后的定价问题。戴发山等(2015)比较政府对企业进行低碳补贴和对低碳研发进行补助两种情况下的产品成本和产品需求量。李友东等(2014)则研究了供应链企业合作减排情况下如何对政府的碳补贴进行分摊。邱国斌(2013)和杨仕辉等(2015)将政府对供应链上的不同节点企业进行补贴的利润以及碳减排量进行对比。罗天龙等(2016)研究了政府补贴供应链企业情况下的碳减排问题。Anselm Schultes等(2018)研究碳补贴政策下的企业技术投资问题。熊爱华等(2020)基于中国上市公司的面板数据,研究政府对企业的绿色创新以及低碳行为进行补贴下的生产率变化情况。Gorji等(2021)运用博弈论方法,研究了政府补贴对报废汽车供应链各主体决策变量均衡值的影响,并通过收益共享等契约对供应链的协调机制进行了研究。Cao等(2020)依据碳税约束及制造商产品再制造补贴政策,研究了销售新产品和再制造产品的双渠道供应链的最优生产和定价决策,并从社会福利视角对政策进行了比较分析。Yi等(2018)研究了在碳税约束下,政府对绿色产品的补贴政策对企业经营决策的影响,同时为促进供应链主体间的合作,提出了碳成本分担契约。

(2)补贴消费者

政府对购买低碳产品的消费者进行补贴,刺激绿色产品消费量的增长,促进企业对碳减排的重视。柳键等(2011)基于政府向绿色消费者发放补贴的背景,比较制造商与零售商合作以及不合作减排情况下的最优决策。邱国斌(2013)将政府对消费者进行碳补贴和政府对供应链企业进行碳补贴两种情况下的商品价格、销售量以及企业利润进行对比。Ma等(2013)研究了政府对消费者进行补贴前后对闭环供应链产生的影响。熊勇清等(2020)、张扬和陆宸欣(2020)以新能源汽车为研究对象,分析了政府对企业进行补贴和对消费者进行补贴两种情况下的产品定价差异。Bian等(2020)运用博弈论方法,研究了消费者对环境问题关注时,对消费者补贴以及对制造商补贴两种情形下,供应链的决策问题及碳排放情况。Cohen等(2015)在现有对产品定价进行研究的基础上,进一步考虑政府外部影响对供应链决策的作用,研究了直接对消费者进行补贴对供应商生产及定价决策的影响。

3.3.5 碳减排合作理论

供应链企业之间的合作不仅有益于碳减排的实施,还能够提高供应链企业的效益,因而碳减排合作研究引起了专家学者的关注。早期,专家学者对碳减排合作的研究集中在企业碳减排研发上,Daspemont等(1988)提出供应链节点企业在减排研发中进行合作,一方面有利于双方研发水平的提升,另一方面能够提升企业的效益。王冬冬等(2020)讨论了低碳供应链中的企业在进行研发合作的过程中可能会出现的利他偏好行为,对这一行为的危害性进行了分析。王勇等(2019)以消费者低碳偏好和碳交易为背景,构建博弈模型来研究节点企业在低碳技术研发过程中的竞争与合作问题。孙晓华等(2012)使用逆向归纳法讨论企业合作研发投入、技术溢出以及社会福利效应三者之间的关系。尚猛等(2019)讨论了在集中式决策和分散式决策情况下,生产商的减排研发投入和销售商的低碳产品宣传行为之间的结合是如何作用于低碳供应链的。刘名武等(2015)以碳交易为背景,使用DEA(Date Envelopment Analysis,数据包络分析)方法计算在横向减排合作的情况下,生产商和销售商之间的减排成本分摊方法。

Li等(2017)和李卫红等(2012)对横向和纵向合作研发下的供应链利润进行了比较。Tsao等(2012)认为,生产商与零售商之间对减排研发成本的分摊可以优化整个低碳供应链,并提高供应链的整体环境绩效。谢鑫鹏等(2013)建立了由一个生产商和两个零售商组成的两级低碳闭环供应链,讨论在成本分担契约下,双方的研发减排投入变化。黄守军等(2015)、王素风等(2016)以电力行业为观察对象,认为独立发电商的减排技术引进需要较高的成本且存在风险,因此提倡与其他企业进行合作来投资减排技术研发。张翼等(2020)利用实证分析对中国地区工业之间的碳排放形式和空间依赖进行了分析,提出区域协同减排的想法。

之后,学者们开始以动态视角研究企业供应链主体间的合作减排策略来实现企业效益和环境绩效的提升。王芹鹏等(2014)构建零售商主导的二级供应链,研究在零售商动态影响下制造商最优决策的变化情况。徐春秋等(2016)提出,制造商作为承受碳排放压力的主体,可以通过与零售商合作减小压力,实现共赢。赵道致等(2016)构建微分博弈模型,对供应链主体间的合作减排动态协调方法进行了研究。游达明等(2016)以产品的低碳程度和销售商的商誉为动态变量,分析在集中式决策和分散式决策情形下的供应链效益。陈东彦等(2018)认为,企业进行减排后并不能产生及时性的效果,碳减排的效益存在滞后性,这种滞后性会对低碳供应链中节点企业的低碳决策和合作减排策略产生影响。王道平等(2020)以碳减排量及企业的商业名誉为状态变量,研究两者影响下产品的需求变化以及对政府的反馈策略。Li等(2019)研究了不同博弈结构,即三种合作结构模式及一种非合作结构模式下,低碳闭环供应链的最优决策问题。Gao等(2018)研究了碳税政策下制造商与零售商在完全不合作、完全合作及碳减排成本分担情况下供应链的决策问题。

3.4 行业政策分析与应用

3.4.1 制造业

制造业是国民经济的支柱,也是环保最大的对手,制造业产生大量的废气、污水对环境造成了极大的危害,因此,制造业的绿色供应链管理研究极具意义。Chien等(2007)以电子电气行业为研究对象,分析国际绿色浪潮下的制造商绿色行为的经济和环境效益。Ninlawan等(2010)则以泰国的计算机行业为研究对象,利用问卷调查研究计算机行业的绿色供应链管理情况。路世昌(2017)以中国的电子制造企业为研究对象,分析绿色供应链管理对电子制造企业各方面能力的影响,并得出对低碳供应链进行有效管理可以提升企业主体在市场中的核心竞争力的结论。朱庆华等(2007)以汽车企业为主体,对汽车企业绿色供应链管理的动力及效益进行分析。Thun等(2009)则对汽车制造业绿色供应链管理中存在的风险进行研究。Damert和Baumgartner(2018)在全球气候变化的大背景下,提出了一个适合汽车制造业应对气候变化的综合框架,并应用聚类方法研究企业的绿色举措对公司绩效的影响。Kaiser 等(2001)认为,采购环节的优化是帮助医疗行业减少环境污染的最佳渠道,从源头控制对环境可能产生的污染。Nurul(2006)对石油以及天然气行业进行研究,发现在整个制造流程中,准备环节最为重要,因此能够在准备环节就发现供应链中的操作风险对于石油以及天然气行业的绿色供应链管理以及行业的可持续发展至关重要。Shekari 等(2011)以钢铁行业为研究对象,分别从采购、生产、回收、污染治理等方面讨论钢铁企业实施绿色供应链举措的驱动因素。Towfique Rahman 等(2020)以孟加拉的塑料工业为研究对象,分析其在新经济背景下实行绿色供应链管理可能遇到的障碍。郑季良等(2017)通过供应链企业间的协同合作提高钢铁企业绿色供应链管理的效率。Ai Chin Thoo 等(2014)通过研究马来西亚制造企业绿色供应链的管理实践与企业可持续发展之间的关系,提出制造商应该在企业内部将绿色管理的思想作为重要的发展目标并且培养专门的绿色管理人才来实现企业的可持续发展。Shukla(2016)等通过归纳建筑业降低环境影响的举措,找出绿色供应链管理的影响因素,形成一个完整的建筑业绿色管理评估方案。Noor Aslinda Abu Seman 等(2019)利用100多家制造企业的数据通过实证分析法证明了企业的绿色供应链管理以及绿色创新举措对环境绩效具有促进效果。

在研究制造业绿色供应链管理的过程中,也运用到了各种方法。Mathiyazhagan(2015)根据专家意见下的层次分析法对采矿业进行绿色供应链管理面临的压力进行分析。Allen H. Hu(2010)和 Xiang Meng Huang 等(2015)都采用了问卷调查法,分别对电子业绿色供应链管理的影响因素、制造业绿色供应链管理需要面对的压力进行研究。H H Wu 等(2015)则利用实验室法研究电子业绿色供应链管理的影响因素。周鹏飞等(2014)以大连的建筑业为研究对象,利用系统动力学方法研究政府的政策对绿色供应链管理的影响。梁婷等(2016)利用实证分析法研究建筑业绿色供应链管理整个流程中如何减少对环境产生的危害。Richard Saade 等(2019)以黎巴嫩的60家制造业公司为研究对象,使用双因素理论分析了黎巴嫩运用绿色供应链管理的原因和面临的障碍。

以上学者多关注制造业绿色供应链管理集中在影响因素研究、压力和驱动力研究、绿色管理环节研究,而刘洁(2018)以汽车绿色供应链为研究对象,采取精益管理的思想,构建针对汽车绿色供应链的绩效评价体系。冀巨海等(2012)利用灰色关联分析从不同视角对钢铁企业供应链的绿色管理进行评价,并通过实验证明该评价方法是切实可行的。昌业芹(2015)通过对宝钢集团历年碳排放数据的分析,利用突变级数法构建了适用于钢铁产品行业供应链的绿色管理绩效评价体系。张彩平等(2016)、温素彬等(2017)也以钢铁产品行业为研究对象,对钢铁业的绿色供应链管理的绩效进行评价,并提出改善绩效的建议。周容霞等(2018)则利用神经网络法对钢铁企业供应链绿色管理的绩效进行模糊评价。

此外,也有许多学者研究了制造企业的绿色供应链优化与调控。许立帆等(2016)分析了国内征收碳税对于制造业优化能源结构、转型升级的影响。李岩岩等(2017)采取灰色系统区间预测的方法,分析了碳税对于制造业中35个行业的影响,发现23%的行业受碳税征收的影响显著。王文举等(2019)探讨了制造企业和地方政府在碳税约束下的减排行为,发现碳税税率只有在超过一定的阈值之后,才对制造企业采取碳减排行为有促进作用。喻小宝等(2020)以系统动力学的视角构建了电力行业在进行碳减排合作时的模型,结果表明,在供应链中设置相应的反馈机制可以显著提高碳减排的效果。刘瑞芝等(2017)以水泥行业为例,探讨了水泥行业在当前环境下进行低碳减排的挑战与压力,提出建立全国碳交易市场将有助于水泥行业的碳减排行为。宋献中等(2019)以A发电企业为例,探讨制造企业进行碳减排的动因以及碳交易权对试点企业采取减排措施的影响。孙振清等(2020)根据30余个省、市和自治区的面板数据,发现碳交易政策的实施对制造企业的经济增长与绿色发展均有显著的提升作用。吴军等(2020)针对某省制造业中的碳配额分配权重构建了不确定信息下的动态博弈模型,结果表明,对制造业中各行业进行碳配额分配时不仅要考虑该行业的历史减排量,还要考虑该行业在履行减排责任时的行为。李新军等(2020)分析了在政府主导下的汽车制造企业在进行绿色供应链管理时,政府构建的碳交易、碳补贴及碳税的混合政策对于该行业的影响。屠年松等(2020)在WTO背景下,对发展中国家和发达国家的制造业在全球价值链参与进行了比较,发现碳排放对各国制造业在全球竞争中会产生一定程度的负面影响。

3.4.2　服务业

在电子信息飞速发展的背景下,服务业规模日益壮大,质量效益大幅提升,国内外学者也将绿色供应链管理的研究范围从传统制造业扩大到服务业。Sarita(2012)提出,绿色银行项目可以为企业的绿色技术研发、碳减排项目提供资金支持。V. R. Pramod等(2016)利用ISM系统建模法对印度电信服务业的绿色供应链管理障碍进行了分析。顾金星(2017)利用演化博弈模型对供应链企业间的绿色融资行为进行了研究。黄浩锋(2017)以沃尔玛为研究对象,探讨电子商务企业如何实现绿色供应链管理。朱云亚(2016)通过调查问卷法、层次分析法及模糊综合评价法为服务业的绿色供应链管理建立了评价指标体系和进行了绩效评价。聂晓培等(2020)在分析全国各个省市的生产性服务业数据的基础上,利用空间计量模型研究服务业生产率的变化情况。

崔铁宁等(2017)从绿色供应链的视角出发,构建了城市餐厨垃圾的减量分析模型与管理框架,从而寻求厨余垃圾的减量管理。孙玉环等(2020)采用GDIM的统计方法对中国旅游业过去十多年的碳排放强度进行了分析,发现旅客人数增多、旅游业能源的消耗增加以及旅游产业的扩大是中国旅游业碳排放增加的主要因素。郑洁等(2020)分析了欧美发达国家在船舶运输业的绿色发展现状,结合我国的实际情况,提出了基于开放合作的中国船运业绿色发展规划。田静等(2020)指出,低碳壁垒成为全球贸易服务业中一种新的贸易保护形式,我国应适时建立统一的碳标签制度,同时优化产业结构来应对外部的贸易壁垒。包耀东等(2020)对长三角地区物流行业近年来的碳足迹进行了测算,分析发现物流行业的能源利用效率、产业发展情况与碳排放的增长是正相关关系。滕泽伟(2020)认为,国内服务业的绿色生产率近年来一直呈增长态势且各区域间的绿色生产率有较为显著的差异。江红莉等(2020)提出,金融业的绿色风投和绿色信贷对绿色供应链的发展有明显的促进作用。余奕杉等(2021)从专业性和多样性的角度出发,探讨了生产性服务业的产业集聚度对于绿色生产率的影响。王许亮等(2021)采用空间计量的模型,通过对山西省2004年至2017年的数据进行分析,探索服务业的产业集聚与绿色生产率之间的关系,研究表明产业集聚度与服务业绿色生产率是正向关系。李晓华等(2021)基于家电行业,讨论促进家电企业主动提供绿色家电同时消费者愿意支出一定的费用购买绿色家电的影响因素,研究发现,家电企业的绿色成本降低、政府主动地提供低碳补贴及消费者的低碳环保效用均有正向作用。

3.5 文献综评

通过对目前学者研究成果的梳理,可以得出以下结论。

第一,在绿色供应链理论方面,由于绿色供应链理论始于1996年,其发展还没经历太长的时间,因此国内外学者现有的研究基本是比较基础的概念、结构、影响因素及技术研究,缺乏更微观细致的机制研究。其次,现有研究主要采用案例和实证等定性方法,而定量方法主要集中在绿色供应商选择和绩效评价上,缺少低碳要素在供应链模式中的体现。最后,现有研究虽然在理论上说明了一般供应链的理论加上环保概念就形成了绿色供应链,但是对于两者在企业实际运作过程中的差别分析较少。

第二,在碳足迹理论方面,现有研究对碳足迹的定义不统一,因而对碳足迹的计算边界产生了争议。碳足迹的核算方法主要包括投入产出法、全生命周期评价法、IPCC法以及碳计算器法,但这四种方法各自具有针对性:只有大的地区和企业才会存在投入产出表,比较微观的系统基本缺乏投入产出表,因此无法使用投入产出法;单纯的全生命周期法存在边界问题,只有直接的和少数间接的影响被考虑在内;IPCC法需要依据能源数据进行计算;碳计算器方法中的个人碳排放数据更难以获得。因此,对于如何计算供应链各个节点碳足迹等,有进一步完善的空间。

第三,对于绿色供应链优化与调控理论的研究,现有研究强调从整个系统出发,采用集成的思想进行供应链的优化,从动态视角对绿色供应链的优化研究较少,缺乏对供应链成员间合作优化机制以及对供应链系统调控的深入研究。此外,当前对绿色供应链的研究主要集中在政府和企业的行为对绿色供应链优化及调控的影响,而消费者作为绿色供应链的主体之一,其行为决策对供应链决策的影响较少被考虑在内。

第四,对于行业政策分析与应用的研究,现有关于制造业绿色供应链管理的研究,主要偏向于汽车、建筑等传统领域,研究方法大多使用问卷调查法、层次分析法和实证分析法,且研究范围主要侧重于影响因素研究、压力和驱动力研究、绩效评价研究,对制造业可持续发展、生态安全等方面的研究较少,特别是对整个供应链上碳足迹的影响机制、扩散机制的研究较为鲜见。对于服务业绿色供应链管理的研究多涉及电信企业、银行企业等,较少关注生鲜品冷链等高耗能、高消费增长的新兴领域,而这些新兴领域对于碳排放的影响日益显著。

综上所述,碳足迹视角下绿色供应链的优化调控问题是一个涉及多个行业、需要多学科知识背景的综合问题。具体而言,首先,明确碳足迹指标对于衡量低碳经济的重要意义,提出科学核算碳足迹的一般方法;其次,在此基础上考虑供应链各节点的碳足迹和成本约束,提出绿色供应链的优化机制,并从碳交易权和碳减排补贴等激励视角,提出绿色供应链的调控机制;最后,通过实践案例检验和完善机制设计。

第4章
绿色供应链运营现状及主要问题

本章在文献综述梳理的基础上，阐述了绿色供应链的发展现状和主要实践。重点围绕绿色设计、绿色制造、绿色产品及绿色回收等不同角度，从企业、政府、行业协会以及公众等角色来厘清当下绿色供应链存在的主要问题和制约因素，从整体上对绿色供应链的发展情况进行评价，进一步明确后续研究的方向与目标。

4.1 运营现状

党中央、国务院高度重视构建绿色供应链工作，将其纳入了供给侧结构性改革等重大战略部署。在《中共中央关于制定国民经济和社会发展第十四个五年规划和二○三五年远景目标的建议》中明确提出，供应链产业链现代化水平需要得到显著提升；其中的重点就是要立足我国在产业规模上的优势、配套优势和部分领域先发优势，推动供应链的绿色化发展。2017年10月，在由国务院办公厅负责印发的《国务院办公厅关于积极推进供应链创新与应用的指导意见》中，专门部署了关于"积极倡导绿色供应链"，包括大力倡导绿色制造、积极推行绿色流通、建立逆向物流体系等具体工作任务，并明确了部门的分工。

在国务院部署下，2018年4月，《商务部等部门关于开展供应链创新与应用试点的通知》印发，该通知明确提出将构建绿色的供应链作为重点任务，并明确了"发展全过程全环节的绿色供应链体系"的概念。围绕文件精神，从政府角度，首先应该制定绿色供应链的构建方针，建立完善的法律保障制度和评价体系，强化信息披露制度，并且对供应链全环节中的违法行为依法依规进行公开和处理。此外，政府应该推动行政机关、大型国企、事业单位等组织内部采购的绿色化，并且建立起对应的绿色考核体系。从企业角度上，应在低碳材料、节能设备、技术更新等方面加大资金投入,提升产品的绿色度,与供应链企业进行协同合作,推动绿色供应链的建立。企业同时也应该有意识地向消费者推广绿色健康的消费习惯,培养消费者的绿色意识,同时加大对绿色产品、绿色材料的宣传投入。

在实践方面,近年来,许多公司相继启动了自己的绿色供应链计划,如京东物流于2017年6月启动了"青流计划",与多个品牌合作从减少包装体积、绿色物流技术创新与应用、节能等方面开展绿色供应链联合活动,从而促进物流业的绿色发展。苏宁物流在2018年"双11"的前夕,宣布了公司策划的绿色物流共享活动——"清城计划",并将海口作为计划的第一站。根据这项计划,苏宁物流与海口市政府、灰度环保组织、小米集团首次合作,共同创造绿色共生关系,并使海口成为绿色物流快递城市。苏宁物流通过发展绿色仓库、绿色包装、绿色分销和绿色码头来减少快递包装的浪费,并促进绿色和可循环利用的发展。2020年"双11"前夕,苏宁物流在北京启动绿色快递站,提供"服务+绿色"创新,提供绿色自助取货、绿色运输、逆向回收等服务,提供高效便捷的一站式终端服务体验。

中国大部分企业在不同程度上参与了绿色供应链的具体环节,主要包括绿色设计、绿色制造、绿色产品及绿色回收等。

4.1.1 绿色设计

绿色设计可以从源头上防止污染,从而节约资源并保护环境,其原则是注意避免产品设计的早期阶段可能会对后续造成的不良后果。绿色设计直接影响产品供应链,对整个产品生命周期中的资源消耗和环境影响产生决定性影响。绿色设计必须遵循"3R"的原则。在设计产品时,不仅要考虑减少产品制造材料和能耗,减少有害物质的排放,而且还要综合考虑产品和零件在处理后可以重复使用或者方便分类、回收和再循环。

绿色设计作为一项工业产品,随着其政策体系的建设不断深入推进,市场推动与政府引导相互结合的推进机制也进一步得到完善。"十三五"期间,根据《绿色制造工程实施指南(2016—2020年)》《工业绿色发展规划(2016—2020年)》,我国绿色设计政策体系的建设任务被全方位、多层次地反复提出。经过十余年的努力,我国初步建立起绿色产品设计的制度体系,包括在产品设计过程中的技术体系、企业管理体系、产品体系以及国际合作体系等。

目前,在绿色设计领域,国内外进行重点研究的领域主要包括替代性设计、节能性设计和轻量化设计。

(1)替代性设计

对于产品生产所需材料的替代性绿色材料的研究,目的是要在与原材料有相同或者相近性能的基础上,设计出对环境更为友好的替代材料。近年来,对于可回收材料、复合材料及仿生材料等可持续替代材料的研究较多。

(2)节能性设计

节能性设计主要是指产品在加工制造的过程中,通过改进生产工艺、优化生产环节、使用清洁能源等方式来降低生产过程中的燃料消耗,从而实现产品的绿色节能。目前,各国对于节能性设计的研究大多集中在乙醇、液化石油气、太阳能、风能、水能等替代能源在工业生产中的应用。

(3)轻量化设计

国际上目前关于轻量化设计的主要研究内容包括结构轻量化的设计与优化、轻量化材料的运用、先进的净成形工艺、复合材料的替代技术等,涉及的产品主要有电器电子产品、工艺装备、家电产品、汽车和飞机等。

工业和信息化部办公厅分别于2019年11月25日和2020年10月14日发布了两批工业产品绿色设计示范企业公示名单(见图4-1)。

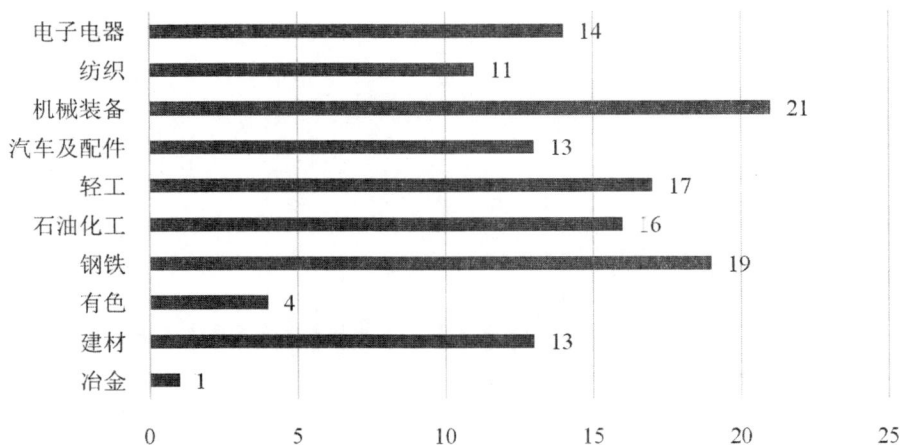

图4-1 工业产品绿色设计示范企业细分行业分布

4.1.2 绿色制造

（1）绿色制造战略

国家始终高度关注绿色制造的发展。早在2006年2月,国务院发布的《国家中长期科学和技术发展规划纲要（2006—2020年）》,就明确提出将绿色制造作为未来制造业发展的三大主攻方向之一。2011年7月,科技部发布的《国家"十二五"科学和技术发展规划》,明确提出了"重点发展先进绿色制造技术与产品,突破制造业绿色产品设计、环保材料、节能环保工艺、绿色回收处理等关键技术"。2015年5月,国务院发布《中国制造2025》,明确提出了全面推行绿色制造,实施绿色制造工程,将绿色制造工程作为重点实施的五大工程之一,并部署全面推行绿色制造。"十四五"时期,国家将在绿色基础制造工艺、绿色制造评估认证监督、绿色再制造应用等方面进一步推动绿色制造在装备制造业和典型流程工业中的应用。

（2）绿色制造示范名单

为了促进制造业的高质量发展,持续打造绿色制造的先进典型,进一步加快推动绿色制造的体系建设,自2016年至今,工业和信息化部每年均选出一批绿色制造名单,例如绿色工厂、绿色供应链管理示范企业、绿色设计产品以及绿色园区等。以绿色工厂为例,从地域上看主要集中在江苏、山东、广东、浙江等发达省份（见图4-2）;而从行业分布来看,绿色工厂分布在钢铁、化工、电子以及纺织等传统耗能行业。

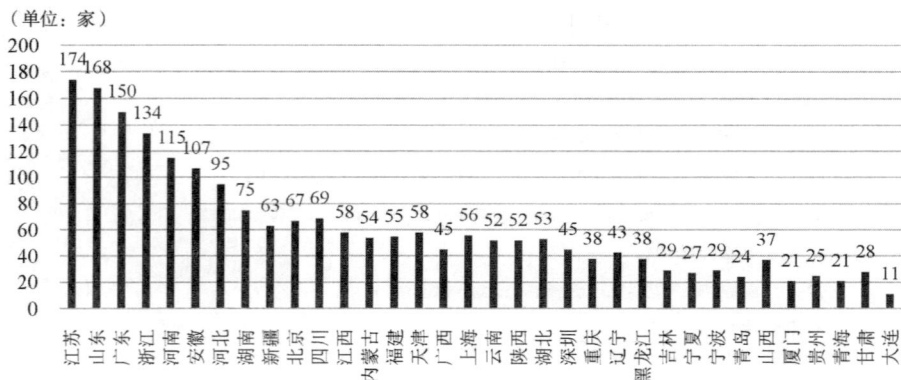

图4-2　绿色工厂所属省份分布

4.1.3 绿色产品

（1）绿色包装

绿色包装又称符合可持续发展的包装。它不同于普通产品包装的不可重复利用、环境危害性大的特征。绿色包装在推动节能减排和低碳发展中发挥着重要作用。绿色包装产品从原材料的使用、加工制造的过程、包装的使用到最终的废弃回收，都严格遵循环境友好的要求。

绿色包装在很长一段时间内没有相对统一的定义和实施标准，导致监管部门、行业协会等相关组织在对绿色包装进行推广使用、评价规范的过程中有较大的阻力。2019年国家标准《绿色包装评价方法与准则》(GB/T37422—2019)的发布，将绿色包装从概念转化为明确的国家要求，标志着绿色包装未来在生产、使用、选择、评价的过程中有法可依。此外，近年来随着快递行业的快速发展，快递包装使用量大、废弃物回收率低等问题日益凸显。2020年7月，市场监管总局等八部门联合印发《关于加强绿色包装标准化工作的指导意见》，力求改善现有的快递包装状况，减少对环境的污染。

2018年顺丰速运提出"丰景计划"，这是一项减轻快递包装负担的计划。根据该计划，顺丰将通过减少包装塑料袋和热敏感运单，每年减少7 670吨二氧化碳排放量。2020年8月31日，美团外卖庆祝"青山计划"成立三周年，回顾了在该项计划中关于环境保护部分的进展。在过去三年里，青山计划协作110余家包装公司共同探索外卖包装相关解决方案，发布关于绿色包装相关建议清单，并支持新型绿色包装的孵化。"青山计划首批绿色包装推荐名录"包括30家公司所提供的41种可降解塑料包装产品和来自31家公司的46种纸质包装产品。除此之外，青山计划还在全国投放了2 000余万个可被完全生物降解的包装袋和100余万个纸质便当盒。

（2）绿色材料

绿色材料是指与生态环境相协调，有益于人类健康和环境友好的材料。这类材料一方面具有普通材料所拥有的优异性能，另一方面在生产和使用过程中消耗的能源少、对环境和自然资源的污染小，同时可以进行逆向回收再利用。绿色材料在使用舒适性、环境协调性及创新性方面都有较好的体现。

目前,对于绿色材料的研究可以分为两个方面,一方面是将现有材料应用在环保领域,比如可以将回收的空啤酒瓶应用在建筑中,作为室内装饰以及隔音材料;另一方面,创造性地制造出原先不存在且对环境友好的材料,如表4-1所示。

表4-1 绿色材料分类及说明

种类	说明	举例
生物降解材料	能够被生物分解的材料	淀粉基热塑性塑料
循环材料	在产品生命周期中可以回收再利用的材料	再生塑料
净化材料	能分离、分解或者能吸收废气、废液的材料	各类废水净化材料
绿色能源	使用过程中不会产生污染的洁净的能源	太阳能、潮汐能
绿色建材	有利于环境保护的建筑材料	远红外陶瓷内墙板

4.1.4 绿色回收

绿色回收是绿色供应链的最后一个环节,是在产品使用期结束面临报废时,对产品整体或其零部件进行逆向回收,将回收产品进行再利用或者无害化处理的过程。绿色回收在降低环境污染,提高产品利用效率,推动节能减排方面有着重大贡献。

(1)废弃电器电子产品的绿色回收

根据联合国统计,2019年全球5 360万吨电子垃圾中仅回收了17.4%。2015—2019年,电子废物的总量增加了21%,而回收率却提高了不到2%。

截至2019年,非洲共产出了290万吨电子废物,其中3万吨被收集并适当回收,仅占该地区电子废物回收的0.9%。在这290万吨的电子废物中,包含价值32亿美元的可回收原材料,并包含多种有害物质,其中包括50吨汞、5 600吨溴化阻燃剂。在联合国监测和汇总的49个非洲国家中,只有13个国家制定了国家电子废物法规。其中,南非国家(南非、博茨瓦纳、纳米比亚)共生产50万吨电子垃圾(每人6.9千克),回收2万吨,是非洲回收率最高的地区,回收率达到4%。北非国家(埃及、阿尔及利亚、摩洛哥)产生了130万吨电子废物(每人5.4千克),占整个非洲大陆的45%,但其回收量和回收率均为零。这反映了非洲大陆上不同国家之间电子废物生产和回收的巨大差异。

在亚洲产生的 2 490 万吨电子废物中,有 290 万吨被回收利用,回收率达 11.7%。这些电子废物包含价值264亿美元的可回收原料、40吨汞、35 300吨溴化阻燃剂以及 6 080 万吨二氧化碳。在联合国监督和汇编的46个亚洲国家中,有17个国家颁布了与电子废物有关的法律和政策。东亚(中国、日本、韩国)产生了 1 370 万吨电子废物,回收了 270 万吨,回收率达到 20%。截至 2019 年各大洲电子废弃物概况如图4-3所示。

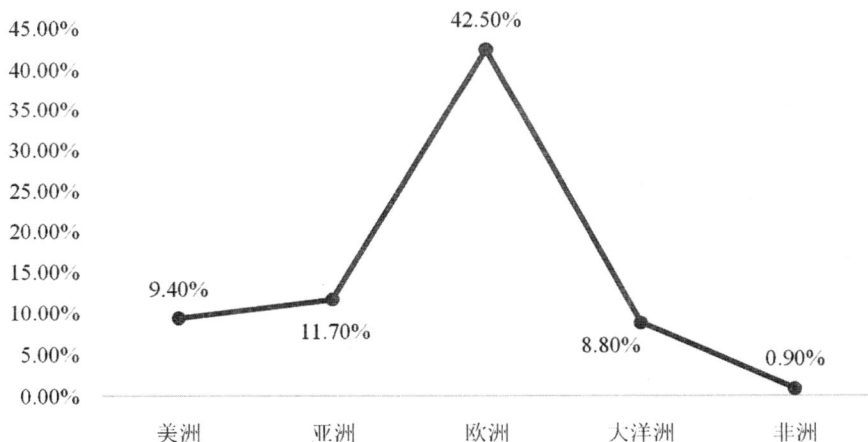

图4-3　截至2019年各大洲电子废弃物概况

我国是电器电子产品的主要生产国和消费国,也是电器电子产品废弃物的大国。废弃的电器和电子产品不仅包含许多可回收资源,而且还包含对人体和环境有害的物质,如果回收不当,可能会造成巨大伤害。为促进建立废旧电子电器产品的新回收系统并建立绿色回收渠道,我国颁布了一系列政策和法规,如国家发改委《循环发展引领行动》,商务部《关于推进再生资源回收行业转型升级的意见》,国务院《生产者责任延伸制度推行方案》等。从 2016 年开始,随着国家相关绿色发展推动政策,出现了通过网站线上回收、线上线下两种网络相结合的综合回收与智能社区回收等多种模式的新型回收公司。工信部通过在试点中将生产者责任延伸,推动建立以生产者为主导的生产责任延伸回收模式。

（2）废旧纺织物的绿色回收

早在"十二五"时期,中国工程院发布的《废旧化纤纺织品资源再生循环技术发展战略研究报告》数据显示,中国废纤维总产量达到1.4亿吨,纺织品消耗的年增长率保持在12%左右,但回收利用率仅为10%。到"十三五"末期,中国的化纤废料产量达到近2亿吨。"十三五"规划纲要明确提出,要加快废旧纺织品回收利用和无害化处理系统的建设。《关于加快推进再生资源产业发展的指导意见》明确提出,截至2020年,废弃纤维的总综合使用量将达到900万吨。同时,《纺织工业发展规划（2016—2020年）》也明确提出了相关绿色发展的目标:到2020年,主要污染物排放总量减少10%,建立废旧纺织品回收再利用系统,规范回收、分类以及分级利用机制。

（3）快递包装的绿色回收

近年来,中国的快递业以每年约30%的速度快速增长。2018年,全国快递总业务规模达到507亿件,同比增长26.6%。因此,快递包装废物随之日益增加。数据显示,2018年我国各快递公司填写了超过500亿个快递运单,使用了53亿余个编织袋、57亿余个封套、143亿余个快递箱、245亿余个塑料袋和430亿余米胶带。表4-2显示了2015—2019年快递包装类别及数量。快递行业中的不环保现象,包括包装材料的不环保、大量浪费和污染环境现象,引起了全社会的广泛关注,解决快递包装的污染问题迫在眉睫。

表4-2　2015—2019年快递包装类别及数量

年份	快递运单/亿张	塑料袋/亿个	封套/亿个	包装箱/亿个	胶带/亿米	编织袋/亿条	内部缓冲物/亿个
2015	206.7	80.0	30.0	95.8	163.7	28.7	28.7
2016	312.8	121.0	45.0	145.0	248.0	43.5	43.5
2017	400.6	160.0	48.0	192.0	364.0	58.0	60.0
2018	507.1	245.0	57.0	143.0	430.0	53.0	—
2019	635.2	—	—	—	—	—	—

4.2 主要问题

4.2.1 企业市场角度

（1）企业缺乏绿色供应链建设意识

总体来说，打造绿色供应链的紧迫性与必要性尚未被企业等市场主体充分认识。大多数企业仍然坚持以利益为第一要素，而对绿色供应链管理观念认知模糊。即使某些企业已推广绿色供应链，但也处于被动接受阶段，缺乏自觉性和主动性。

（2）企业对于绿色生产的重视程度不够

绿色生产是要求在整个生产过程中，彻底消除或尽量减少废弃污染物的产生及排放，以实现充分合理地利用资源的效果，从而减少整个生产过程对人类与生态环境的危害。而在进行绿色生产的过程中，一方面许多企业缺乏可用的技术，绿色技术人员十分缺乏；另一方面，许多企业把满足环保法规的要求作为企业绿色生产的上限，而不愿意开展进一步的工作，甚至很多企业担心实施绿色生产风险过大，可能会影响原先的生产和产品质量，从而对绿色生产采取漠视的态度。

（3）企业对于低碳技术的推广力度不够

低碳技术的研发与推广过程，需要大量研发成本的投入，而为了最大程度降低有害物质的排放，还需要先进的研发与生产技术的加持。与此同时，即使在投入了大量成本的情况下，也存在较大的失败风险，这也是大部分企业不愿意投入资金进行研发工作和推广低碳技术的原因。

4.2.2 政府角度

（1）政府缺乏以绿色供应链为主题的顶层设计制度

目前，国务院及部委的多个文件中提及绿色供应链相关问题，工信部、商务部、国家发改委等部门分别从绿色消费、绿色制造、环境治理、绿色采购多个角度开展了关于绿色供应链的工作,取得了积极效果。但在各部门具体执行过程中,由于缺少协同领导机构,部门之间相互协调配合的力度不足,都仅仅着眼于各自职权范围内的工作,各自为政。

(2)政府缺乏完善的环境信息公开和监督机制

绿色供应链充分发挥市场机制作用的前提,是尽可能地消除信息不对称问题,否则企业将无法根据市场进行合理的判断和决策。目前,政府相关的环境主管部门和市场监管部门并没有形成完善的环境信息公开机制和绿色供应链监督机制,信息披露和监督工作严重滞后,对于绿色企业或者产品的环境表现也尚未形成完善的评价体系,对很多企业来讲并未形成长效的激励机制。

(3)政府缺乏绿色供应链的宣传教育

政府对绿色供应链的宣传以及对普通公众绿色消费的宣传都存在一定的缺失,直接导致大多数企业在绿色供应链的推广上只是浮于表面,并未切实放在公司的战略发展层面。另一方面,政府尚未引导公众习惯绿色消费,只有消费者真正从源头上将产品的绿色和环境因素放在第一位,才能使制造商、材料供应商、经销商等在经营产销过程中主动提升环境意识。

4.2.3 行业协会角度

目前,对于绿色供应链的定义、范围、主要作用和实施路径等,行业协会并未形成统一的认识。思想认识不统一,导致难以形成一致的行动方向。

(1)行业协会缺乏绿色供应链发展规范标准和评价体系

行业协会虽然正在设计绿色供应链的发展规划与评价机制,但是对于绿色供应链的规范标准与评价体系尚未形成完整的具有系统、长效等特点的思考,对于要从哪些关键环节入手、需要聚焦哪些领域等问题,思路仍然不够清晰。

(2)行业协会缺乏上下游供应商和服务商的联动

企业采取绿色供应链管理模式,需要上下游服务商与供应商加大成本与资源的投资,例如购置环保装备,采购绿色原料。在一般情况下,尽管节能增效会给企业带来部分效益,但是下游企业的环境排放管控与环境合规问题,往往会使企业进一步加大投入。此时,需要上下游供应商和服务商进行深度的协作与联动,能够用最小化成本共同推广绿色供应链。

4.2.4　公众角度

（1）公众绿色消费意识淡薄

社会大众对绿色供应链的关注、监督对于企业品牌、市场竞争力都会产生巨大影响，因此公众是企业构建绿色供应链的最大动力。目前社会大众普遍认为绿色供应链与其自身的关系并不密切，因此对于绿色供应链的认知非常有限，而对于绿色产品的认识更为有限，导致社会公众对于绿色消费意识十分淡薄。

（2）公众难以负担绿色产品

由于在研发、生产过程中要考虑对环境造成的影响，同时在生产和供应链中投入了大量的成本，因此绿色产品相较于市面上的竞争产品而言成本更高，价格也相对昂贵。而公众在进行产品选择过程中，高昂的价格成为阻碍公众选择绿色产品的重要原因。

4.3　研究结论

本章对绿色供应链的运营现状和主要问题进行了梳理。近年来，国家和政府高度重视绿色供应链的构建，相继出台了多个绿色供应链建设的指导文件，将构建绿色供应链作为未来可持续发展的重要一环。绿色供应链主要包括绿色设计、绿色制造、绿色产品及绿色回收等主要环节。绿色设计可以从根源上杜绝污染的产生，目前的研究主要集中在替代性设计、节能性设计和轻量化设计上；绿色产品包括在产品制造过程中使用绿色材料以及在产品的运输和销售环节使用绿色包装；绿色回收作为供应链的最后一个环节，集中体现在废弃电器电子产品、废旧纺织物及快递包装的绿色回收。经过分析，当下绿色供应链存在的问题主要体现在：第一，企业对绿色生产的重视程度不够，因此在低碳技术的推广、绿色供应链的构建上都不够积极主动；第二，政府没有为绿色供应链的实施设计出相应的顶层制度支持，没有形成完善的信息公开和监督机制；第三，行业协会对于绿色供应链的定义、范围、主要作用和实施路径没有形成统一的认识；第四，由于缺乏引导与宣传，公众未形成较强的绿色消费意识和绿色观念。

第5章
供应链优化调控关键要素分析及评价

供应链优化调控关键要素分析是研究供应链优化与调控策略的基础。本章通过调研和专家访谈,对供应链构成要素进行分析,构建了供应链优化关键要素评价指标,运用集合滤孤法、权数滤次法、模糊聚类净化法等方法建立供应链优化关键要素评价指标体系,并通过仿真计算评价每一个指标对于供应链优化和调控的重要性,为后续研究展开做好铺垫。

5.1 供应链构成要素分析

传统供应链管理是以顾客需求为中心,有计划、有组织地协调和控制供应链中各环节信息流、物流、资金流。绿色供应链管理是在传统管理模式上注重资源利用率和对环境的影响,是一种以绿色制造理论和供应链管理技术为基础,使产品在生命周期过程中对环境的影响最小、资源利用率最高的现代管理模式。作为行业发展必须经历的过程,绿色供应链的发展还处在持续探索中,面临诸多需要解决的问题,其中,如何实现绿色供应链优化调控的关键要素是重点问题。

围绕这一问题,研究供应链的关键要素,旨在通过优化调整关键要素,为低碳经济寻找一种适合其发展的运作模式。现有研究理论对构成要素的研究方法主要有三分法、四分法、五分法、九分法四种,Alt 和 Zimmerman、Betz 等学者也进行了不同划分。以上分法在内容上有互补之处,可运用基于价值三角形逻辑的经营系统、价值主张和盈利模式进行整合。供应链要素的构成如表5-1所示。

表 5-1 供应链要素的构成

大类	子类
提供价值的资源与活动安排	企业内部价值链
	核心能力
	成本
价值提供中与其他公司合作关系网络	合作网络
价值的形态	产品或服务
	渠道
	客户关系
为目标客户创造价值	价值实现的途径
	收益方式

5.2 供应链优化关键要素评价模型

5.2.1 评价指标的获取与筛选

指标体系的选取直接关系研究结论的科学性、客观性与准确性,是进行关键要素评价的核心步骤。指标选取原则关系如图 5-1 所示。

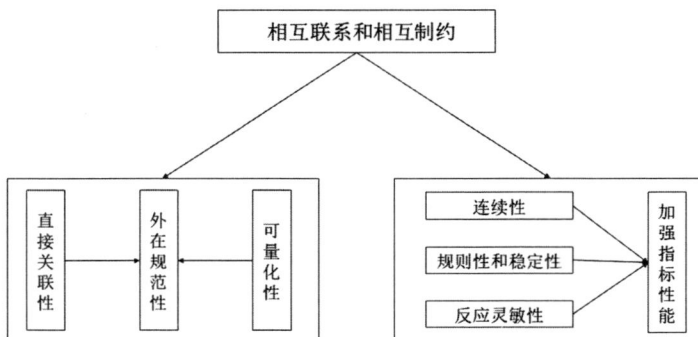

图 5-1 指标选取原则关系

指标筛选的方法有很多,如主成分分析、因子分析、AHP、K-L信息量法、峰谷对应法、时差相关分析法、聚类分析法及综合归纳法等。在对供应链优化和调控进行理论研究的基础上,通过分析和评价筛选出关键指标,采取综合归纳法来进一步优化指标的选取。综合归纳法能够将客观统计分析资料和主观科学描述资料相结合,在一定程度上确保了指标选取的科学性和有效性。指标体系确定的具体流程如图5-2所示。

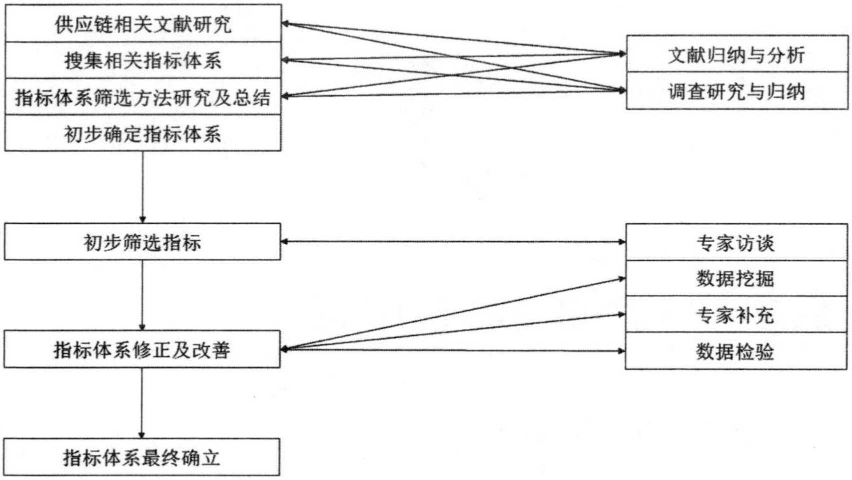

图5-2　指标体系确定的具体流程

5.2.2　供应链优化关键要素评价指标构建

基于现有关于供应链优化和调控的理论研究,进一步分析和整理供应链优化影响因素及构成要素,构建供应链优化关键要素评价的模型,如表5-2所示。

表5-2 供应链优化主要构成要素模型

评价维度	排序	一级评价指标	二级评价指标
环境	3	低碳绿色	CO_2排放增长率
			CO_2单位产值消耗量
			环保投资增长率
			循环资源利用率
财务	4	财务价值	清洁能源采用率
			资产负债率
			利润增长率
			资产周转率
服务	5	客户服务	交货时间
			客户满意度
流程	1	内部流程	营运成本
			产销率
			信息设备投资增长率
科研	2	创新与学习	市场预测准确性
			科研人员比率

5.2.3 供应链优化关键要素模型评价指标筛选技术处理

综合趋优法是以科学的计算方法、专家的辩证决策和典型的数据计算为基础，整个筛选过程将定性与定量相结合。首先，依照次序利用六种方法来筛选指标；然后对已建立好的指标体系进行修正和完善，可选用其中一种或多种方法，也可反复使用直至符合需要；最后得出结论。以此方法确立的指标体系具有较高的科学性和合理性，具体过程如图5-3所示。

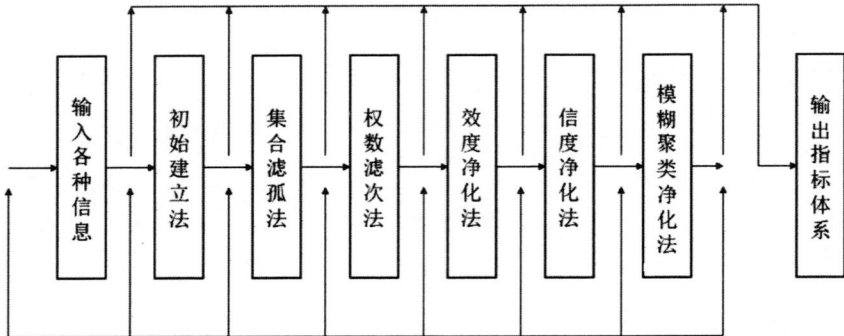

图5-3 综合趋优法的具体流程

根据以上指标体系筛选的原则通过查阅资料来确定初始指标集,然后通过邀请相关企业资深专家按照以上的原则,筛选出多个专家意见一致认为比较有价值的指标体系 $Z=\{Z_1,\ Z_2,\ Z_3,\cdots,\ Z_n\}$ 。

(1)第一步:集合滤孤法

通过集合的方法过滤掉不需要的指标,留下所选的指标。先设初始指标体系 $Z=\{Z_1,\ Z_2,\ Z_3,\cdots,\ Z_n\}$ 。假设请专家 K 人,分别对 n 个指标进行筛选,留下具有更加重要且不可缺少的指标。

假设第1个专家选出了 t_1 个指标 $Z_1=\{Z_{21},\ Z_{22},\ Z_{23},\cdots,\ Z_{2t_1}\}$,第2个专家选出了 t_2 个指标 $Z_1=\{Z_{21},\ Z_{22},\ Z_{23},\cdots,\ Z_{2t_2}\}$,第 K 个专家选出了 t_K 个指标 $Z_i=\{Z_{k1},\ Z_{k2},\ Z_{k3},\cdots,\ Z_{kt_k}\}$,于是有:

$U_i^k={}_1Z_i$,就是诸位专家公认的指标体系; $-U_i^k={}_1Z_i$,就是被滤掉的指标集,此集也有可能是空集; $Z_0=U_i^k={}_1Z_k=\{Z_1^0,\ Z_2^0,\ Z_3^0,\cdots,\ Z_k^0\}$ 为所选出的指标体系。

(2)第二步:权数滤次法

根据指标权系数的大小,过滤掉权系数较小的指标,留下的即是所选的指标。

设指标体系 $Z=\{Z_1,\ Z_2,\ Z_3,\cdots,\ Z_n\}$,对应的权系数为 $a_i=\{a_1,\ a_2,\ a_3,\cdots,\ a_n\}$ 。

对于给定的 $a\in[0,\ 1]$,有:

$$Z^*=Z_a=\{Z_1|a_i\geqslant a,\ i=1,\ 2,\cdots,\ n\}=\{X_1^*,\ X_2^*,\cdots,\ X_n^*\} \tag{5-1}$$

此处的 Z^* 就是相对于 a 的滤次指标体系。其中, a 是一个非常小的正数,它的取值应该由专家依据具体原则和实际情况而定。

（3）第三步：效度净化法

通过这一步可以提高指标体系的合理性，记为 β。

设指标体系 $Z=\{Z_1, Z_2, Z_3, \cdots, Z_n\}$，评估对象 S 人，对于指标 Z_i 的评分集合为 $\{F_1^{(i)}, F_2^{(i)}, F_3^{(i)}, \cdots, F_S^{(i)}\}$，先按评分 $F_1^{(i)}, F_2^{(i)}, F_3^{(i)}, \cdots, F_S^{(i)}$ 的大小分为高、中、低三组，其中高分组和低分组的人数应占总人数 S 的1/4左右。

设 $\overline{F}_{1i}$ 为指标 Z_i 高分组的平均分，$\overline{F}_{2i}$ 为指标 Z_i 低分组的平均分，F_i 为指标 Z_i 的满分值。

则指标 Z_i 的效度为 $\beta_i = \dfrac{\overline{F}_{1i}}{F_i} - \dfrac{\overline{F}_{2i}}{F}$，$i=1, 2, \cdots, n$，指标系统 Z 的平均效度为 $\overline{\beta}_i = \dfrac{1}{n}\sum_{i=1}^{n}\beta_i$，一般来说：

当 β_i 或 $\overline{\beta}$ 相对于 Z_i 的评估结果较好，应予以保留；

当 β_i 在 0.2~0.4 时，评估结果一般，此时应该对 Z_i 进行修正；

当 β_i 小于 0.2 时，评估结果较差，此时应该对 Z_i 进行修改或淘汰。

（4）第四步：信度净化法

该方法是对指标集稳定性和可靠性的一种净化。设 $\overline{Y}$ 是对指标 Z_i 第一次评估的平均值，$\overline{X}$ 是对指标 Z_i 第二次评估的平均值。

$$\overline{Y} = \frac{1}{n}\sum_{i=1}^{n}Y_i \tag{5-2}$$

$$\overline{X} = \frac{1}{n}\sum_{i=1}^{n}X_i \tag{5-3}$$

则指标体系 $Z=\{Z_1, Z_2, Z_3, \cdots, Z_n\}$ 的信度为：

$$\rho = \frac{\sum_{i=1}^{n}(Y_i - \overline{Y}) - (X_i - \overline{X})}{\sqrt{\sum_{i=1}^{n}(Y_i - \overline{Y})^2 \cdot \sum_{i=1}^{n}(X_i - \overline{X})^2}} \tag{5-4}$$

如果参与评估的评估对象都是在平稳常态下进行的，且在两次评估期间评估对象没有显著变化，那么：

当 ρ 在0.90~0.95时,该指标体系具有优良的稳定性与可靠性;

当 ρ 在0.80~0.90时,该指标体系具有良好的稳定性与可靠性;

当 ρ 在0.65~0.80时,该指标体系具有一般的稳定性与可靠性;

当 ρ 在0.65以下时,该指标体系具有较差的稳定性与可靠性;此时,表示该指标体系中的某些指标在两次评估中有着显著的差异,找出这些指标可采取以下方法。

设 $\boldsymbol{R}_i^{(1)} = \{Y_{i1}^{(1)},\ Y_{i2}^{(1)},\ Y_{i3}^{(1)},\ \cdots,\ Y_{im}^{(1)}\}$, $\boldsymbol{R}_i^{(2)} = \{Y_{i1}^{(2)},\ Y_{i2}^{(2)},\ Y_{i3}^{(2)},\ \cdots,\ Y_{im}^{(2)}\}$ 分别是评估对象对应于 Z_i 的评判向量, $i = 1,\ 2,\ \cdots,\ n$,对集合 $\{R_1^{(1)},\ R_2^{(1)},\ \cdots,\ R_n^{(1)},\ R_1^{(2)},\ R_2^{(2)},\ \cdots,\ R_n^{(2)}\}$ 进行聚类。

若对设计好的储入值, $R_i^{(1)}$, $R_i^{(2)}$ 均分在不同类,则取出 Z_i 再进行定性分析,如果两次评估结果的差异确系 Z_i 本身的原因,则对指标 Z_i 做出修改或淘汰。

(5)第五步:模糊聚类净化法

此方法是对指标间相容性的一种净化,通过此方法可以将指标间相容性较大的指标合并为一项或加以修改,或减少指标间的相容性,使指标体系更加具有独立性、科学性和简洁性。

假设所有涉及的数据都是在平稳状态下获得的,设指标体系 $Z = \{Z_1, Z_2, Z_3, \cdots, Z_n\}$ 。

则模糊关系矩阵为:

$$\boldsymbol{Q} = \begin{pmatrix} q_{11} & \cdots & q_{1n} \\ & \ddots & \\ q_{n1} & \cdots & q_{nn} \end{pmatrix} \tag{5-5}$$

其中, Q_{1i} 表示 Z_1 与 Z_i 的相似系数,它可以由下式计算得来:

$$q_{ij} = \frac{\sum_{k=1}^{m}(r_{ik} - \bar{r}_i) - (r_{jk} - \bar{r}_j)}{\sqrt{\sum_{k=1}^{m}(r_{ik} - \bar{r}_i)^2 \cdot \sum_{k=1}^{m}(r_{jk} - \bar{r}_j)^2}} \tag{5-6}$$

式中, r_{ik} 是对评估对象 P_t (有代表性的典型评估对象)相应于 Z 的评判向量。且:

$$\bar{r}_i = \frac{1}{m}\sum_{k=1}^{m} r_{ik} \tag{5-7}$$

$$\overline{r}_j = \frac{1}{m}\sum_{k=1}^{m} r_{jk} \tag{5-8}$$

根据有关模糊理论,我们假设:

① $q_{ii} = 1$,$\forall i \in [0, 1]$;

② $q_{ij} = q_{jk}$,$\forall i, j, k \in [0, 1]$;

③ $q_{ij} \leqslant q_{jk} \leqslant q_{ik}$,$\forall i, j, k = 1, 2, 3, \cdots, n$。

运算 ◁ 表示为

$$a \triangleleft b = \min\{a, b\}$$

此时,矩阵 $\boldsymbol{Q} = (q_{ij})_{n \times n}$ 称为模糊等价矩阵。$\boldsymbol{Q} = (q_{ij}^{\lambda})_{m \times n}$,其中 $q_{ij}^{\lambda} = \begin{cases} 1, & q_{ij} \geqslant \lambda \\ 0, & q_{ij} < \lambda \end{cases}$。

显然,对于不同的 λ 有不同的 Q_{λ}。对于给定的 λ,是由 0 和 1 组成的矩阵。如果第 i 列元素和第 j 列元素完全相等,我们就认为指标 Z_i 和指标 Z_j 是同一类。这样,对于不同的 λ,其分类也是不同的。我们应选取这样的 λ,它使同类中的指标差异甚小,而类与类之间差异显著。这样的 λ 为最佳,而最佳 λ 的选取不进行介绍,而与最佳 λ 对应的聚类,称为最佳聚类。并记作:

$$Z_{P_t} = \begin{Bmatrix} \{Z_1^{(1)}, Z_2^{(1)}, Z_3^{(1)}, \cdots, Z_{n1}^{(1)}\}, \{Z_1^{(2)}, Z_2^{(2)}, Z_3^{(2)}, \cdots, Z_{n2}^{(2)}\}\cdots \\ \{Z_1^{(c)}, Z_2^{(c)}, Z_3^{(c)}, \cdots, Z_{nc}^{(c)}\}\cdots\{Z_{pt}^{(1)}, \cdots, Z_{pt}^{(c)}\} \end{Bmatrix} \tag{5-9}$$

其中,$Z_{pt}^i = \{Z_1^i, Z_2^i, Z_3^i, \cdots, Z_{ni}^i\}$,称为 Z_{pt} 的子类。

设有评估对象 S 人,设 $\{Z_{pt}|t=1, 2, 3, \cdots, S\}$,其中,$Z_{pt}$ 是相对于评估对象的最佳聚类,显然 Z_i 必然属于 Z_{pt} 的某一子类,若 $Z_{i1}, Z_{i2}, Z_{i3}, \cdots, Z_{ib}$ 均属于该子类,则称 $Z_{i1}, Z_{i2}, Z_{i3}, \cdots, Z_{ib}$ 相对于同类。

设 $Z_{i1}, Z_{i2}, Z_{i3}, \cdots, Z_{ib}$ 相对于 $\{Z_{pt}|t=1, 2, 3, \cdots, S\}$ 中的 k 个元素同类,则 $\varphi = \frac{k}{S}$ $1 \leqslant k \leqslant S$ 为 Z_{i1},是 $Z_{i1}, Z_{i2}, Z_{i3}, \cdots, Z_{ib}$ 间的聚类程度,显然 $0 \leqslant \varphi \leqslant 1$。若 $\varphi \geqslant 0.8$,可将 $Z_{i1}, Z_{i2}, Z_{i3}, \cdots, Z_{ib}$ 并为一项;若 $\varphi < 0.8$,则不予并项,应予以保留。对于同时可并入两项或多项的指标应加以调整,使其只并入其中一项。

影响供应链优化的因素还有很多,比如政府政策、区域政治稳定性等,由于很多因素不可量化以及缺乏统计数据,因此不列入研究范围之内。因此,本章构建了供应链优化调控关键要素的综合回归法体系,并通过科学合理的筛选,最终建立如表5-3所示的供应链优化调控关键要素评价指标体系模型。

表5-3　供应链优化调控关键要素评价指标体系模型

评价维度	排序	一级评价指标	二级评价指标
环境	3	低碳绿色	CO_2 排放增长率
			CO_2 单位产值消耗量
			环保投资增长率
			循环资源利用率
			清洁能源采用率
财务	4	财务价值	资产负债率
			利润增长率
			资产周转率
服务	5	客户服务	交货时间
			客户满意度
流程	1	内部流程	营运成本
			产销率
			信息设备投资增长率
科研	2	创新与学习	市场预测准确性
			科研人员比率

5.3　供应链优化关键要素评价指标权重的仿真计算

目前权重的计算方法主要有主观赋权法和客观赋权法,其中,主观赋权法包括专家评分法、德尔菲法、专家排序法及层次分析法等,客观赋权法包括熵权法、主成分分析法、因子分析法、变异系数法、标准离差法及多目标规划法等。由于主观赋权法依据个人经验和学识而定，主观臆断性强，而单纯的客观赋权法数学理论性强，计算方法烦琐，有时确定的权重与实际结果相反。

因此，本章以专家排序法和变异系数法相结合的综合赋权法进行赋权。

5.3.1 专家排序法

将各个指标按照其自身的重要程度请专家依次排序，最重要的指标记为1，排在第一；次重要的指标记为2，排在第二；以此类推。假设共有 n 个指标，请 m 个专家对其进行排序，排成 $n \times m$ 的数表，其数字为 $1,2,3,\cdots,n$，每个指标的序号就为该指标的秩，将 m 个专家所确定的秩加在一起得到秩和，用 R 来表示。第 j 个指标的秩和用 R_j 表示，d_j 表示第 j 个指标的权重。

计算公式为：

$$d_j = 2\left[m(1+n) - R_j\right]/\left[mn(1+n)\right], (j = 1, 2, \cdots, n) \tag{5-10}$$

专家排序法计算所得各指标权重如表5-4所示。

表5-4 专家排序法计算所得各指标权重

指标名称	专家1	专家2	专家3	专家4	专家5	秩和	d_j
交货时间	3	2	2	1	4	12	0.113
CO_2 排放增长率	5	5	10	8	6	34	0.077
环保投资增长率	13	12	14	9	7	55	0.042
清洁能源采用率	6	5	2	7	4	24	0.093
客户满意度	7	14	8	12	12	53	0.045
资产负债率	3	6	3	4	2	18	0.103
信息设备投资增长率	2	10	7	8	6	33	0.078
营运成本	10	11	5	8	10	44	0.060
资产周转率	7	5	6	7	10	35	0.075
产销率	9	7	10	8	10	44	0.060
利润增长率	14	9	15	10	9	57	0.038
市场预测准确性	8	11	7	14	13	53	0.045

指标名称	专家1	专家2	专家3	专家4	专家5	秩和	d_j
CO_2 单位产值消耗量	3	10	7	8	5	33	0.078
循环资源利用率	7	9	10	4	4	34	0.077
科研人员比率	7	2	5	10	8	31	0.082

由于该权重的计算结果和专家的评定有关,如果看法一致则评价结果有实际意义,否则无效。因此,在确定权重之前需要对专家的评定结果进行显著性检验。如果结果评定一致,则进行权重的计算。显著性检验方法如下。

假设 m 个专家对 n 个指标的重要程度的看法是不一致的,先计算统计量 $X^2 = m(n-1)w$,其中:

$$W = 12S/\left[m^2(n^3 - n) \right] \tag{5-11}$$

$$S = (R_1^2 + R_2^2 + \cdots + R_n^2) - (R_1 + R_2 + \cdots + R_n)/n \tag{5-12}$$

$R_J(j = 1, 2, \cdots, n)$ 为第 j 个指标的秩和。

再根据显著性水平及自由度 $d_f = n - 1$,查 X^2 值找临界值 $X^2(d_f)$ 。

结论:若 $X^2 \geqslant X^2(d_f)$,则否定 H_0 ,即认为 m 个专家的看法是显著一致的;若 $X^2 < X^2(d_f)$,则接受 H_0 ,认为是相容的,即 m 个专家看法还没达到显著一致,应建议专家再次进行排序。最后以同样的方法再次进行显著性检验,直到达到显著一致为止。

计算过程如下:

$$S = 15\,230 - 390 = 14\,918 \tag{5-13}$$

$$W = 12 \times 14\,918 \div [25 \times (15^3 - 15)] = 2.13 \tag{5-14}$$

$$X^2 = m(n-1)w = 5 \times (15 - 1) \times 2.13 = 149.1 \tag{5-15}$$

在 $\partial = 0.5$ 的显著性水平下,查卡方检验表得:

$$X^2(= 14) = 13.339 < 149.1 \tag{5-16}$$

故否定原假设,认为5位专家的看法显著一致,可进行权重计算。

5.3.2 变异系数法

根据变异系数法的操作步骤,依据各项指标的时间序列数据,运用 SPSS 软件计算各指标的均值和标准差;在此基础上计算变异系数 V(均值与标准差之比),按照各指标的变异系数所占的比例,确定各指标的权数 ω_i,计算公式为:

$$V_i = \frac{\sigma_i}{xi} \tag{5-17}$$

式中 V_i 为第 i 项指标的变异系数,也称为标准差系数;σ_i 是第 i 项指标的标准差;x_i 是第 i 项指标的平均值;其中,$i = 1, 2, 3, \cdots, n$。各评价指标的仿真数据如表 5-5 所示,各指标的平均值及标准差如表 5-6 所示,变异系数法计算所得各指标权重如表 5-7 所示。

表5-5 各评价指标的仿真数据

指标名称	A_1	A_2	A_3	A_4	A_5	A_6	A_7
交货时间/天	510	570	802	930	981	1 050	1 170
CO_2 排放增长率/%	2.3	2.5	2.7	3.2	3.8	9.5	10
环保投资增长率/%	41	78	120	140	205	260	341
清洁能源采用率/%	2.9	4.8	7.4	8.3	11.5	13.5	17.9
客户满意度/%	11	13.00	14	14	14	15	21
资产负债率/%	81	105	231	399	539	727.65	982.33
信息设备投资增长率/%	8.1	9.4	11.2	12.35	12.74	13.41	13.40
营运成本/万元	15 343	18 346	24 239	29 565	36 824	45 883	57 170
资产周转率/%	0.35	0.38	0.39	0.40	0.41	0.44	0.47
产销率/%	77	79	83	85	89	92	96
利润增长率/%	77	80	84	88	95	102	108
市场预测准确性/%	57.13	59.62	60.89	61.68	69.17	73.11	77.28
CO_2 单位产值消耗量/吨	14 343	18 147	24 239	29 505	3 824	45 783	57 007
循环资源利用率/%	2	2	3	4	5	10	15
科研人员比率/%	15.3	18.4	16.8	19.7	16.5	11.3	17.2

表5-6　各指标的平均值及标准差

指标名称	平均值	标准差
交货时间/天	859	245.53
CO_2 排放增长率/%	4.86	3.38
环保投资增长率/%	169.29	105.73
清洁能源采用率/%	9.47	5.20
客户满意度/%	14.57	3.10
资产负债率/%	437.85	334.94
信息设备投资增长率/%	11.51	2.06
营运成本/万元	32 481.43	15 154.56
资产周转率/%	0.41	0.04
产销率/%	85.86	6.89
利润增长率/%	90.57	11.54
市场预测准确性/%	65.55	7.64
CO_2 单位产值消耗量/吨	27 549.71	18 442.28
循环资源利用率/%	5.86	4.88
科研人员比率/%	16.46	2.67

各项指标权重的计算公式为：

$$W_i = \frac{V_i}{\sum_{i=1}^{n} V_i} \tag{5-18}$$

表5-7　变异系数法计算所得各指标权重

指标名称	V_i	W_i
交货时间	0.29	0.05
CO_2 排放增长率	0.70	0.11
环保投资增长率	0.62	0.10
清洁能源采用率	0.55	0.09

指标名称	V_i	W_i
客户满意度	0.21	0.03
资产负债率	0.76	0.12
信息设备投资增长率	0.18	0.03
营运成本	0.47	0.08
资产周转率	0.10	0.02
产销率	0.08	0.01
利润增长率	0.13	0.02
市场预测准确性	0.12	0.02
CO_2 单位产值消耗量	0.67	0.11
循环资源利用率	0.83	0.13
科研人员比率	0.16	0.03

5.3.3 综合权重的计算

经过以上两次赋值得到各指标权重,分别为 d_j 和 w_i。由于影响可靠性分配及其权重的模糊性,故可靠性分配问题是个不确定性问题,根据最小鉴别信息原理,为使组合权重尽可能与两者接近,建立目标函数:

$$\min F = \sum_{i=1}^{m} \alpha_i \left[\ln \frac{\alpha_i}{d_i} \right] + \sum_{i=1}^{m} \alpha_i \left[\ln \frac{\alpha_i}{\omega_i} \right] \tag{5-19}$$

$$s.t. \sum_{i=1}^{m} \alpha_i = 1, \ \alpha_i > 0 \tag{5-20}$$

通过拉格朗日乘法求解(5-19)目标函数:

$$L(\alpha_i, \lambda) = F(\alpha_i) - \lambda \sum_{i=1}^{m} \alpha_i = \sum_{i=1}^{m} \alpha_i \left[\ln \frac{\alpha_i}{d_i} \right] + \sum_{i=1}^{m} \alpha_i \left[\ln \frac{o_i}{\omega_i} \right] - \lambda \left(\sum_{i=1}^{m} \alpha_i - 1 \right) \tag{5-21}$$

(5-21)所示的拉格朗日函数极值点存在的条件为:

$$\frac{\partial L}{\partial \alpha_i} = 0, \frac{\partial L}{\partial \lambda} = 0, i = 1, 2, \cdots, m \tag{5-22}$$

解此(5-22)联立方程,可得到关键因素的组合权重:

$$\alpha_i = \frac{\left[d_i\omega_i\right]^{0.5}}{\sum_{i=1}^{n}\left[d_i\omega_i\right]^{0.5}}$$ （5-23）

基于供应链优化调控关键要素评价指标体系,首先,经过五步骤综合优选法筛选出科学有效的评价指标体系模型。然后,通过专家排序法对各指标进行二次排序筛选,并通过显著性检验最终确立供应链优化关键要素指标体系。对构建的供应链优化关键要素评价指标体系进行技术处理,即对各指标权重的仿真计算,借助专家排序法和变异系数法分别计算各指标权重,最后用综合法对各项指标进行综合权重二次计算,计算得出15项关键要素评价指标的综合权重,如表5-8所示。

表5-8 15项关键要素评价指标的综合权重

指标名称	D_j	W_i	d_jW_i	综合权数
交货时间/元	0.113 33	0.046 93	0.005 32	0.074 264
CO_2排放增长率/%	0.076 67	0.113 27	0.008 68	0.094 860
环保投资增长率/%	0.041 67	0.100 32	0.004 18	0.065 828
清洁能源采用率/%	0.093 33	0.089 00	0.008 31	0.092 816
客户满意度/%	0.045 00	0.033 98	0.001 53	0.039 826
资产负债率/%	0.103 33	0.122 98	0.012 71	0.114 787
信息设备投资增长率/%	0.078 33	0.029 13	0.002 28	0.048 617
营运成本/万元	0.060 00	0.076 05	0.004 56	0.068 755
资产周转率/%	0.075 00	0.016 18	0.001 21	0.035 417
产销率/%	0.060 00	0.012 94	0.000 78	0.028 436
利润增长率/%	0.038 33	0.021 04	0.000 81	0.028 978
市场预测准确性/%	0.045 00	0.019 42	0.000 87	0.030 032
CO_2单位产值消耗量/吨	0.078 33	0.108 41	0.008 49	0.093 816
循环资源利用率/%	0.076 67	0.134 30	0.010 30	0.103 333
科研人员比率/%	0.081 67	0.025 89	0.002 11	0.046 778

从表5-8中可以看出,供应链优化关键要素评价指标按重要性排序位列前五的是资产负债率、循环资源利用率、CO_2排放增长率、CO_2单位产值消耗量、清洁能源

采用率。由此可以看出,供应链优化调控关键要素中,低碳与绿色相关的指标对于现代供应链运营来说起着关键作用。

5.4　研究结论

本章通过综合归纳法,融合主客观分析,引入低碳绿色环保理念,确立包含低碳绿色维度的评价指标,接着运用集合滤孤法、权数滤次法、模糊聚类净化法等方法建立供应链优化关键要素评价指标体系,并通过仿真计算精确定位每一个评价指标对于整个供应链评价的重要性。研究发现得出如下结论。

第一,对供应链运营进行评价是实现供应链优化、提高供应链竞争力的必然选择。供应链优化关键要素评价不仅要重视供应链的运营状况以及经济效益,而且要关注生态环保、资源利用及碳排放等问题。供应链优化关键要素中低碳绿色指标是低碳经济发展的必然产物,也是节能减排、环境保护和社会公众的共同要求。

第二,建立有效的供应链优化关键要素评价指标体系。在传统的供应链绩效评价理论基础上,结合社会发展的实际情况,引入低碳环保因素,构建以财务价值、供应链内部流程、客户服务水平、创新与学习和低碳绿色五个维度为主,顺应低碳经济发展趋势的供应链优化关键要素评价指标体系。

第三,供应链是一个流程众多、节点企业合作关系复杂的庞大网链,将低碳环保理念融入供应链优化关键要素评价,针对低碳绿色的关键要素进行确权,有助于支撑碳足迹视角下的绿色供应链调控机制,促进低碳环保成为企业新的经济支撑点,全面增强低碳供应链的核心竞争力。

第三部分　碳足迹核算方法

　　以全球变暖为主要特征的气候变化是世界各国共同面临的严峻挑战,国际社会日益重视并积极应对全球气候变化。在低碳经济大背景下,人们对碳的认识已经从最初的识别、量化和碳风险披露上升为碳资产管理,许多企业对碳足迹管理提出了新的要求。本部分揭示了碳足迹的核算边界,研究了不同行业碳足迹的核算方式,为绿色供应链减排方案的制订提供了依据。

第6章

绿色供应链碳足迹的一般核算方法

碳足迹是一种衡量生产活动(或服务)碳排放量的方式,科学有效的碳足迹核算已经成为世界各国应对气候变化、发展低碳经济的全新阐述方式,对各种生产活动(或服务)采取针对性减排措施、提高节能减排效率具有重要意义。本章分别对生鲜品、纺织服装品、钢铁产品、电子产品以及建筑五个行业的供应链碳足迹核算范围进行研究,并以生鲜品和纺织服装品两个行业为例进行具体核算,为实现低碳生产、绿色制造提供理论支持。

6.1 生鲜品冷链碳足迹核算方法

生鲜品冷链是以生鲜品为研究对象,通过产品预冷、运输和仓储等环节最终将其送至消费者的过程。生鲜品冷链物流环节碳足迹的核算范围主要包括生鲜品预冷、运输以及仓储三个环节。通过测算各个环节的碳足迹,可为有效界定各环节的碳排放量和责任,制定合理的碳税、碳交易政策提供理论依据。

6.1.1 预冷阶段

生鲜农产品采摘后的预冷过程,是指通过一定的设备和技术迅速除去生鲜农产品的田间热,使生鲜农产品冷却到适宜运输和冷藏的温度,从而达到抑制生鲜农产品呼吸、减缓腐烂,最大限度地保持其硬度和鲜度等品质指标,同时减轻运输和贮藏时冷动系统负荷的目的。预冷过程产生的碳足迹包括风机碳足迹和制冷设备碳足迹两个部分。

(1)风机碳足迹

风机运作能耗的计算公式可以表示为:

$$W_1 = \frac{QHr}{\eta} \tag{6-1}$$

其中，W_1 表示风机消耗的功率，Q 表示空气流量，r 表示空气容重，H 表示气流压头，η 表示风机运行效率。

对于空气流量 Q，可以通过气流通道面积 S 与预冷侧风速 V 的乘积求得，即 $Q = S \times V$。气流压头 H 是指风机进出口的机械能之差，由动风压和静风压组成，其计算公式可以表示为：

$$H = \frac{\Delta P}{r} + \frac{V^2}{2g} \tag{6-2}$$

其中，g 表示重力加速度；ΔP 表示经过制冷装置前后冷风的压力差。关于压力差 ΔP 的计算，已有学者根据研究得出相关经验公式：

$$\Delta P = \frac{6.03 \times V^{1.92} D^{-0.125} h}{\xi^3} \tag{6-3}$$

其中，D 表示果蔬的尺寸，h 表示堆放高度，ξ 表示空隙率。综上，风机运作能耗的计算公式可以表示为：

$$W_1 = \frac{SVr}{\eta} \left(\frac{6.03 \times V^{1.92} D^{-0.125} h}{r\xi^3} + \frac{V^2}{2g} \right) \tag{6-4}$$

以苹果为例，取迎风面的面积 S 为 $0.1\,\mathrm{m}^2$，预冷侧风速 V 为 $1\,\mathrm{m/s}$，空气容重 r 为 $11.8\,\mathrm{kg/m^2 \cdot s^2}$，风机运行效率 η 为 80%，果蔬的尺寸 D 为 $0.035\,\mathrm{m}$，堆放高度 h 为 $0.09\,\mathrm{m}$，重力加速度 g 为 $9.8\,\mathrm{m/s}^2$，空隙率 ξ 为 20%，求得风机运作功率为 $12.97\,\mathrm{W}$，2 小时内消耗 $0.026\,\mathrm{k \cdot Wh}$ 电量。假设苹果密度 ρ_0 为 $890\,\mathrm{kg/m}^3$，则平均每千克苹果消耗 $\frac{0.026}{0.1 \times 0.09 \times 890} = 3.25 \times 10^{-2}\,\mathrm{kW \cdot h}$，$1\,\mathrm{kW \cdot h}$ 的二氧化碳排放量为 $785\,\mathrm{g}$，因此，预冷每千克的苹果，风机运作产生的碳足迹为 $2.55\,\mathrm{g}$。

（2）制冷设备碳足迹

预冷阶段制冷设备运作的耗电量计算公式为：

$$W_2 = \frac{C \cdot \Delta T}{\mathrm{COP}} \tag{6-5}$$

其中，C 表示果蔬比热容，ΔT 表示遇冷前后温度差，COP 表示制冷设备能效比。假设苹果的比热容为 $3.6\,\mathrm{KJ/Kg \cdot {}^\circ C}$，制冷设备能效比 COP 为 2.2，则每千克苹果制冷设备消耗 $0.01\,\mathrm{kW \cdot h}$，因此，预冷 1 千克的苹果，制冷设备产生的碳足迹为 $7.85\,\mathrm{g}$。

综上，预冷过程中每千克苹果产生的碳足迹为 10.4 g。

6.1.2 运输阶段

运输阶段产生的碳足迹包括行驶碳足迹和制冷碳足迹。

（1）行驶碳足迹

冷藏车在平坦路面行驶时受到滚动阻力 F_g、空气阻力 F_a 和加速阻力 F_j，则行驶过程中收到的总阻力 $F_f = F_g + F_a + F_j$。

滚动阻力 F_g 可以表示为冷藏车总重力与滚动阻力系数 α 的乘积，而滚动阻力系数 α 是关于速度 v 的一次函数，可表示为 $\alpha = 0.007\,6 + 0.000\,056v$，故滚动阻力 $F_g = G \times (0.007\,6 + 0.000\,056v)$。

空气阻力 F_a 的计算公式可以表示为 $F_a = \dfrac{1}{2}A\rho\beta v^2$，其中 A 表示冷藏车迎风面面积，$\rho$ 表示空气密度，β 表示空气阻力系数。

为方便计算，假设冷藏车运输过程中匀速行驶，故加速阻力 $F_j = 0$。

假设用飞碟缔途 DX 柴油冷藏车运输，迎风面面积 A $= 1.885 \times 1.8 = 3.393\ \text{m}^2$，设备质量为 2 800 kg，苹果载重 900 kg，从生产商、供应商到零售商的距离总和为 300 km，车速为 80 km/h，柴油机的效率为 30%，柴油的热值为 3.3×10^7 J/kg。冷藏车相关参数汇总如表6-1所示。

表6-1　冷藏车相关参数汇总

变量	A/m²	v/km·h⁻¹	ρ/(N·S²·m⁻⁴)	G/N	s/km	β
数值	3.393	80	1.225 8	362 60	300	0.3

经计算，从生产商到零售商，阻力做功 $1.886\,4 \times 10^8$ J，则共需要柴油 22.68 L。

车辆行驶碳足迹的来源是燃料燃烧产生的二氧化碳，根据《2006 年 IPCC 国家温室气体清单指南》，行驶碳足迹的计算公式为：

$$\text{CDE}_1 = \text{FC} \times \text{CEF} = \text{FC} \times \sum_{i=1}^{t} \text{NCV}_i \times \text{PF}_i \times \text{COF}_i \times o_i \times K \tag{6-6}$$

其中，CEF 表示碳排放因子，NCV_i 表示第 i 种燃料的平均低位发热量，PF_i 表示第 i 种燃料的潜在碳排放系数，COF_i 表示第 i 种燃料的碳氧化率，ρ_i 表示第 i 种燃料的燃料密度，K 表示 CO_2 与 C 相对质量比，CDE_1 表示行驶碳排放量，FC 表示燃料使用量。

我国能源相关信息汇总如表6-2所示。

表6-2　我国能源相关信息汇总

能源	NCV/kj·kg^{-1}	PF/(t−C)·TJ^{-1}	ρ/(kg·L^{-1})	COF
柴油	42 652	20.17	0.84	0.98

$$CEF = \sum_{i=1}^{t} NCV_i \times PF_i \times COF_i \times \rho_i \times K = 42\,652 \times 20.17 \times 0.98 \times 0.84 \times \frac{44}{12} \times 10^{-6} = 2.6,$$

$CDE_1 = FC \times CEF = 22.68 \times 2.6 = 58.97\,kg$，故每千克苹果的行驶碳足迹约为 65.5 g。

（2）制冷碳足迹

为了使果蔬保鲜，除了对果蔬进行预冷处理以外，还需要在运输过程中保持较低的温度。通常情况下，当食品在运输过程中的温度满足持续低于 8 ℃，便可认定为冷藏食品。根据能量守恒定律可得：

$$\rho_0 \times C \times \Delta T_1 + Q_v = [I \times \Delta T_2 \times \frac{\theta}{\lambda} + \rho_0 \times q_m]t \tag{6-7}$$

其中，ΔT_1 表示果蔬温差，Q_v 表示单位制冷量，I 表示冷藏车体型系数，ΔT_2 表示环境与果蔬的温度差，θ 表示保温层厚度，λ 表示导热系数，q_m 表示果蔬单位呼吸热，t 表示运输时长。

假设环境温度为 32 ℃，苹果温度为 6 ℃（预冷至 6 ℃），体型系数为2，保温层厚度为 0.08 m，导热系数为 0.4 W/(m·℃)，苹果单位呼吸热为 0.07 kj/(kg·h)，则：

$$890 \times 3\,600 \times (8-6) + Q_v = [2 \times (32-6) \times \frac{0.08}{0.4} + 890 \times 0.07](\frac{300}{80} \times 3\,600) \tag{6-8}$$

解得 $Q_v = 975\,KJ/m^3$，表示在运输过程中，制冷设备需提供 975 KJ/m^3 的冷量才能使苹果温度维持在 8 ℃，故每千克苹果的行驶碳足迹约为 0.34 g。

综上，每千克苹果的运输碳足迹为 65.50 g + 0.34 g = 65.84 g。

6.1.3　仓储阶段

果蔬仓储是指配送中心或第三方使用专用果蔬储存仓库对果蔬进行冷冻（藏），

与冷藏车配送不同的是,冷库面积更大,需要大型的制冷设备和照明设备,存储时间更长,碳排放是冷藏车配送的几十倍甚至几百倍,其碳排放主要来源于制冷电能消耗REC以及直接电能消耗DEC。

（1）制冷电能消耗REC

假设批发商存储时间为 7 天,零售商存储的时间为 3 天,冷库制冷电能消耗为 $0.3\,\text{kWh/t·d}$,故每千克苹果储存 10 天共消耗 $0.003\,\text{kW·h}$,即每千克苹果储存阶段冷库电能消耗产生的碳足迹为 2.355 g。

（2）直接电能消耗DEC

直接电能消耗DEC指24小时电气部件的能量消耗,包括照明、冷风机、融霜、风幕、自控、辅助加热设备及循环泵等满足冷库系统正常运行所需全部附属设备用电的消耗,这部分的用电量在进行冷库监测时可通过测试得到。

设 $\dfrac{\text{DEC}}{\text{REC}+\text{DEC}}=x$,则 $\text{DEC}=\dfrac{x}{1-x}\text{REC}$,根据长期测试经验,$x$ 约为 0.2,故 $\text{REC}=4\text{DEC}$,则每千克苹果储存阶段直接电能消耗产生的碳足迹为 0.589 g。

综上,仓储阶段的总碳足迹为 2.355 g+0.589 g= 2.944 g。

生鲜品冷链碳足迹的核算公式为:

$$E_{\text{CO}_2}=E_{\text{预冷}}+E_{\text{运输}}+E_{\text{仓储}} \tag{6-9}$$

6.2　纺织服装品生产碳足迹的核算方法

纺织服装品生产碳足迹是指纺织服装品在工业化生产全过程中,各阶段产生的二氧化碳当量总和。碳足迹主要来自三个方面:一是生产设备碳足迹,主要是指生产设备运行时燃料的燃烧;二是辅助生产设备碳足迹,包括生产区域照明及空调系统运作等;三是企业运营碳足迹,包括废水处理等。

6.2.1　生产设备碳足迹

化石燃料（例如天然气）燃烧产生的二氧化碳、甲烷等温室气体是生产设备碳足迹的主要来源。不同的燃料由于其化学结构、要素组成等存在差异,为了核算方式统一,需要先将各种燃料换算为标准煤,再对其碳排放量进行计算。

燃料燃烧产生的碳排放量与燃料的碳氧化率及固碳率等因素有关,且碳的实际排放量等于燃料中原有的含碳量与固碳量之间的差额,因此生产设备碳足迹的测度模型可以构建为:

$$E_C = \sum_{i=1}^{n} [k_i \times (\lambda_i \beta_i - \varphi_i) \times Q_i] \tag{6-10}$$

其中,E_C 表示所有燃料燃烧的总碳排放量,k_i 表示第 i 种燃料的碳氧化率,λ_i 表示第 i 种燃料的标准煤折算系数,β_i 表示第 i 种燃料的潜在碳排放系数,φ_i 表示第 i 种燃料的固碳率,Q_i 表示第 i 种燃料的使用量。

由于碳足迹以二氧化碳当量衡量,因此需将碳排放量转化为二氧化碳排放量,此时的计算公式可以表示为:

$$E_{CO_2} = \sum_{i=1}^{n} [k_i \times \frac{44}{12} \times (\lambda_i \beta_i - \varphi_i) \times Q_i] \times \alpha_i \tag{6-11}$$

其中,$\frac{44}{12}$ 表示碳与二氧化碳的相对质量比,α_i 表示第 i 种燃料的修正系数。

假设企业主要运用原煤和焦炭来供企业生产所需,原煤和焦炭的相关系数如表 6-3 所示。

表6-3 原煤和焦炭的相关系数

能源	碳氧化率/%	标准煤折算系数	固碳率/%	碳排放系数
原煤	94	0.714 3	0.15	1.9
焦炭	93	0.971 4	0.15	2.8

假定燃料的修正系数取1,则两种化石燃料燃烧产生的碳足迹分别为:

$$E_{CO_2原煤} = 0.94 \times \frac{44}{12} \times (0.714\ 3 \times 1.9 - 0.15) \times Q_1 = 4.16 Q_1 \tag{6-12}$$

$$E_{CO_2焦炭} = 0.93 \times \frac{44}{12} \times (0.971\ 4 \times 2.8 - 0.15) \times Q_2 = 8.76 Q_2 \tag{6-13}$$

综上,生产阶段的碳足迹 $E_{CO_2} = 4.16 Q_1 + 8.76 Q_2$。

6.2.2 辅助生产设备碳足迹

为了调整室内温度、湿度等空气参数及空气质量,必须向空调系统中的空气处理设备,以及输送空气和水的动力设备如风机、水泵等投入能量。此时,设备的运转、能量的投入构成了空调设备碳足迹。由于空调系统运作时功率不总是恒定的,故无法通过主机耗电量来测算碳足迹。

照明设备碳足迹由设备的数量、功率等因素决定。为方便计算,照明设备和空调系统的耗电量运用直接测量(即通过电表)的方式。考虑到设备后期的修缮、更新等工作,辅助生产设备碳足迹可以表示为:

$$E_{CO_2} = \sum_{i=1}^{n} n_i \times E_i + E_{ri} + E_{ui} \qquad (6-14)$$

其中,E_i 表示第 i 种设备的单位耗电量,n_i 表示第 i 种设备的数量,E_{ri} 表示第 i 种设备的修缮消耗,E_{ui} 表示第 i 种设备的更新消耗。

由于消耗 $1\,kW \cdot h$ 电能产生的碳足迹为 $785\,g$,故假设辅助生产设备消耗的电能为 $M\,kW \cdot h$,则该阶段的碳足迹为 $0.785\,M$。

6.2.3 运营碳足迹

印染废水具有水量大、有机污染物含量高、碱性大、水质变化大等特点,同时进行厌氧处理时会产生甲烷,属于难处理的工业废水之一。

废水厌氧处理工程中的碳足迹可以表示为:

$$E_{CH_4} = V \times m_{in} \times \frac{m_{in} - m_{out}}{m_{in}} \times \eta \times 10^{-6} \qquad (6-15)$$

其中,E_{CH_4} 表示废水处理过程中甲烷的排放量,V 表示废水总处理量,m_{in} 表示废水重铬酸盐平均进水浓度指数,m_{out} 表示废水重铬酸盐平均出水浓度指数,η 表示污水中甲烷的排放系数。

由于碳足迹以二氧化碳当量衡量,因此需将甲烷排放量转化为二氧化碳排放量,此时的计算公式可以表示为:

$$E_{CO_2} = K \times V \times m_{in} \times \frac{m_{in} - m_{out}}{m_{in}} \times \eta \times 10^{-6} \qquad (6-16)$$

其中，K 表示二氧化碳与甲烷的相对质量比。

假设废水中铬酸盐平均进水浓度为 300 mg/L，经处理后需达到小于 30mg/L 出水标准（此处以 30 mg/L 计算），污水中甲烷的排放系数取 0.25 kg CH_4/ kg COD，因此在生产废水处理过程中产生的碳足迹为：

$$E_{CO_2} = \frac{44}{16} \times (300 - 30) \times 0.25 \times 10^{-6} \times V = 1.86V \times 10^{-6} \tag{6-17}$$

6.3 钢铁产品供应链碳足迹核算方法

钢铁产品供应链是以钢铁企业的生产、运输及销售为核心，吸引钢铁产业链上下游企业和相关的服务业组成的一种动态联盟组织形式。由于钢铁具有高回收性，在核算钢铁产品供应链的碳足迹时，不仅应该考虑包括钢材采购、产品生产、运输、出售等环节的正向供应链，同时还应该考虑回收环节的逆向供应链的碳足迹。

具体来说，钢铁产品供应链企业碳排放源主要由四部分构成：铁矿石、矿砂等原材料由原产地输送到生产车间的过程中，各种运输设备产生的 CO_2 排放；钢铁企业在加工原材料的过程中要消耗包括电力、煤焦炭在内的多种能源资源，同时排放大量的 CO_2；在物流领域钢铁产品从生产厂家运送到分销商及消费者的过程中，也有 CO_2 排放；此外，废旧金属的分类、拆解，冶炼矿渣的二次利用等逆向物流过程中也会产生大量 CO_2。综上，钢铁产品供应链碳足迹核算方式可以表示为：

$$E_{CO_2} = E_{采购} + E_{生产} + E_{销售} + E_{逆向} \tag{6-18}$$

6.3.1 采购碳足迹

钢铁产品的生产需要大量的原材料，由于钢铁工业对原材料需求量大，而我国铁矿石资源贫矿居多，资源采购主要依赖进口。根据钢铁制品原材料采购特点及成本控制的要求，将采购阶段交通方式大致分为铁路运输、水路航运和公路运输，其中铁路和航运是主体。因此，采购碳足迹主要由运输原材料的交通工具排放构成，核算方式可以表示为：

$$E_{CO_2} = \sum_{i=1}^{3} (a_i \times L_i \times x_i \times K \times EF \times Q_i) \tag{6-19}$$

其中，$\sum_{i=1}^{3} x_i = 1$，a_i 表示第 i 种运输方式占所有运输任务的占比，L_i 表示第 i 种运输方式的总距离，x_i 表示第 i 种运输方式的油耗水平，K 表示燃料的燃烧值，EF 表示燃料的碳排放因子，Q_i 表示第 i 种运输方式的燃料消耗量。

6.3.2 生产碳足迹

生产阶段的碳排放是整个钢铁产品供应链排放的主体，矿石等原材料经此阶段的冶炼、烧结、煅烧等技术处理转变成初级产品或成品。根据生产阶段工艺特点，将本阶段的碳排放总量主要折算成化石燃料燃烧产生的碳排放量、生产过程中产生的碳排放量、消耗电力（热力）产生的碳排放量，依次记为 E_1、E_2、E_3，满足关系式 $E_{生产} = E_1 + E_2 + E_3$。

$$E_1 = \sum_{i=1}^{n} Q_i \times EF_i \tag{6-20}$$

其中，Q_i 表示第 i 种燃料的使用量，EF_i 表示第 i 种燃料的潜在碳排放因子。

$$E_2 = \sum_{i=1}^{n} p_i \times EF_i \times n_i \tag{6-21}$$

其中，p_i 表示第 i 种溶剂的消耗量，n_i 表示第 i 种溶剂的利用率，EF_i 表示第 i 种溶剂的潜在碳排放因子。

$$E_3 = Q_1 \times EF_1 + Q_2 \times EF_2 \tag{6-22}$$

其中，Q_1 和 Q_2 分别表示生产阶段消耗的电量和热力量，EF_1 和 EF_2 分别表示电力和热力的潜在碳排放因子。

6.3.3 销售碳足迹

区别于其他产品的销售，运输碳足迹是钢铁销售的主要碳排放来源。与采购碳足迹的计算方式类似，销售碳足迹的核算方式可以表示为：

$$E_{CO_2} = \sum_{i=1}^{3} (a_i \times L_i \times x_i \times K \times EF \times Q_i) \tag{6-23}$$

6.3.4 逆向供应链碳足迹

逆向供应链碳足迹是指钢铁在回收过程中，由于回收、拆解等行为产生的碳排放。回收过程中回收和拆解产生的碳排放量依次记为 $E_{回收}$、$E_{拆解}$，则满足关系式 $E_{逆向} = E_{回收} + E_{拆解}$，具体可以表示为：

$$E_{逆向} = \sum_{i=1}^{n}(Q_{i回收} \times EF_{i回收} + Q_{i拆解} \times EF_{i拆解}) \tag{6-24}$$

其中，$Q_{i回收}$ 和 $Q_{i拆解}$ 分别表示逆向供应链第 i 种废弃物的回收量和拆解量，$EF_{i回收}$ 和 $EF_{i拆解}$ 分别表示逆向供应链第 i 种废弃物回收和拆解的碳排放因子。

6.4　电子产品供应链碳足迹的核算方法

考虑由供应商、制造商、零售商和消费者组成三级闭环电子产品供应链，其供应链碳足迹的核算范围包括供应商、制造商、零售商、消费者使用以及产品回收五个环节，即：

$$E_{CO_2} = E_{供应商} + E_{制造商} + E_{零售商} + E_{使用} + E_{回收} \tag{6-25}$$

由于 $E_{供应商}$、$E_{制造商}$、$E_{零售商}$ 三个环节碳足迹的核算内容一致，均属于产品生产碳足迹的范畴，故将电子产品供应链的碳足迹核算公式表示为：

$$E_{CO_2} = E_{生产} + E_{使用} + E_{回收} \tag{6-26}$$

6.4.1　生产碳足迹

生产碳足迹主要包括生产原料和产品加工、存储和运输三个部分。二氧化碳排放量由生产活动中能源消耗换算而成，其计算公式为：

$$E_1 = \sum_{i=1}^{n} Q_i \times EF_1 \tag{6-27}$$

$$E_2 = \sum_{j=1}^{n} Q_j \times EF_1 \tag{6-28}$$

$$E_3 = \sum_{l=1}^{n} Q_l \times EF_1 + \sum_{k=1}^{n} q_k \times EF_k \tag{6-29}$$

其中，Q_i 表示产品加工过程中第 i 个环节消耗的电能，Q_j 表示存储过程中第 j 个环节消耗的电能，Q_l 表示产品运输过程中第 l 个环节消耗的电能，q_k 表示产品运输过

程中第 k 种燃料的消耗量，EF_1 表示电能的二氧化碳排放因子，EF_k 表示第 k 种燃料的二氧化碳排放因子。

因此，产品生产碳足迹：$E_{生产} = E_1 + E_2 + E_3$。

6.4.2　使用碳足迹

电子产品使用碳足迹的来源主要与产品使用寿命以及产品的使用能耗有关，因此产品使用碳足迹的核算公式可以表示为：

$$E_{使用} = T \times t \times EF_1 \times q \tag{6-30}$$

其中，T 表示产品使用寿命，t 表示产品在使用寿命内每天的使用时间，q 表示产品每小时的耗电量。

6.4.3　回收碳足迹

区别于其他产品，电子产品因其回收利用价值高，回收率也相对较高。在进行电子产品供应链碳足迹核算过程中，回收环节产生的碳足迹是必不可少的核算项目之一。

电子产品回收碳足迹分为零部件重用、再加工、材料回收、废弃处理四个回收层次。假设电子产品回收有 m 个回收环节，n 个可直接回收利用零件，r 个经过再加工可利用的零件，y 种材料可回收，u 种废弃品处理方式。产品回收碳足迹的核算方式可以表示为：

$$E_{回收} = \sum_{i=1}^{m} \left\{ \left[\sum_{p=1}^{n} (\omega_i \delta_1 f_1) + \sum_{q=1}^{r} (\omega_i \delta_2 f_2) + \sum_{l=1}^{y} (\omega_i \delta_3 f_3) + \sum_{v=1}^{u} (\omega_i \delta_4 f_4) \right] \right\} \tag{6-31}$$

其中，δ_i 表示四个回收层次占产品总质量 ω_i 的比例，且 $\delta_1 + \delta_2 + \delta_3 + \delta_4 = 1$；$f_i$ 表示处于各回收层次时单位质量产品的碳足迹。

6.5　建筑供应链碳足迹的核算方法

建筑业因其高能耗、高排放的特点被称为雾霾的"四大元凶"之一，中国科学院

的相关研究报告指出,中国建筑垃圾平均年产量达 24 亿吨,占城市垃圾总量的
40%,同时建筑业为全球制造了 8% 的碳排放量,故对建筑业采取碳减排、实现低碳
经济迫在眉睫。近年来"装配式"建筑的兴起,不仅在很大程度上提高了施工进程与
施工质量,而且由于模板等原材料的重复利用率提高,在建筑垃圾、损耗方面都体现
出了有效性。因此对装配式建筑全生命周期碳足迹的核算,有利于建筑行业采取针
对性的碳减排策略,实现低碳目标。

装配式建筑的碳足迹核算范围主要包括装配式建筑建材生产、建筑构件工厂化
生产、构件产品的运输以及施工现场的施工。因此,装配式建筑的碳足迹核算公式
可以表示为:

$$E_{CO_2} = E_{建材生产} + E_{工厂化生产} + E_{运输} + E_{施工} \tag{6-32}$$

6.5.1 建材生产阶段

建材生产阶段的碳足迹主要包括建筑原材料的生产和运输产生的碳足迹,即:

$$E_{建材生产} = E_1 + E_2 \tag{6-33}$$

其中,E_1、E_2 分别表示建筑原材料的生产和运输产生的碳足迹。由于建筑原材料
的生产过程中存在损耗,故引入损耗系数 α,此时原材料生产碳足迹的核算公式为:

$$E_1 = \sum (1+\alpha) \times (Q_i \times EF_i) \tag{6-34}$$

其中,Q_i 表示第 i 种建材的使用量,EF_i 表示第 i 种建材的碳排放因子。

6.5.2 工厂化生产阶段

装配式建筑的一大优势在于建筑构件的预制化,此过程由工厂化生产替代了传
统建筑建造过程中现场施工的模式,不仅大大缩短了工期,还避免了大部分由施工
作业产生的污染。通常情况下,预制构件的工厂化生产采用流水线生产方式,此阶
段碳足迹的核算公式可以表示为:

$$E_{工厂化生产} = \sum EF_j \times n + q_l \times T_l \times EF_l \times M_l \tag{6-35}$$

其中,EF_j 表示人工碳足迹,n 表示人工工日数,q_l 表示第 l 种施工工艺单位时间能
源消耗量,T_l 表示第 l 种施工工艺下的构件、组件或模块加工时间,EF_l 表示第 l 种
施工工艺下能源碳排放因子,M_l 表示第 l 种施工工艺下构件、组件或模块的数量。

6.5.3 运输阶段

装配式建筑的运输过程区别于传统建材运输,它更接近于商品的运输模式。由于装配式建筑的构件体积大、质量大等特点,在构件的装卸过程中需要对其做功,会产生大量碳足迹。因此,在核算装配式建筑运输阶段的碳足迹时,不仅要考虑构件的横向运输,也要考虑构件装卸过程中的垂直运输。该阶段产生的碳足迹主要与构件的数量、体积以及运输距离等因素有关,其碳足迹的核算方式可以表示为:

$$E_{运输} = \sum Q_\alpha \times EF_\alpha + Q_\varepsilon \times EF_\varepsilon \times L \tag{6-36}$$

其中,Q_α 表示运输阶段构件装卸过程中第 α 种机械台班消耗量,EF_α 表示第 α 种机械的碳排放因子,Q_ε 表示第 ε 种构件、组件或模块的重量,EF_ε 表示运输单位重量的第 ε 种构件的碳排放因子,L 表示运输距离。

6.5.4 施工阶段

预制构件的现场施工安装是装配式建筑整个工程的重点,每个构件都有自己独特的编号,建筑工人根据这些编号进行逐一拼装和连接,最终形成完整的建筑产品。施工阶段的碳足迹核算公式可以表示为:

$$E_{施工} = \sum (Q_t \times EF_t + Q_\delta \times EF_\delta) + EF_j \times n \tag{6-37}$$

其中,Q_t 表示第 t 个项目单位工程量使用的施工机械台班消耗量,EF_t 表示第 t 个项目单位工程量使用的机械碳排放因子,Q_δ 表示第 δ 个项目单位工程量使用的施工机械台班消耗量,EF_δ 表示第 δ 个项目单位工程量使用的机械碳排放因子。

6.6 研究结论

碳足迹核算是对生产活动各个环节产生的碳排放进行测算。科学测算碳足迹能够为有效界定一个企业或一项活动的碳排放量和责任,制定合理的碳税、碳交易政策提供理论依据,这对于有目标地采取相应的减排措施,建立供应链碳足迹可持续管理模式具有重要意义。本章分别对生鲜品、纺织服装品、钢铁产品、电子产品以及建筑五个行业的供应链碳足迹核算范围进行了研究,并以生鲜品行业和纺织服装品行业为例进行具体碳足迹核算。结论如下。

首先,由于绿色产品从原材料的开采到消费者的最终消费,过程的产业链很长且每个环节互相关联,因此无论对哪个行业进行碳足迹核算,且无论基于政府视角还是企业视角,碳排放的测算都需要在全产业链的视角下进行,即应该包括绿色产品的生产、运输、消费等环节,而非仅仅是产品的使用环节。其次,在对某一活动或某一过程进行碳足迹核算前,需要对核算范围进行界定。最后充分结合宏观、微观方法进行核算。通过对生鲜品行业具体碳足迹的核算得出,配送阶段是碳足迹的主要来源,因此,在对生鲜品冷链进行优化和调控时,可以针对性地通过路径优化等方式控制冷链系统总碳足迹。

第四部分 | 绿色供应链优化与调控

　　绿色供应链的优化是指在约束条件下通过选择最优决策方案来提高绿色供应链的运作效率。而绿色供应链的调控则是在满足一定客户需求以及企业利润的前提下,从政府视角以降低产品全生命周期的环境影响为目的,从全产业链进行绿色改造,降低供应链各环节对环境造成的负面影响。基于对不同行业碳足迹核算方式的研究,本部分运用Stackelberg模型、Nash博弈模型、供应链网络均衡模型、回购与补贴模型、演化博弈模型,从非对称权力、碳足迹和成本约束以及供应链主体合作减排等视角研究了供应链的优化策略,从政府央策、惩罚行为等视角研究供应链的调控策略。

第7章

非对称权力下产品碳足迹与定价优化策略

在供应链竞争中,具有实力优势的主体通常占据供应链的主导权,在决策时具有更大的优势,能够主导供应链的走向。因此在供应链的决策研究中,除了考虑产品价格、质量等因素,渠道权力结构问题也需要考虑。本章探讨了权力非对称情形下,绿色供应链主体既承担社会责任又承担环境责任时的博弈决策变化规律。将企业社会责任与权力结构相结合,探究权力结构和碳减排的成本系数对博弈均衡的作用规律,在一定程度上丰富绿色供应链中企业社会责任的研究,并对绿色供应链的管理提供思路。

7.1 问题描述与假设

考虑由一个供应商和一个零售商组成供应链系统。企业规模、博弈能力等条件的差异,导致供应链主体之间非对称权力,这对供应链主体的决策行为产生影响,并间接影响供应链的总利润以及利润分配。当博弈的某一方主导供应链时,双方为Stackelberg博弈,此时主导的一方先进行决策,另一方根据主导方的决策进行最优策略的选择;当博弈双方在供应链中的地位相当时,供应商和零售商为Nash博弈,此时双方同时进行决策。

由于生产碳足迹是产品全生命周期总的碳足迹的主要来源,故本研究主要以生产阶段的碳排放为研究对象,构建了在供应商和零售商不同权力结构下,考虑碳足迹的供应链定价决策模型。相关模型假设如下。

假设1:供应商在进行产品生产时,可进行碳减排投入来降低产品生产的单位碳排放量,且碳减排投入与碳减排量呈正相关。假设供应商在进行碳减排投入前,生产单位产品的碳排放量为 e_0,进行碳减排投入后单位产品的碳排放量降低至 e,此时供应商进行碳减排的成本为 $k(e_0-e)^2$，其中 k 表示碳减排投入的成本系数。为符合实际情况，变量需满足 $0 \leqslant e \leqslant e_0$，$k>0$。

假设2：假设消费者对产品具有低碳偏好，此时产品的需求随着价格与单位产品的碳排放量的增加而减少，故假设产品的市场需求为 $D=a-\beta p-\theta e$，其中 a 表示市场的潜在需求，β 表示需求价格弹性，p 表示产品的零售价格，θ 表示消费者对产品低碳程度的偏好程度。为实现供应链利润最大化且保证产品需求大于零，假设 $0<\theta<2\sqrt{k\beta}$，$0<e_0<(a-\beta c)/\theta$ 恒成立。

7.2　非对称权力下产品碳足迹定价模型

基于以上假设，供应商与零售商的期望利润分别为：

$$\Pi_m=(w-c)(a-\beta p-\theta e)-k(e_0-e)^2 \tag{7-1}$$

$$\Pi_r=(p-w)(a-\beta p-\theta e) \tag{7-2}$$

根据供应链成员之间的关系，可以将决策方式分为集中决策与分散决策。当供应链成员集中决策时，追求的是供应链总利润的最大值，体现了一种合作关系；当供应链成员分散决策时，追求的是各自利润最大化，体现了一种竞争关系。因此，下面分别对集中决策与分散决策的情形进行建模与求解。

7.2.1　集中式决策

当供应链系统进行集中决策时，此时的目标是实现供应链系统总利润最大化。故构建供应链总利润函数：

$$\Pi z=(p-c)(a-\beta p-\theta e)-k(e_0-e)^2 \tag{7-3}$$

为了决策最优零售价格 p 以及最优产品碳足迹 e，先求供应链总利润 πz，关于 p 以及 e 的 Hessian 矩阵为：

$$\begin{pmatrix} \dfrac{\partial^2 \pi z}{\partial p^2} & \dfrac{\partial^2 \pi z}{\partial p \partial e} \\ \dfrac{\partial^2 \pi z}{\partial p \partial e} & \dfrac{\partial^2 \pi z}{\partial e^2} \end{pmatrix} = \begin{pmatrix} -2\beta & -\theta \\ -\theta & -2k \end{pmatrix} \tag{7-4}$$

由于 $-2\beta < 0$，$\begin{vmatrix} -2\beta & -\theta \\ -\theta & -2k \end{vmatrix} = 4k\beta - \theta^2$，所以当 $0 < \theta < 2\sqrt{k\beta}$ 时，Hessian 矩阵严格负定，即供应链总利润函数是关于和的严格联合凹函数，故存在唯一最优零售价格 p 与最优产品碳足迹 e 使得供应链的总利润最大。令 Πz 关于 p 以及 e 的一阶导数为零，得 $\begin{cases} \dfrac{\partial \pi z}{\partial p} = a - \beta(2p - c) - \theta e = 0 \\ \dfrac{\partial \pi z}{\partial e} = 2k(e_0 - e) - \theta(p - c) = 0 \end{cases}$，解得最优价格和最优产品碳足迹：

$$\begin{cases} p^* = \dfrac{2k(a + \beta c - \theta e_0) - \theta^2 c}{4k\beta - \theta^2} \\ e^* = \dfrac{4k\beta e_0 - \theta(a - \beta c)}{4k\beta - \theta^2} \end{cases} \tag{7-5}$$

将最优零售价格 p^* 和最优产品碳足迹 e^* 代入供应链的总利润 Πz 中可得：

$$\pi z^* = \frac{k\left(a - \beta c - \theta e_0\right)^2}{4k\beta - \theta^2} \tag{7-6}$$

7.2.2 分散式决策

分散决策模式下，供应商与零售商的决策受到供应链权力结构(即博弈能力)的影响。本章仅考虑零售商主导供应链以及博弈双方势均力敌情形下，供应链的最优定价策略以及产品最优碳足迹。

(1)供应商和零售商势均力敌情形(N模型)

当供应链成员势均力敌，此时博弈双方同时决策，对应 Nash 博弈模型，运用逆向归纳法求 Stackelberg 均衡解。由于供应商利润关于批发价格 w_1 以及产品碳足迹 e_1 的 Hessian 矩阵无法判断是否严格负定，因此无法判断解的存在性。在此引入边际利润 n_1，使得 $p_1 - w_1 = n_1$。运用逆序法，此时供应商和零售商的决策问题变化为：

$$\max_{w_1, e_1} \Pi_{m1} = (w_1 - c)[a - \beta(w_1 + n_1) - \theta e_1] - k(e_0 - e_1)^2 \tag{7-7}$$

$$\max_{n_1} \Pi_{r1} = n_1[a - \beta(w_1 + n_1) - \theta e_1] \tag{7-8}$$

求供应商的利润函数 Π_{m1} 关于批发价格 w_1 以及产品碳足迹 e_1 的 Hessian 矩阵，得：

$$\begin{pmatrix} \dfrac{\partial^2 \pi_{m1}}{\partial w_1^2} & \dfrac{\partial^2 \pi_{m1}}{\partial w_1 \partial e_1} \\ \dfrac{\partial^2 \pi_{m1}}{\partial w_1 \partial e_1} & \dfrac{\partial^2 \pi_{m1}}{\partial e_1^2} \end{pmatrix} = \begin{pmatrix} -2\beta & -\theta \\ -\theta & -2k \end{pmatrix} \tag{7-9}$$

显然,当 $0 < \theta < 2\sqrt{k\beta}$ 时,Hessian 矩阵严格负定。同时,由于 $\dfrac{\mathrm{d}^2 \pi_{r1}}{\mathrm{d} n_1^2} = -2\beta < 0$,故存在唯一最优批发价格 w_1 、最优产品碳足迹 e_1 以及最优边际利润 n_1 ,使得供应商和生产商实现利润最大化。

令供应商的利润函数 Π_{m1} 关于 w_1 、 e_1 以及 n_1 的一阶导数为零,得:

$$\begin{cases} \dfrac{\mathrm{d}\Pi_{m1}}{\mathrm{d}w_1} = a + \beta c - \beta n_1 - 2\beta w_1 - \theta e_1 = 0 \\ \dfrac{\mathrm{d}\Pi_{m1}}{\mathrm{d}e_1} = 2k(e_0 - e_1) - \theta(w_1 - c) = 0 \\ \dfrac{\mathrm{d}\Pi_{r1}}{\mathrm{d}n_1} = a - 2\beta n_1 - \beta w - \theta e_1 = 0 \end{cases}$$

求解得到最优策略:

$$\begin{cases} w_1^* = \dfrac{2k(a + 2\beta c - \theta e_0) - \theta^2 c}{6k\beta - \theta^2} \\ e_1^* = \dfrac{6k\beta e_0 - \theta a + \beta \theta c}{6k\beta - \theta^2} \\ n_1^* = \dfrac{2k(a - \beta c - \theta e_0)}{6k\beta - \theta^2} \end{cases} \tag{7-10}$$

因此,最优零售价格为:

$$p_1^* = w_1^* + n_1^* = \dfrac{2k(a + 2\beta c - \theta e_0) - \theta^2 c}{6k\beta - \theta^2} + \dfrac{2k(a - \beta c - \theta e_0)}{6k\beta - \theta^2} = \dfrac{2k(2a + \beta c - 2\theta e_0) - \theta^2 c}{6k\beta - \theta^2} \tag{7-11}$$

此时,供应链的总利润及分配情况为:

$$\begin{cases} \Pi_{m1}^* = \dfrac{k(a-\beta c-\theta e_0)^2(4k\beta-\theta^2)}{(6k\beta-\theta^2)^2} \\[4mm] \Pi_{r1}^* = \dfrac{4k^2\beta(a-\beta c-\theta e_0)^2}{(6k\beta-\theta^2)^2} \\[4mm] \Pi_1^* = \dfrac{k(a-\beta c-\theta e_0)^2(8k\beta-\theta^2)}{(6k\beta-\theta^2)^2} \end{cases}$$

（2）零售商主导供应链情形（RS模型）

在生产实践中，某些行业的供应商大多身处弱势，例如生鲜品行业。此时零售商是Stackelberg博弈的领导者，供应商是追随者，双方的决策顺序为：零售商优先决定产品的零售价格，供应商根据零售商的零售价格再决定批发价格以及产品最优碳足迹。

运用逆向归纳法求Stackelberg均衡解，由于供应商的利润函数关于批发价格 w_2 以及产品碳足迹 e_2 的Hessian矩阵无法判断是否严格负定，故引入边际利润 n_2，使得 $p_2-w_2=n_2$。运用逆序法，此时供应商的决策问题变化为：

$$\max_{w_2,\,e_2} \Pi_{m2}=(w_2-c)[a-\beta(w_2+n_2)-\theta e_2]-k(e_0-e_2)^2 \tag{7-12}$$

求供应商的利润函数 Π_{m2} 关于批发价格 w_2 以及产品碳足迹 e_2 的Hessian矩阵，得：

$$\begin{pmatrix} \dfrac{\partial^2\pi_{m2}}{\partial w_2^2} & \dfrac{\partial^2\pi_{m2}}{\partial w_2\partial e_2} \\[4mm] \dfrac{\partial^2\pi_{m2}}{\partial w_2\partial e_2} & \dfrac{\partial^2\pi_{m2}}{\partial e_2^2} \end{pmatrix}=\begin{pmatrix} -2\beta & -\theta \\ -\theta & -2k \end{pmatrix} \tag{7-13}$$

显然，当 $0<\theta<2\sqrt{k\beta}$ 时，Hessian矩阵严格负定。故存在唯一最优批发价格 w_2 以及最优产品碳足迹 e_2。令供应商的利润函数 Π_{m2} 关于批发价格 w_2 以及产品碳足迹 e_2 的一阶导数为零，得 $\begin{cases} \dfrac{\mathrm{d}\Pi_{m2}}{\mathrm{d}w_2}=a+\beta c-\beta n_2-2\beta w_2-\theta e_2=0 \\[3mm] \dfrac{\mathrm{d}\Pi_{m2}}{\mathrm{d}e_2}=2k(e_0-e_2)-\theta(w_2-c)=0 \end{cases}$，求解得到最优策略：

$$\begin{cases} w_2 = \dfrac{2k(a + \beta c - \beta n_2 - \theta e_0) - \theta^2 c}{4k\beta - \theta^2} \\[3mm] e_2 = \dfrac{4k\beta e_0 - [a - (c + n_2)\beta]\theta}{4k\beta - \theta^2} \end{cases} \qquad (7\text{-}14)$$

将最优批发价格 w_2 以及最优产品碳足迹 e_2 代入零售商的利润函数,得:

$$\Pi_{r2} = \frac{2k\beta(a - \beta c - \beta n_2 - \theta e_0)n_2}{4k\beta - \theta^2} \qquad (7\text{-}15)$$

求零售商的利润 Π_{r2} 关于边际利润 n_2 的二阶导数,由于 $\dfrac{\mathrm{d}^2\pi_{r2}}{\mathrm{d}n_3^2} = -\dfrac{4k\beta^2}{4k\beta - \theta^2} < 0$,

故存在唯一最优边际利润 n_2 使得零售商利润最大。令 Π_{r2} 关于 n_2 的一阶导数为

零,得到最优的边际利润 $n_2^* = \dfrac{a - \beta c - \theta e_0}{2\beta}$,将其回代 w_2 和 e_2 中,得:

$$\begin{cases} w_2^* = \dfrac{k(a + 3\beta c - \theta e_0) - \theta^2 c}{4k\beta - \theta^2} \\[3mm] e_2^* = \dfrac{8k\beta e_0 - \theta a + \beta\theta c - \theta^2 e_0}{4(2k\beta - \theta^2)} \end{cases} \qquad (7\text{-}16)$$

因此,最优零售价格为:

$$p_2^* = w_2^* + n_2^* = \frac{2k(3\beta a + \beta^2 c - 3\beta\theta e_0) - \theta^2(a + \beta c - \theta e_0)}{2\beta(4k\beta - \theta^2)} \qquad (7\text{-}17)$$

此时,供应链的总利润及分配情况为:

$$\begin{cases} \Pi_{m2}^* = \dfrac{k(a - \beta c - \theta e_0)^2}{4(4k\beta - \theta^2)} \\[3mm] \Pi_{r2}^* = \dfrac{k(a - \beta c - \theta e_0)^2}{2(4k\beta - \theta^2)} \\[3mm] \Pi_2^* = \dfrac{3k(a - \beta c - \theta e_0)^2}{4(4k\beta - \theta^2)} \end{cases} \qquad (7\text{-}18)$$

结论 1:

分散决策模式下,无论供应链的权力结构如何,供应链的最优销售价格、最优产品碳足迹均大于集中式决策模式,且相比集中式决策下供应链的总利润,分散式决策模式下供应链的总利润更低。

证明：$p_1^* - p^* = \dfrac{2k(a - \beta c - \theta e_0)(2k\beta - \theta^2)}{24k^2\beta^2 - 10k\beta\theta^2 + \theta^4} > 0$ ，$e_1^* - e^* = \dfrac{2k\beta\theta(a - c\beta - e_0\theta)}{24k^2\beta^2 - 10k\beta\theta^2 + \theta^4} > 0$ ，

$\pi_z^* - \pi_1^* = \dfrac{4k^3\beta^2(a - \beta c - \theta e_0)^2}{(4k\beta - \theta^2)(6k\beta - \theta^2)^2} > 0$ ，$p_2^* - p^* = \dfrac{(a - \beta c - \theta e_0)(2k\beta - \theta^2)}{2\beta(4k\beta - \theta^2)} > 0$ ，

$e_2^* - e^* = \dfrac{\theta(a - \beta c - \theta e_0)}{2(4k\beta - \theta^2)} > 0$ ，$\pi_z^* - \pi_2^* = \dfrac{k(a - \beta c - \theta e_0)^2}{4(4k\beta - \theta^2)} > 0$ ，得证。

结论 1 表明：从产品销售价格、碳足迹以及供应链总利润角度，分散决策模式均显示出了竞争导致的低效率。

结论 2：

势均力敌情形下产品的最优批发价格大于零售商主导情形，但最优零售价格和最优产品碳足迹小于零售商主导情形。

证明：$w_2^* - w_1^* = -\dfrac{k(a - \beta c - \theta e_0)(2k\beta - \theta^2)}{24k^2\beta^2 - 10k\beta\theta^2 + \theta^4} = -\dfrac{k(a - \beta c - \theta e_0)(2k\beta - \theta^2)}{(6k\beta - \theta^2)(4k\beta - \theta^2)} < 0$ ，

$e_2^* - e_1^* = \dfrac{\theta(a - \beta c - \theta e_0)(2k\beta - \theta^2)}{2(24k^2\beta^2 - 10k\beta\theta^2 + \theta^4)} > 0$ ，$p_2^* - p_1^* = \dfrac{(a - \beta c - \theta e_0)(2k\beta - \theta^2)^2}{2\beta(4k\beta - \theta^2)(6k\beta - \theta^2)} > 0$ ，得证。

结论 2 表明：当供应商和零售商势均力敌时，双方各自的决策不受对方的影响。由于供应商碳减排投入需要较大成本，此时供应商为了获得更大利润不得不提高批发价格，而零售商会通过降低销售价格来激发消费者更大的需求。当零售商主导供应链时，供应商的决策行为便会受到零售商的牵制，导致双方决策出现差异。

结论 3：

当供应商和零售商势均力敌情形时，供应商利润及供应链系统总利润均小于零售商主导情形，但零售商的利润大于零售商主导情形。

证明：$\pi_{m2}^* - \pi_{m1}^* = \dfrac{k(a - \beta c - \theta e_0)^2(4k^2\beta^2 + 4k\beta\theta^2 - \theta^4)}{2(4k\beta - \theta^2)(6k\beta - \theta^2)^2} > 0$ ，

$\pi_{r2}^* - \pi_{r1}^* = k(a - \beta c - \theta e_0)^2 \dfrac{-36k^2\beta^2 + 4k\beta\theta^2 + \theta^4}{4(4k\beta - \theta^2)(6k\beta - \theta^2)^2} < 0$ ，

$$\pi_2^* - \pi_1^* = -\frac{k(a - \beta c - \theta e_0)^2 (20k^2\beta^2 - 12k\beta\theta^2 + \theta^4)}{4(4k\beta - \theta^2)(6k\beta - \theta^2)^2} > 0$$ ，得证。

7.3 数值仿真

上述模型主要运用数学模型研究了供应链系统不同决策模式以及博弈双方不同权力结构对最优定价策略、最优产品碳足迹以及各主体利润的影响。由于参数较多、模型复杂，计算结果不能很直观地表现，因此根据以上模型约束条件，假设参数的初始值设置为（$a = 100$，$c = 5$，$\theta = 5$，$\beta = 10$，$k = 20$，$e_0 = 5$），考虑消费者的低碳偏好率 $\theta \in [0, 10]$，步长为1，分析其对不同权力结构下供应链最优决策与利润的影响，并对比不同权力结构下供应链最优决策与利润的差异。

不同权力结构下，低碳偏好系数 θ 对零售价格 p 和批发价格 w 的影响如图 7-1 和图 7-2 所示。根据图 7-1 和图 7-2 可以得出：零售价格 p 和批发价格 w 都与消费者对产品的低碳偏好系数呈负相关。相同权力结构下，从影响趋势看，随着低碳偏好系数的增大，零售价格下降的趋势快于批发价格下降的趋势，这是由于零售价格与低碳偏好系数存在直接关系，而批发价格通过零售价格间接与低碳偏好系数存在联系。不同权力结构下，产品的批发价格在供应商和零售商势均力敌情形下高于零售商主导情形，产品的零售价格在供应商和零售商势均力敌情形下低于零售商主导情形。

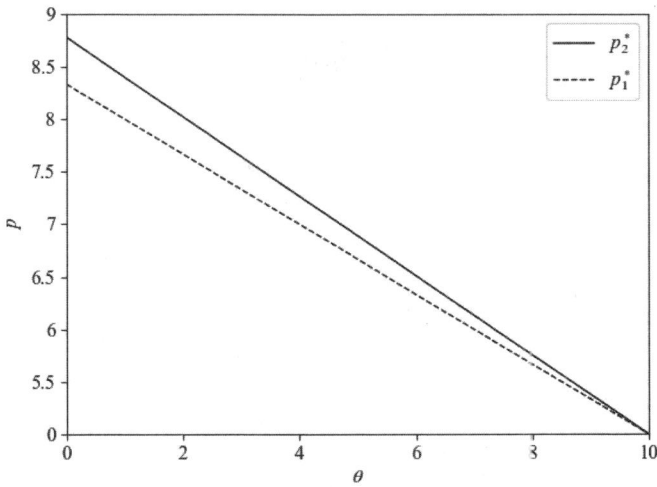

图7-1　低碳偏好系数 θ 对零售价格 p 的影响

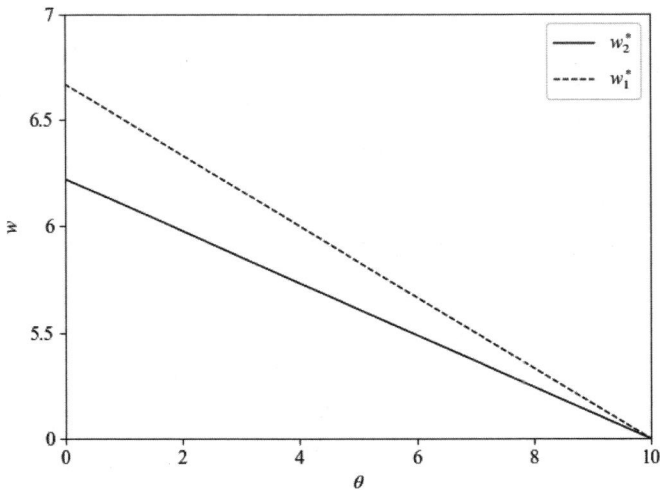

图7-2　低碳偏好系数 θ 对批发价格 w 的影响

不同权力结构下,低碳偏好系数 θ 对产品最优碳足迹的影响如图7-3所示。随着低碳偏好系数 θ 的增加,产品最优碳足迹呈现先减后增的U形。不同权力结构下,当供应商与零售商势均力敌时,产品最优碳足迹总是低于零售商主导情形下产品的最优碳足迹。由此可以得出,供应链主体的竞争有利于产品低碳化。

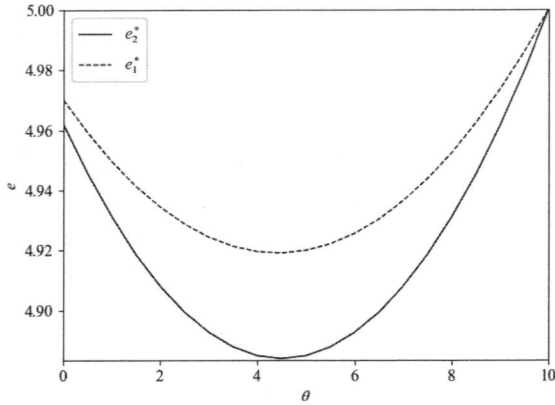

图7-3　低碳偏好系数 θ 对产品最优碳足迹的影响

　　不同权力结构下,供应商利润、零售商利润和供应链系统总利润在低碳偏好系数 θ 影响下的变化趋势如图7-4、图7-5和图7-6所示。由此可以得出:随着低碳偏好系数的增加,无论是单个供应链主体的利润还是供应链系统总利润,都会呈向下的趋势。这是因为,当消费者对产品的低碳偏好增加时,企业就必须采取措施对产品进行低碳化处理,而低碳化处理需要消耗一定的成本,因此利润会呈现向下的趋势。从变化趋势看,零售商的利润受低碳偏好系数的影响最大,因为低碳偏好系数的增加将直接影响产品需求,因此这种影响对零售商而言更直接。

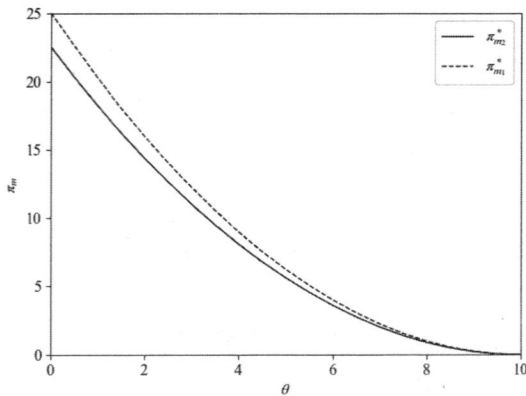

图7-4　低碳偏好系数 θ 对供应商利润的影响

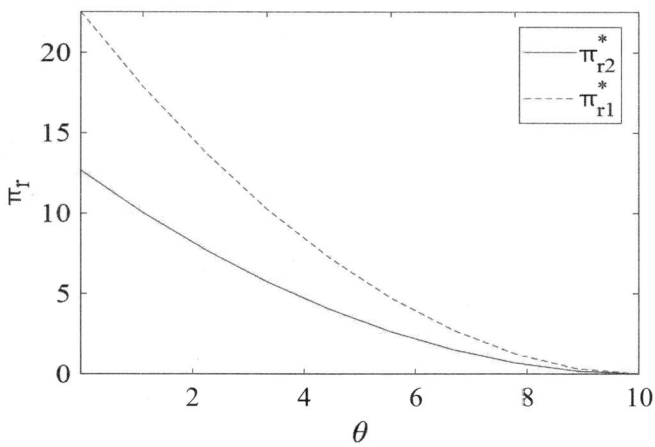

图 7-5　低碳偏好系数 θ 对零售商利润的影响

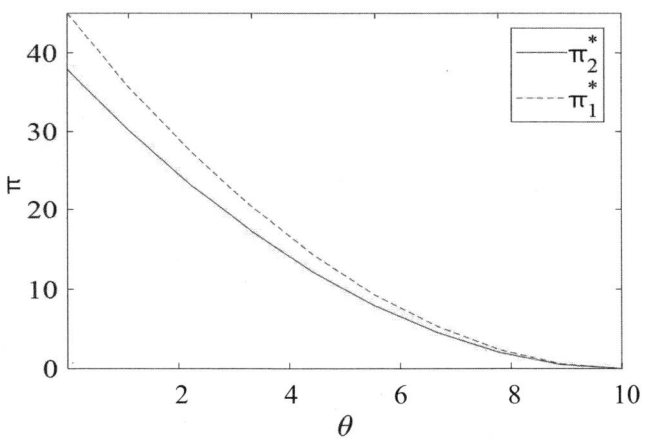

图 7-6　低碳偏好系数 θ 对供应链系统总利润的影响

7.4　研究结论

　　企业间规模、博弈能力等条件的差异,会导致供应链主体之间非对称权力,这将对供应链主体的决策行为产生影响,从而间接影响供应链的总利润以及利润分配。本章研究了由一个制造商和一个零售商组成的二级供应链的决策优化问题,分析了由于供应链成员博弈能力的差异,不同的供应链权力结构对博弈主体最优决策的影响。比较和讨论了集中决策和分散决策下Nash博弈和Stackelberg博弈下供应链系统的最优零售价格、最优产品碳足迹和总利润,以及在最优批发价格、最优产品碳足迹和零售商最优销售价格下的博弈结果。研究发现,无论供应链的权力结构如何,分散决策下的供应链系统总利润总是小于集中决策的总利润。在N模型下,制造商的最优批发价格和零售商的最优利润大于RS模型;但制造商的最优产品碳足迹、零售商的最优销售价格、制造商的最优利润、供应链系统的最优总利润小于RS模型。因此,在分散决策下,定价是基于不同权力结构下的生产者和零售商的最优决策以及利润来确定的。

第8章

碳足迹与成本双重约束下的
供应链优化均衡策略

自《京都议定书》签署以来,各签署国制定了明确的减排目标,明确把市场机制作为解决温室气体减排问题的新路径,催生了碳排放责任分担和资源共享的共生模式。目前,国内碳排放交易市场稳步发展,交易量和交易额快速增长,基于碳排放责任分担和资源共享的低碳供应链决策优化研究,对于促进节能减排、推进经济发展方式转变和产业结构升级具有重要意义。本章将碳排放和碳交易纳入碳足迹管理,结合成本约束,应用变分不等式分析低碳供应链各层均衡条件,建立基于碳足迹约束的低碳供应链网络均衡优化模型。模型中考虑供应商、生产商、零售商、需求市场和回收商的优化决策行为和相互作用、低碳供应链企业实施碳交易的情形,构建低碳供应链碳足迹管理的目标函数,分析低碳供应链系统达到均衡的条件。通过上下游企业面向低碳的竞争与合作以及引入低碳供应链网络均衡设计,得到供应链优化的方法。

8.1 问题描述与假设

本研究考虑低碳供应链网络由供应商、生产商、零售商、需求市场、回收商构成一个多级供应链,基本结构示意如图8-1所示,其中实线表示正向物流,虚线表示逆向物流。原材料供应商为生产商提供原材料,生产商的产品通过零售商销售到需求市场,使用后产品经回收商回收。决策变量及参数和函数设定分别如表8-1和表8-2所示。

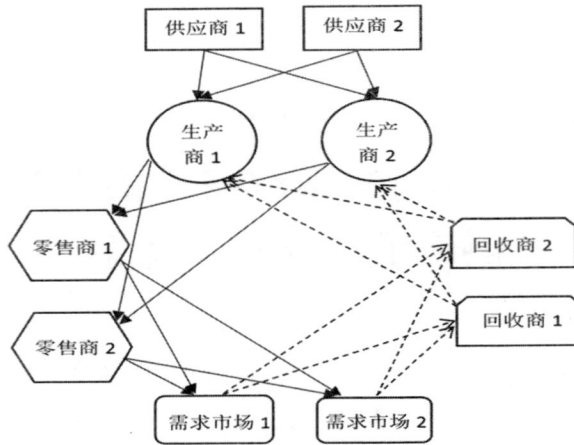

图8-1 低碳供应链网络结构示意

表8-1 决策变量及参数

变量及参数	变量及参数释义
s	供应商, $s \in \{1, 2, \cdots, S\}$
m	生产商, $m \in \{1, 2, \cdots, M\}$
r	零售商, $r \in \{1, 2, \cdots, R\}$
d	需求市场, $d \in \{1, 2, \cdots, D\}$
n	回收商, $n \in \{1, 2, \cdots, N\}$
$Q_{sm}, Q_{mr}, Q_{rd}, Q_{dn}, Q_{nm}$	供应商 s 与生产商 m 的交易量, 生产商 m 与零售商 r 的交易量, 零售商 r 与需求市场 d 的交易量, 需求市场 d 与回收商 n 的交易量, 回收商 n 与生产商 m 的交易量
$\rho_{sm}, \rho_{mr}, \rho_{rd}, \rho_{dn}, \rho_{nm}, \rho_d$	供应商、生产商、零售商、需求市场及回收商的交易价格, 以及需求市场的销售价格
f_s, f_{ms}, f_{mn}	供应商采购成本函数, 生产商利用新材料的生产成本函数, 以及利用旧材料的生产成本函数
$c_{sm}, c_{ms}, c_{mr}, c_{mn}, c_r, c_{rm}, c_{rd},$ $c_{dr}, c_{dn}, c_n, c_{nd}, c_{nm}$	供应商与生产商的交易成本函数; 生产商与供应商、零售商、回收商的交易成本函数; 零售商的存储成本函数; 零售商与生产商、需求市场的交易成本函数; 需求市场与零售商、回收商的交易成本函数; 回收商收购运输及存储成本函数; 回收商与需求市场、生产商的交易成本函数

续表

变量及参数	变量及参数释义
v_{im}, v_{ir}, v_{in}	生产、销售、回收各流程输入端单位能源使用成本
u_{om}, u_{or}, u_{on}	生产、销售、回收各流程输出端单位碳排放成本
$\mathrm{CC}_j^+, \mathrm{CC}_j^-$	某节点企业 j 购进和卖出的碳排放额度,以吨二氧化碳当量为计算单位,$j \in M \cup R \cup N$
A^{cc}, V^{cc}	碳交易的单位购买和卖出价格
$\mathrm{CF}_{im}, \mathrm{CF}_{ir}, \mathrm{CF}_{in}$	生产、销售、回收各流程输入节点能源使用权重系数
$\mathrm{EF}_{om}, \mathrm{EF}_{or}, \mathrm{EF}_{on}$	生产、销售、回收各流程输出节点的碳排放系数
$\varphi_{sm}, \varphi_{nm}$	产品用到供应商原料或回收商再加工品的可用系数
$D_d(\rho_d)$	市场 d 的需求函数
θ	回收品的转换再利用系数
χ	单位报废产品的处置成本
$\mathrm{CO}_i^{in}, \mathrm{CO}_o^{out}$	能源等的消耗及碳排放转化为二氧化碳当量的特征系数
$L^{\mathrm{COP}}, L^{\mathrm{COS}}, L^{\mathrm{CO_2}e}$	碳排放额度可购买、卖出的最大限额及碳排放分配的额度

表8-2　函数设定

成本	成本函数
供应商的采购成本	$f_1(Q_{sm}) = (\sum_{m=1}^{2} Q_{1m})^2 + a(\sum_{m=1}^{2} Q_{1m})(\sum_{m=1}^{2} Q_{2m}) + b\sum_{m=1}^{2} Q_{2m}$ $f_2(Q_{sm}) = c(\sum_{m=1}^{2} Q_{2m})^2 + (\sum_{m=1}^{2} Q_{1m})(\sum_{m=1}^{2} Q_{2m}) + \sum_{m=1}^{2} Q_{1m}$
供应商与生产商的交易成本	$c_{sm}(Q_{sm}) = aQ_{sm}^2 + eQ_{sm}$ 其中 $s=1,2$;$m=1,2$
生产商利用新材料的生产成本	$f_{1s}(Q_{sm}, \varphi_{sm}) = (\varphi_{sm}\sum_{s=1}^{2} Q_{s1})^2 - b(\varphi_{sm}\sum_{s=1}^{2} Q_{s1})(\varphi_{sm}\sum_{s=1}^{2} Q_{s2}) + f$ $f_{2s}(Q_{sm}, \varphi_{sm}) = (\varphi_{sm}\sum_{s=1}^{2} Q_{s2})^2 + (\varphi_{sm}\sum_{s=1}^{2} Q_{s1})(\varphi_{sm}\sum_{s=1}^{2} Q_{s2}) + g$
生产商利用旧材料的生产成本	$f_{1n}(Q_{nm}, \varphi_{nm}) = a(\varphi_{nm}\sum_{n=1}^{2} Q_{n1})^2 + b(\varphi_{nm}\sum_{n=1}^{2} Q_{n1}) + b$ $f_{2n}(Q_{nm}, \varphi_{nm}) = (\varphi_{nm}\sum_{n=1}^{2} Q_{n2})^2 + b(\varphi_{nm}\sum_{n=1}^{2} Q_{n2}) + h$

成本	成本函数
生产商与供应商的交易成本	$c_{ms}(Q_{sm}) = aQ_{sm}^2 + kQ_{sm}$，其中 $m=1,2$；$s=1,2$
生产商与零售商的交易成本	$c_{mr}(Q_{mr}) = aQ_{mr}^2 + kQ_{mr}$，其中 $m=1,2$；$r=1,2$
生产商与回收商的交易成本	$c_{mn}(Q_{nm}) = aQ_{nm}^2 + kQ_{nm}$，其中 $m=1,2$；$n=1,2$
零售商的存储成本	$c_1(Q_{m1}) = a(\sum\limits_{m=1}^{2} Q_{m1})^2 + k$，$c_2(Q_{m2}) = a(\sum\limits_{m=1}^{2} Q_{m2})^2 + f$
零售商与生产商的交易成本	$c_{rm}(Q_{mr}) = aQ_{mr}^2 + lQ_{mr}$，其中 $r=1,2$；$m=1,2$
零售商与需求市场的交易成本	$c_{rd}(Q_{rd}) = aQ_{rd}^2 + kQ_{rd}$，其中 $r=1,2$；$d=1,2$
需求函数	$D_1(\rho_d) = -b\rho_1 - o\rho_2 + p$ $D_2(\rho_d) = -o\rho_1 - b\rho_2 + p$
需求市场与零售商的交易成本	$c_{dr}(Q_{rd}) = Q_{rd} + f$，其中 $d=1,2$；$r=1,2$
需求市场与回收商的交易成本	$c_{dn}(Q_{dn}) = Q_{dn} + h$，其中 $d=1,2$；$n=1,2$
回收商存储成本	$c_1(Q_{d1}) = a(\sum\limits_{d=1}^{2} Q_{d1})^2 + h$，$c_2(Q_{d2}) = a(\sum\limits_{d=1}^{2} Q_{d2})^2 + b$
回收商与需求市场的交易成本	$c_{nd}(Q_{dn}) = qQ_{dn}^2 + Q_{dn}$，其中 $n=1,2$；$d=1,2$
回收商与生产商的交易成本	$c_{nm}(Q_{nm}) = aQ_{nm}^2 + Q_{nm}$，其中 $n=1,2$；$m=1,2$
回收品转换再利用系数	$\theta = cr_k - t$
回收商再加工品可用系数	$\varphi_{sm} = \alpha\mu - u$

8.2 低碳供应链网络均衡优化模型

8.2.1 供应商的网络均衡模型

若 Q_{sm} 为供应商给生产商的供应量，ρ_{sm} 为供应商给生产商的材料价格，供应商的利润为供应给生产商材料的收益减去供应商的采购成本再减去与生产商的交易可变成本，则供应商 s 的目标函数为：

$$\max \sum_{m=1}^{M} \rho_{sm} Q_{sm} - \left(\sum_{m=1}^{M} f_s(Q_{sm}) + \sum_{m=1}^{M} c_{sm}(Q_{sm}) \right) \qquad (8-1)$$

所有供应商的最优条件等价为以下变分不等式,求解 $Q_{sm} \geqslant 0$ 满足:

$$\sum_{s=1}^{S} \sum_{m=1}^{M} \left[\frac{\partial f_s(Q_{sm})}{\partial Q_{sm}} + \frac{\partial c_{sm}(Q_{sm})}{\partial Q_{sm}} - \rho_{sm} \right] \times (Q_{sm} - Q_{sm}^*) \geqslant 0, \forall Q_{sm} \geqslant 0 \qquad (8-2)$$

变分不等式(8-2)表示,在均衡状态下,对于任意大于零的供应量,供应商的交易价格都与供应商的边际采购成本和边际交易成本的和桕等。

8.2.2 生产商的网络均衡模型

若 Q_{mr} 为生产商提供给零售商的产品量,ρ_{mr} 是生产商的产品价格,生产商的成本包括生产成本、支付给供应商回收商的成本及与供应商、零售商、回收商的交易成本,还要考虑生产所消耗的能源和碳排放成本,假设生产过程中消耗单位能源成本为 v_i,单位碳排放成本为 u_o,则生产商 m 的目标函数为:

$$\max \sum_{r=1}^{R} \rho_{mr} Q_{mr} - \left(\sum_{s=1}^{S} f_{ms}(Q_{sm}, \varphi_{sm}) + \sum_{n=1}^{N} f_{mn}(Q_{nm}, \varphi_{nm}) + \sum_{s=1}^{S} \rho_{sm} Q_{sm} + \sum_{n=1}^{N} \rho_{nm} Q_{nm} + \right.$$

$$\left. \sum_{s=1}^{S} c_{ms}(Q_{sm}) + \sum_{r=1}^{R} c_{mr}(Q_{mr}) + \sum_{n=1}^{N} c_{mn}(Q_{nm}) + \sum_{r=1}^{R} v_{im} CF_{im} Q_{mr} + \sum_{r=1}^{R} u_{om} EF_{om} Q_{mr} \right)$$

$$\text{s.t.} \quad \sum_{r=1}^{R} Q_{mr} \leqslant \varphi_{sm} \sum_{s=1}^{S} Q_{sm} + \varphi_{nm} \sum_{n=1}^{N} Q_{nm} \qquad (8-3)$$

所有生产商的最优条件等价为以下相应的变分不等式:

$$\sum_{m=1}^{M} \sum_{r=1}^{R} \left(\frac{\partial c_{mr}(Q_{mr})}{\partial Q_{mr}} + v_{im} CF_{im} + u_{om} EF_{om} + \zeta_{1m} - \rho_{mr} \right) \times (Q_{mr} - Q_{mr}^*) + (Q_{sm} - Q_{sm}^*) \times$$

$$\sum_{m=1}^{M} \sum_{s=1}^{S} \left(\frac{\partial f_{ms}(Q_{sm}, \varphi_{sm})}{\partial Q_{sm}} + \frac{\partial c_{ms}(Q_{sm})}{\partial Q_{sm}} + \rho_{sm} - \varphi_{sm} \zeta_{1m} \right) + \sum_{m=1}^{M} \sum_{n=1}^{N} \left(\frac{\partial f_{mn}(Q_{nm}, \varphi_{nm})}{\partial Q_{nm}} + \right.$$

$$\left. \frac{\partial c_{mn}(Q_{nm})}{\partial Q_{nm}} + \rho_{nm} - \varphi_{nm} \zeta_{1m} \right) \times (Q_{nm} - Q_{nm}^*) + \sum_{m=1}^{M} \left(\varphi_{sm} \sum_{s=1}^{S} Q_{sm} + \varphi_{nm} \sum_{n=1}^{N} Q_{nm} - \sum_{r=1}^{R} Q_{mr} \right) \times$$

$$(\zeta_{1m} - \zeta_{1m}^*) \geqslant 0$$

$$\forall Q_{mr} \geqslant 0, Q_{sm} \geqslant 0, Q_{nm} \geqslant 0, \zeta_{1m} \geqslant 0$$

$$(8-4)$$

式(8-4)中的 ζ_{1m} 是保证目标函数的约束条件成立的拉格朗日系数,代表生产商的最小供应成本即生产商生产单位产品至多愿意负担的成本,变分不等式(8-4)的经济解释为以下四项。

第一项表示在均衡状态下,对于任意大于零的交易量,生产商的交易价格都与生产商与零售商的边际交易成本、生产输入端边际能源使用成本、生产输出端边际碳排放成本及其最小供应成本之和相等。

第二项表示在均衡状态下,对于任意大于零的交易量,生产商利用新材料的边际生产成本、供应商和生产商的边际交易成本、供应商交易价格相加都与供应商原料的可用系数与最小供应成本的乘积相等。

第三项类似第二项。

第四项表示在均衡状态下,对于任意大于零的交易量,生产商与零售商的交易量和都等于供应商和生产商的交易量与其原料可用系数的乘积加上回收商与生产商的交易量与其相应的再加工品可用系数的乘积。

8.2.3 零售商的网络均衡模型

设 Q_{rd} 是零售商的销售量,ρ_{rd} 为零售商的销售价格,单位能源消耗成本为 v_i,单位碳排放成本为 u_o。零售商的成本为存储成本、支付生产商成本及与生产商、需求市场的交易成本,再加上销售运作中的能源消耗和碳排放成本,则零售商 r 的目标函数为:

$$\max \sum_{d=1}^{D} \rho_{rd} Q_{rd} - \left(\sum_{m=1}^{M} c_r(Q_{mr}) + \sum_{m=1}^{M} \rho_{mr} Q_{mr} + \sum_{m=1}^{M} c_{rm}(Q_{mr}) + \right.$$
$$\left. \sum_{d=1}^{D} c_{rd}(Q_{rd}) + \sum_{d=1}^{D} v_{ir} CF_{ir} Q_{rd} + \sum_{d=1}^{D} u_{or} EF_{or} Q_{rd} \right)$$
$$\text{s.t.} \quad \sum_{d=1}^{D} Q_{rd} \leqslant \sum_{m=1}^{M} Q_{mr} \tag{8-5}$$

全部零售商的最优条件等价为下列相应的变分不等式:

$$\sum_{r=1}^{R} \sum_{d=1}^{D} \left(\frac{\partial c_{rd}(Q_{rd})}{\partial Q_{rd}} + v_{ir} CF_{ir} + u_{or} EF_{or} + \zeta_{2r} - \rho_{rd} \right) \times (Q_{rd} - Q_{rd}^*) +$$
$$\sum_{r=1}^{R} \sum_{m=1}^{M} \left(\frac{\partial c_r(Q_{mr})}{\partial Q_{mr}} + \frac{\partial c_{rm}(Q_{mr})}{\partial Q_{mr}} + \rho_{mr} - \zeta_{2r} \right)$$
$$\times (Q_{mr} - Q_{mr}^*) + \sum_{r=1}^{R} \left(\sum_{m=1}^{M} Q_{mr} - \sum_{d=1}^{D} Q_{rd} \right) \times (\zeta_{2r} - \zeta_{2r}^*) \geqslant 0$$
$$\forall Q_{rd} \geqslant 0, Q_{mr} \geqslant 0, \zeta_{2r} \geqslant 0 \tag{8-6}$$

其中,拉格朗日系数 ζ_{2r} 确保目标函数的约束条件成立,表示零售商最小供应成本,也就是零售商出售每单位产品时愿意支付的最高成本。变分不等式(8-6)表示为以下三项。

第一项表示在均衡状态下,对于任意大于零的供应量,零售商和需求市场的边际交易成本、输入端能源使用成本、输出端单位碳排放成本以及零售商最小供应成本的和都与零售商交易价格相等。

第二项表示在均衡状态下,对于任意大于零的供应量,零售商的边际存储成本、零售商与生产商的边际交易成本及与生产商的交易价格的和都与零售商最小供应成本相等。

第三项表示在均衡状态下,对于任意大于零的供应量,生产商与零售商的交易量都和零售商与需求市场的交易量相等。

8.2.4 需求市场的网络均衡模型

决定市场需求的变量包括两部分。正向物流中,需求市场满足以下条件:

$$\rho_{rd} + c_{dr}(Q_{rd}) \begin{cases} = \rho_d, & Q_{rd} > 0 \\ \geqslant \rho_d, & Q_{rd} = 0 \end{cases} \tag{8-7}$$

需求市场存在以下供需平衡关系:

$$D_d(\rho_d) \begin{cases} = \sum_{r=1}^{R} Q_{rd}, & \rho_d > 0 \\ \geqslant \sum_{r=1}^{R} Q_{rd}, & \rho_d = 0 \end{cases} \tag{8-8}$$

其经济解释为:式(8-7)表示,如果零售商的售价与需求市场的交易成本之和等于需求价格,则零售商与需求市场之间存在交易,否则两者之间交易量为零。式(8-8)表示,如果需求市场的需求量恰好等于其从零售商处购买的产品数量,则均衡价格是正的;若两者不相等,则均衡需求价格为零。

逆向物流中,需求市场 d 根据废旧产品的回收价格决定是否卖给回收商,这种关系可以表示为:

$$c_{dn}(Q_{dn}) \begin{cases} = \rho_{dn}, & Q_{dn} > 0 \\ \geqslant \rho_{dn}, & Q_{dn} = 0 \end{cases} \tag{8-9}$$

$$\text{s.t.} \quad \sum_{n=1}^{N} Q_{dn} \leqslant \sum_{r=1}^{R} Q_{rd} \tag{8-10}$$

式(8-10)表示,回收商从需求市场 d 回收的总量不超过需求市场上的产品总量。综合正向物流与逆向物流中需求市场的行为及约束条件,可得到所有需求市场的最优条件等价于下列变分不等式,求解$(Q_{dn}, Q_{rd}, \rho_d, \zeta_{3d}) \geqslant 0$ 满足:

$$\sum_{d=1}^{D}\sum_{r=1}^{R}[\rho_{rd} + c_{dr}(Q_{rd}) - \rho_d - \zeta_{3d}] \times (Q_{rd} - Q_{rd}^*) + \sum_{d=1}^{D}\sum_{n=1}^{N}[c_{dn}(Q_{dn}) - \rho_{dn} + \zeta_{3d}] \times (Q_{dn} - Q_{dn}^*)$$

$$+ \sum_{d=1}^{D}\left(\sum_{r=1}^{R} Q_{rd} - D_d(\rho_d)\right) \times (\rho_d - \rho_d^*) + \sum_{d=1}^{D}\left(\sum_{r=1}^{R} Q_{rd} - \sum_{n=1}^{N} Q_{dn}\right) \times (\zeta_{3d} - \zeta_{3d}^*) \geqslant 0$$

$$\tag{8-11}$$

8.2.5　回收商的网络均衡模型

假设回收商销售给生产商的废旧产品数量为 Q_{nm},售价为 ρ_{nm}。 Q_{dn} 为回收的废旧产品总数量。回收商的利润为可再用产品销售到生产商所获得的收益减去回收商的收购运输与存储成本,支付给需求市场的回收成本,与需求市场、生产商的交易成本,再加上回收的废旧产品中一部分需要报废处理,报废总量为 $(1-\theta)\sum_{d=1}^{D} Q_{dn}$,费用为 $\chi(1-\theta)\sum_{d=1}^{D} Q_{dn}$,以及回收过程中能源消耗和碳排放成本,则回收商的 n 目标函数为:

$$\max \sum_{m=1}^{M} \rho_{nm} Q_{nm} - \left(\sum_{d=1}^{D} c_n(Q_{dn}) + \sum_{d=1}^{D} \rho_{dn} Q_{dn} + \sum_{m=1}^{M} c_{nm}(Q_{nm}) + \sum_{d=1}^{D} c_{nd}(Q_{nd}) + \chi(1-\theta)\right.$$

$$\left.\sum_{d=1}^{D} Q_{dn} + \sum_{d=1}^{D} v_{in} CF_{in} Q_{dn} + \sum_{d=1}^{D} u_{on} EF_{on} Q_{dn}\right)$$

$$\text{s.t.} \quad \sum_{m=1}^{M} Q_{nm} \leqslant \theta \sum_{d=1}^{D} Q_{dn} \tag{8-12}$$

全部回收商的最优条件等价于下列变分不等式:

$$\sum_{n=1}^{N}\sum_{m=1}^{M}\left(\frac{\partial c_{nm}(Q_{nm})}{\partial Q_{nm}} + \zeta_{4n} - \rho_{nm}\right) \times (Q_{nm} - Q_{nm}^*) + \sum_{n=1}^{N}\sum_{d=1}^{D}\left(\frac{\partial c_n(Q_{dn})}{\partial Q_{dn}} + \frac{\partial c_{nd}(Q_{dn})}{\partial Q_{dn}} + \rho_{dn} + v_{in} CF_{in}\right)$$

$$+ u_{on} EF_{on} + \chi(1-\theta) - \theta \zeta_{4n}) \times (Q_{dn} - Q_{dn}^*) + \sum_{n=1}^{N}\left(\theta \sum_{d=1}^{D} Q_{dn} - \sum_{m=1}^{M} Q_{nm}\right) \times (\zeta_{4n} - \zeta_{4n}^*) \geqslant 0$$

$$\forall Q_{nm} \geqslant 0, Q_{dn} \geqslant 0, \zeta_{4n} \geqslant 0 \tag{8-13}$$

其中，ζ_{4n} 是保证目标函数的约束条件成立的拉格朗日系数，代表回收商的最小回收成本即回收商回收单位产品最多愿意负担的成本，变分不等式(8-13)的经济解释有如下三项。

第一项表示在均衡状态下，对于任意大于零的供应量，回收商的边际交易价格都与回收商与生产商的边际交易成本及回收商的最小回收成本的和相等。

第二项表示在均衡状态下，对于任意大于零的供应量，回收商边际存储成本、回收商与需求市场边际交易成本、需求市场的交易价格、输入端能源使用成本、输出端碳排放成本、单位报废产品的处置成本的和都与回收商的最小回收成本相等。

第三项表示在均衡状态下，对于任意大于零的供应量，需求市场与回收商的交易量都和回收商与生产商的交易量相等。

8.2.6 以碳交易为目标函数的均衡模型

在供应链上当某节点企业 j 碳排放限额不够用时，可通过碳交易市场以 A^{cc} 价格买入其他企业卖出的碳排放额度 CC_j^-；反之，节能减排做得好的企业碳排放额度多余时，可以以 V^{cc} 价格卖给需要的企业 CC_j^+ 碳排放额度。碳排放以每吨二氧化碳当量(tCO_2e)为计算单位。则某节点企业 j 的碳交易买卖利润的目标函数为：

$$\max \quad V^{cc}CC_j^+ - A^{cc}CC_j^- \tag{8-14}$$

其中，$j \in M \cup R \cup N$。

约束条件是在供应链网络中各节点企业消耗的能源和排放的碳足迹量在限定的额度内，即：

$$CO_o^{out}\sum_{r=1}^{R}EF_{om}Q_{mr} + CO_i^{in}\sum_{r=1}^{R}CF_{im}Q_{mr} + CC_m^+ - CC_m^- \leqslant L_m^{CO_2e} \quad \begin{matrix} CC_m^+ \leqslant L_m^{COS} \\ CC_m^- \leqslant L_m^{COP} \end{matrix}$$

$$CO_o^{out}\sum_{d=1}^{D}EF_{or}Q_{rd} + CO_i^{in}\sum_{d=1}^{D}CF_{ir}Q_{rd} + CC_r^+ - CC_r^- \leqslant L_r^{CO_2e} \quad \begin{matrix} CC_r^+ \leqslant L_r^{COS} \\ CC_r^- \leqslant L_r^{COP} \end{matrix}$$

$$CO_o^{out}\sum_{d=1}^{D}EF_{on}Q_{dn} + CO_i^{in}\sum_{d=1}^{D}CF_{in}Q_{dn} + CC_n^+ - CC_n^- \leqslant L_n^{CO_2e} \quad \begin{matrix} CC_n^+ \leqslant L_n^{COS} \\ CC_n^- \leqslant L_n^{COP} \end{matrix}$$

低碳供应链碳足迹带有约束条件目标函数的解等价于下面相应的变分不等式的解，满足：

$(CC_m^+, CC_m^-, CC_r^+, CC_r^-, CC_n^+, CC_n^-, Q_{mr}, Q_{rd}, Q_{dn}, \zeta_{5m}, \xi_{5r}, \tau_{5n}, \alpha_{5m}, \alpha_{5m}', \beta_{5r}, \beta_{5r}', \gamma_{5n}, \gamma_{5n}') \geqslant 0$：

$$\sum_{m=1}^{M}(\zeta_{5m}+\alpha_{5m}-V^{cc})\times(CC_m^+ - CC_m^{+*}) + \sum_{m=1}^{M}(A^{cc}-\zeta_{5m}+\alpha_{5m}')\times(CC_m^- - CC_m^{-*}) +$$

$$\sum_{r=1}^{R}(\xi_{5r}+\beta_{5r}-V^{cc})\times(CC_r^+ - CC_r^{+*}) + \sum_{r=1}^{R}(A^{cc}-\xi_{5r}+\beta_{5r}')\times(CC_r^- - CC_r^{-*}) +$$

$$\sum_{n=1}^{N}(\tau_{5n}+\gamma_{5n}-V^{cc})\times(CC_n^+ - CC_n^{+*}) + \sum_{n=1}^{N}(A^{cc}-\tau_{5n}+\gamma_{5n}')\times(CC_n^- - CC_n^{-*}) +$$

$$\sum_{m=1}^{M}\sum_{r=1}^{R}(CO_o^{out}EF_{om}+CO_i^{in}CF_{im})\zeta_{5m}\times(Q_{mr}-Q_{mr}^*) +$$

$$\sum_{r=1}^{R}\sum_{d=1}^{D}(CO_o^{out}EF_{or}+CO_i^{in}CF_{ir})\xi_{5r}\times(Q_{rd}-Q_{rd}^*) +$$

$$\sum_{n=1}^{N}\sum_{d=1}^{D}(CO_o^{out}EF_{on}+CO_i^{in}CF_{in})\tau_{5n}\times(Q_{dn}-Q_{dn}^*) +$$

$$\sum_{m=1}^{M}[L_m^{CO_2e}-CO_o^{out}\sum_{r=1}^{R}EF_{om}Q_{mr}-CO_i^{in}\sum_{r=1}^{R}CF_{im}Q_{mr}-CC_m^+ + CC_m^-]\times(\zeta_{5m}-\zeta_{5m}^*) +$$

$$\sum_{r=1}^{R}[L_r^{CO_2e}-CO_o^{out}\sum_{d=1}^{D}EF_{or}Q_{rd}-CO_i^{in}\sum_{d=1}^{D}CF_{ir}Q_{rd}-CC_r^+ + CC_r^-]\times(\xi_{5r}-\xi_{5r}^*) + \tag{8-15}$$

$$\sum_{n=1}^{N}[L_n^{CO_2e}-CO_o^{out}\sum_{d=1}^{D}EF_{on}Q_{dn}-CO_i^{in}\sum_{d=1}^{D}CF_{in}Q_{dn}-CC_n^+ + CC_n^-]\times(\tau_{5n}-\tau_{5n}^*) +$$

$$\sum_{m=1}^{M}(L_m^{COS}-CC_m^+)\times(\alpha_{5m}-\alpha_{5m}^*) + \sum_{m=1}^{M}(L_m^{COP}-CC_m^-)\times(\alpha_{5m}'-\alpha_{5m}'^*) +$$

$$\sum_{r=1}^{R}(L_r^{COS}-CC_r^+)\times(\beta_{5r}-\beta_{5r}^*) + \sum_{r=1}^{R}(L_r^{COP}-CC_r^-)\times(\beta_{5r}'-\beta_{5r}'^*) +$$

$$\sum_{n=1}^{N}(L_n^{COS}-CC_n^+)\times(\gamma_{5n}-\gamma_{5n}^*) + \sum_{n=1}^{N}(L_n^{COP}-CC_n^-)\times(\gamma_{5n}'-\gamma_{5n}'^*) \geqslant 0$$

其中，ζ_{5m}，ξ_{5r}，τ_{5n}，α_{5m}，α_{5m}'，β_{5r}，β_{5r}'，γ_{5n}，γ_{5n}' 是保证目标函数约束条件成立的拉格朗日系数。

8.2.7 碳足迹环境目标均衡模型

基于碳足迹管理的低碳供应链的环境目标函数是碳排放量最小，以每吨二氧化碳当量（tCO_2e）为计算单位，则整个低碳供应链网络的环境目标函数是：

$$\min \quad CO_i^{in}C_i + CO_o^{out}E_o$$

其中，总的输入端能源消耗和输出端碳排放量分别为：

$$C_i = \sum_{m=1}^{M} \sum_{r=1}^{R} CF_{im} Q_{mr} + \sum_{r=1}^{R} \sum_{d=1}^{D} CF_{ir} Q_{rd} + \sum_{n=1}^{N} \sum_{d=1}^{D} CF_{in} Q_{dn}$$

$$E_o = \sum_{m=1}^{M} \sum_{r=1}^{R} EF_{om} Q_{mr} + \sum_{r=1}^{R} \sum_{d=1}^{D} EF_{or} Q_{rd} + \sum_{n=1}^{N} \sum_{d=1}^{D} EF_{on} Q_{dn}$$
(8-16)

以上规划问题的最优条件等价于下列变分不等式，求解 $(Q_{mr}, Q_{rd}, Q_{dn}) \geqslant 0$ 满足：

$$\sum_{m=1}^{M} \sum_{r=1}^{R} (CO_o^{out} EF_{om} + CO_i^{in} CF_{im}) \times (Q_{mr} - Q_{mr}^*) + \sum_{r=1}^{R} \sum_{d=1}^{D} (CO_o^{out} EF_{or} + CO_i^{in} CF_{ir}) \times (Q_{rd} - Q_{rd}^*) +$$

$$\sum_{n=1}^{N} \sum_{d=1}^{D} (CO_o^{out} EF_{on} + CO_i^{in} CF_{in}) \times (Q_{dn} - Q_{dn}^*) \geqslant 0$$

(8-17)

8.3 低碳供应链系统的网络均衡模型

需求市场的购买量、回收品量必须等于再加工回收商的接收量，供应链上下游网络间的价格和碳交易量等必须满足各均衡条件等价的变分不等式的和。低碳供应链网络最终达到均衡状态时，其决策变量必须同时满足供应商、生产商、零售商、需求市场、回收商的最优条件，以及碳交易、碳足迹环境目标函数的最优条件。

8.4 数值仿真

对上述模型仿真讨论碳交易买卖利润与碳排放量随外生变量（回收品回收系数、废旧产品再制造系数等）的变化规律进行数值仿真，假设供应链网络模型是由两个供应商、两个生产商、两个零售商、两个需求市场及两个回收商构成的闭环供应链，模型中用到的各个参数以及模型涉及函数的设定如表8-3所示。由于模型中涉及的参数较多，这里重点针对网络成员的回收品回收系数 r_k 和废旧产品再制造系数 μ 进行分析，揭示供应链网络碳交易买卖总利润与碳排放总量对应的变化情况。

表8-3 参数及函数的设定

参数	取值	参数	取值	参数	取值	参数	取值	参数	取值
v_{im}	200/t	u_{om}	200/t	CF_{im}	6	EF_{om}	12	L^{COS}	8×10^5/t
v_{ir}	200/t	u_{or}	200/t	CF_{ir}	3	EF_{or}	6	L^{COP}	8×10^5/t
v_{in}	200/t	u_{on}	200/t	CF_{in}	8	EF_{on}	15	L^{CO_2e}	8×10^5/t
A^{cc}	2 500/t	φ_{sm}	0.9	CO_i^{in}	0.015	χ	2	ε	10^{-3}
V^{cc}	2 500/t	φ_{nm}	0.8	CO_o^{out}	0.015	λ	10^{-2}	θ	0.8
a	0.5	b	2	c	0.8	e	3.5	f	5
g	4	h	1	k	3	l	2.5	o	1.5
p	1 000	q	0.4	t	0.02	u	0.03		

8.4.1 回收品回收系数对供应链碳排放和总利润的影响

不同的回收品回收系数 $r_k=(0.025, 0.15, 0.275, 0.4, 0.525, 0.65, 0.775, 0.9, 1.025, 1.15, 1.275)$ 时,供应链碳排放总量、碳交易买卖总利润均呈现区间性变化趋势,分别如图8-2、图8-3所示。

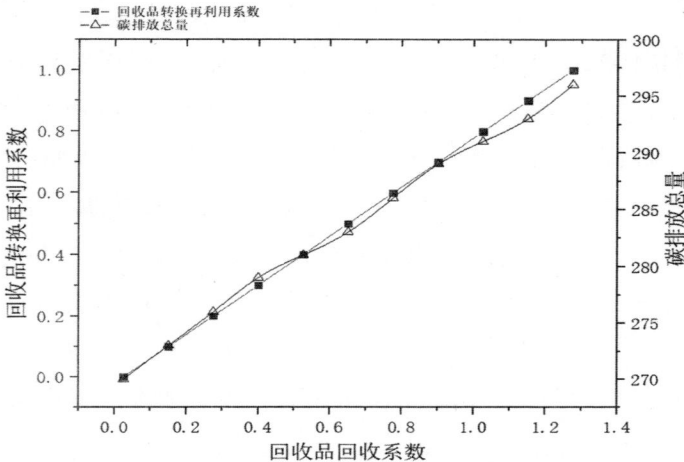

图8-2 碳排放总量随回收品回收系数 r_k 的变化趋势

由图8-2可知,随着回收品回收系数 r_k 的增加,碳排放总量呈现较大幅度的增加趋势,这是因为:回收商在回收废品的过程中 r_k 越大,则从需求市场回收的废品越多,意味着要处理更多的废品,碳排量就越高。

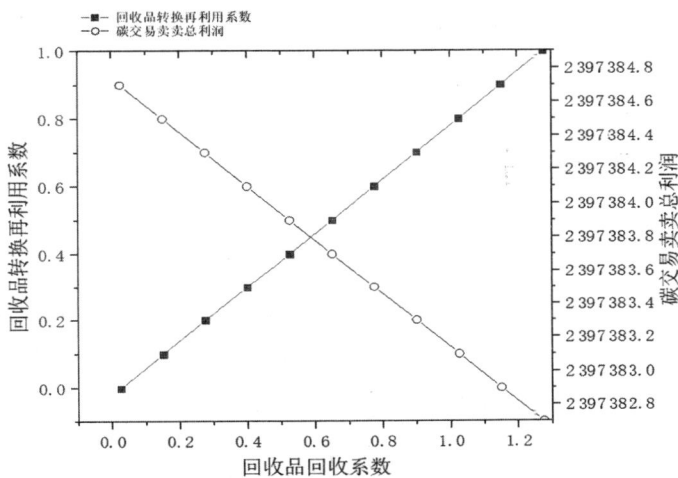

图8-3　碳交易买卖总利润随回收品回收系数 r_k 的变化趋势

由图8-3可知,随着回收品回收系数 r_k 的增长,回收品转换再利用系数 θ 呈上升趋势,而碳交易买卖总利润呈下降趋势。这是由于在回收品量增加的情况下,回收品的转换再利用增多,增加了回收过程中供应链成员的碳排放量。此时供应链成员被分配的碳排放额度不足以弥补增加后的碳排放量,碳交易减少,从而降低了碳交易买卖利润。

8.4.2　废旧产品再制造系数对供应链碳排放和总利润的影响

废旧产品再制造系数 $\mu = (0.06, 0.26, 0.46, 0.66, 0.86, 1.06, 1.26, 1.46, 1.66, 1.86, 2.06)$ 时,供应链碳排放总量、碳交易买卖总利润均呈现区间性变化趋势,分别如图8-4和图8-5所示。

111

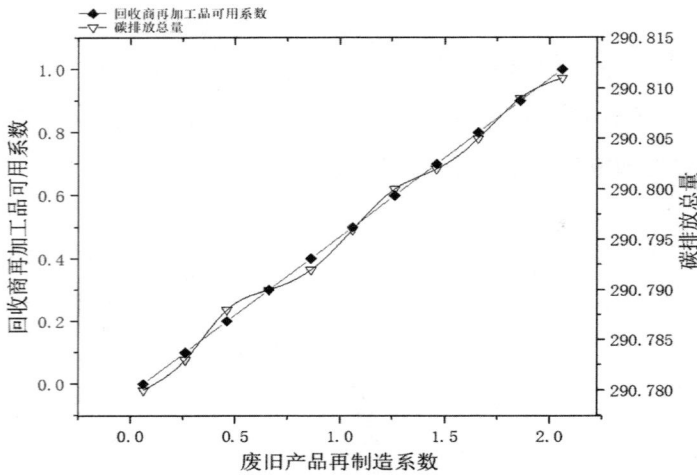

图8-4　碳排放总量随废旧产品再制造系数 μ 的变化趋势

由图8-4可看到,供应链上的碳排放量随着 μ 的增加而增加,但幅度不是很大,这是因为回收材料增加,相应地增加了生产量,从而碳排放量增加。回收商对碳排放量的影响较大,适当提高废旧产品再制造系数,可使碳排放量与碳交易买卖利润同时达到最优。

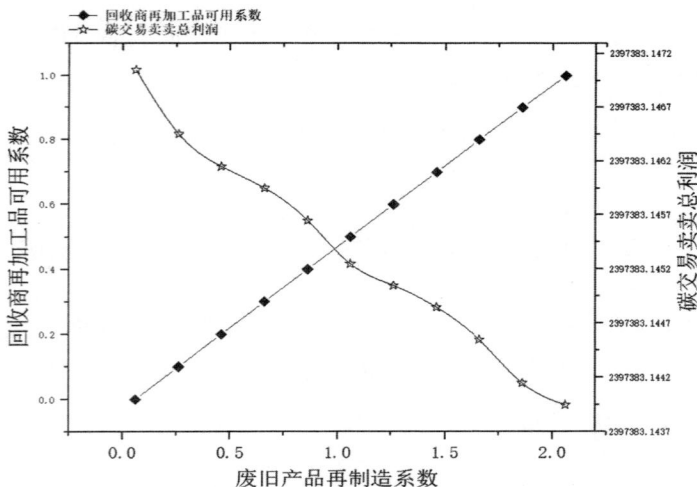

图8-5　碳交易买卖总利润随废旧产品再制造系数 μ 的变化趋势

由图8-5可看到,随着废旧产品再制造系数 μ 的增加,回收商再加工品可用系数 φ_{sm} 也在缓慢增加,碳交易买卖利润随之减少。这是因为随着废旧产品的制造,回收商可加工的产品增多,而生产商分配的碳排放额度不足以弥补增加的碳排放量,使碳交易买卖减少,从而降低了碳交易买卖利润。为了提高供应链的碳交易买卖利润,生产商须制订合理订货方案,以期碳排放量与碳交易买卖利润达到均衡。

8.5 研究结论

本章考虑了供应商、生产商、实体零售商、网上零售商、需求市场和回收商的最优决策行为,以及碳交易和碳排放的情况,利用变分不等式分析了低碳供应链各节点的均衡条件,建立了低碳供应链网络均衡优化模型。通过分析碳排放量与交易利润的关系以及回收产品回收系数和废品再制造系数,得出碳排放量直接影响碳交易利润;回收者对碳排放有很大的影响;适当提高再生产品回收系数和废品再制造系数,可以使碳排放量和碳交易利润同时达到最优水平的结论。为了提高供应链中碳交易的利润,制造商需要制订合理的订货计划,以平衡碳排放和碳交易的利润。进一步说明,要实现低碳供应链的网络均衡,需要供应链成员之间相互协调与合作。通过回收利用、工艺改进等措施,减少供应链网络的碳排放,并将多余的碳排放在碳交易市场上出售,使这些利润可以抵销减排的成本投入,最终达到低碳供应链管理的目的。

第9章

合作减排机制下的低碳供应链优化策略

在信息技术飞速发展的今天,越来越多的人倾向于通过线上渠道购买产品,在带来方便的同时也可以享受更实惠的价格。制造商和零售商作为供应链上的两个主体,既存在竞争关系又存在合作关系。本章探索将合作减排机制纳入碳足迹管理,结合碳减排成本,应用博弈模型分析双渠道下制造商和零售商的合作与竞争关系。模型比较了制造商不减排零售商不投资、制造商减排零售商不投资以及制造商减排零售商投资三种情况下的最优决策以及供应链成员利润,分析供应链成员达到利润最大化的均衡条件,在保障制造商以及零售商双方利益的前提下,为合作减排机制下的低碳供应链提供优化策略。

9.1 问题描述与假设

考虑低碳供应链是由制造商、零售商及消费者组成的双渠道供应链,其中制造商可以通过线上渠道将产品直接销售给消费者,也可以通过线下渠道批发给零售商,然后零售商再通过线下渠道出售给消费者。零售商和制造商构成的双渠道供应链合作减排系统如图9-1所示。决策变量及参数、函数设定分别如表9-1和表9-2所示,为确保双渠道的收益 $p_1 > p_2$,假设拟解决的主要问题有:

①通过建立三种情况下的减排模型,选择最优决策。

②降低产品制造过程中的碳排放。

③增强供应链系统的效益。

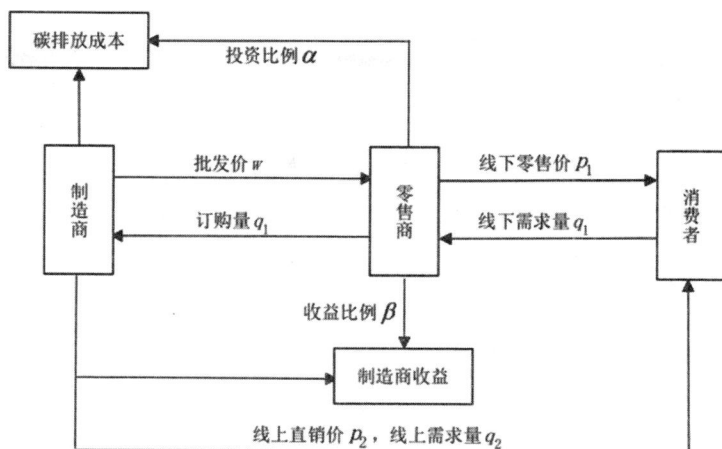

图9-1　双渠道供应链合作减排系统

表9-1　决策变量及参数

变量	变量释义
c	单位产品生产成本
w	单位产品批发成本
p_1	单位产品线下零售价
p_2	单位产品线上直销价
μ_i	价格敏感系数 $(i=1,2)$，$\mu_i > 0$
σ_i	交叉价格敏感系数 $(i=1,2)$，$\sigma_i > 0$
E	碳减排量
k	消费者对碳减排的难度系数
η	消费者对碳减排的敏感系数
α	零售商投资比例
β	制造商投资收益(占总收益的比例)
π_r、π_m、π_{sc}	零售商利润、制造商利润、供应链系统利润

表9-2　函数设定

函数	函数释义
$I_E = \dfrac{kE^2}{2}$	制造商的减排投资成本（$k=1$）
$q_1 = 1 - \mu_1 p_1 + \sigma_1 p_2$	线下渠道产品需求量（$\mu = \mu_1 = \mu_2$）
$q_2 = 1 - \mu_2 p_2 + \sigma_2 p_1$	线上渠道产品需求量（$\sigma = \sigma_1 = \sigma_2$，$1 = \mu > \sigma > 0$）

9.2　合作减排机制下的低碳供应链模型

9.2.1　制造商不减排模型

在制造商不主动减少碳排放的情况下，不发生碳减排成本，消费者对此时双渠道的产品没有低碳偏好，产品需求量不变化。这时候对供应链中的制造商和零售商的利润数 π_r 和 π_m 来说，存在：

$$\pi_r = (p_1 - w)q_1 \tag{9-1}$$

$$\pi_m = (w - c)q_1 + (p_2 - c)q_2 \tag{9-2}$$

利用逆向归纳法，计算得到制造商的线上直销价和零售商的线下零售价的最优值，分别为 $p_2 = \dfrac{\sigma(2w - c + 1) + 2}{2(2 - \sigma^2)} + \dfrac{c}{2}$ 和 $p_1 = \dfrac{2w + c\sigma + 2}{4} + \dfrac{\sigma(2w\sigma - c\sigma + \sigma + 2)}{4(2 - \sigma^2)}$，将最优值结果代进式（9-1）和式（9-2），通过求解计算可得：

$$\pi_r = \frac{(c\sigma^3 - 2\sigma + 4w - 4 + \sigma^2 + \sigma^2 c - 2\sigma c - 4\sigma^2 w)^2}{16(2 - \sigma^2)^2} \tag{9-3}$$

$$\pi_m = \frac{\sigma^4 c^2 + 2\sigma^3 c^2 + 2\sigma^3 c - 3\sigma^2 c^2 + 6\sigma^2 c + \sigma^2 - 4\sigma c^2 + 4\sigma + 4c^2 + 4}{8(2 - \sigma^2)} + \frac{8(\sigma^2 w^2 - \sigma^2 cw - \sigma c + \sigma w + cw - 2c - w^2 + w)}{2 - \sigma^2} \tag{9-4}$$

9.2.2　制造商减排模型

制造商主动承担碳减排任务，花费碳减排成本 $I_E = \dfrac{(E^*)^2}{2}$，碳减排量是 E^*。制造商和零售商形成分散式供应链,寻求自身利益最大化。碳减排后的双渠道产品受消费者偏好,消费者对产品的需求量变大,增加了 ηE^*。在主导者制造商确定了直销价和碳减排量后,零售商确定其零售价。此时,制造商和零售商利润函数 π_r^* 和 π_m^* 发生变化:

$$\pi_r^* = (p_1^* - w)(q_1^* + \eta E^*) \tag{9-5}$$

$$\pi_m^* = (p_2^* - c)(q_2^* + \eta E^*) + (w - c)(q_1^* + \eta E^*) - I_{E^*} \tag{9-6}$$

定理1:制造商与零售商形成分散式供应链时,制造商与零售商的最优决策组合是 (p_1^*, p_2^*, E^*),零售商与制造商获得的最优利润是 π_r^* 和 π_m^*。

证明:制造商作为主导的一方,将其通过线上渠道出售给消费者的价格 p_2^* 以及碳减排量 E^* 确定,利用逆向归纳法对式(9-6)求关于 p_1^* 的一阶偏导并通过求解方程,可得关于产品线下零售价的函数 $p_1^* = \dfrac{1 + \sigma p_2^* + \eta E^* + w}{2}$,把函数式代入式(9-5),分别对 p_2^* 和 E^* 求一阶、二阶偏导,解得关于 π_m^* 的 Hessian 矩阵行列式 $|H| = (2 - \sigma^2) - \dfrac{\eta^2(\sigma + 2)^2}{4}$,因为 $\dfrac{\partial^2 \pi_m^*}{(\partial p_2^*)^2} = \sigma^2 - 2 < 0$,则有当 $(2 - \sigma^2) - \dfrac{\eta^2(\sigma + 2)^2}{4} > 0$,也就是说 $\eta < \dfrac{2\sqrt{2 - \sigma^2}}{2 + \sigma}$ 时,Hessian 矩阵是负定的,此时函数存在最优解,解得线上直销价和碳减排量为:

$$p_2^* = \frac{4 - 6c\eta^2 - \sigma^2 c\eta^2 + 2\eta^2 w + 2\sigma + 4c - 2\sigma^2 c - 2\sigma c - 5\sigma c\eta^2 + 4\mu\sigma w + \sigma\eta^2 w}{4(2 - \sigma^2) - \eta^2(\sigma + 2)^2} \tag{9-7}$$

$$E^* = \frac{\eta\left(4 + \sigma^2 + 4w + 4\sigma - 8c + \sigma^3 c + 3\sigma^2 c - 4\sigma c + 4\sigma w\right)}{4(2 - \sigma^2) - \eta^2(\sigma + 2)^2} \tag{9-8}$$

为了求解其他函数的解,分别把 p_2^* 和 E^* 代进产品线下零售价的函数、零售商利润函数以及制造商利润函数中,求得:

$$p_1^* = \frac{4 - \sigma^2 + 4w - 4c\eta^2 - \sigma^2 c\eta^2 + 2\sigma - \sigma^3 c - \sigma^2 c + 2\sigma c - 5\sigma c\eta^2 + \sigma\eta^2 w}{4(2 - \sigma^2) - \eta^2(\sigma + 2)^2} \tag{9-9}$$

$$\pi_r^* = \frac{[\eta^2(\sigma + 1)(\sigma + 4)(c - w) + \sigma c(\sigma + 2)(\sigma - 1) + 4w(1 - \sigma^2) + (\sigma - 1)^2 - 5]^2}{[4(2 - \sigma^2) - \eta^2(\sigma + 2)^2]^2} \tag{9-10}$$

$$\pi_m^* = \frac{4c^2 - 16c + 8w + 8\sigma c^2\eta^2 + 2\eta^2(c-2w)(\sigma^2c - 4\sigma w + 3c) + 8(\sigma^2 w + \sigma - w)(w-c)}{8(2-\sigma^2) - 2\eta^2(\sigma+2)^2} +$$

$$\frac{(\sigma^3 c + \sigma + 2)(\sigma+2) + \sigma^2 c^2(2\sigma-3) + 2\sigma c(3\sigma-2c) + \eta^2 w^2(6+2\sigma^2)}{8(2-\sigma^2) - 2\eta^2(\sigma+2)^2}$$

$$(9\text{-}11)$$

推论 1：在制造商与零售商形成分散式供应链、制造商花费碳减排成本的情况下，制造商和零售商的利润都增多，但是会发生零售商"搭便车"的情况。

制造商花费碳减排成本进行减排后，产品市场需求量在消费者低碳偏好的影响下增多，零售商和制造商的利润在此影响下都有所增加，即：

$$\pi_{rv} = \pi_r^* - \pi_r = \frac{\eta^2(4+2\sigma-\sigma^2)(8c-4\sigma-\sigma^3c-4\sigma^3w-4-\sigma^2-3\sigma^2c+4\sigma c-4\sigma w)}{16(2-\sigma^2)^2[4(2-\sigma^2)-\eta^2(\sigma+2)^2]^2}(16\eta^2 -$$

$$64 - \sigma^4\eta^2 + 64w + 16\sigma^3 + 48\sigma^2 - 2\sigma^3\eta^2 + 24\sigma\eta^2 + 32c\eta^2 - \sigma^5c\eta^2 - 48\eta^2w + 8\sigma^2\eta^2 -$$

$$8\sigma^4 - 32\sigma - 26\sigma^3 c\eta^2 - 4\sigma^2 c\eta^2 + 36\sigma^3\eta^2 w - 8\sigma^5 c - 32\sigma ck - 8\sigma^4 c + 32\sigma^3 c + 16\sigma^2 c -$$

$$9\sigma^4 c\eta^2 + 48\sigma c\eta^2 + 32\sigma^4 w - 96\sigma^2 w + 8\sigma^4\eta^2 w - 56\sigma\eta^2 w + 20\sigma^2\eta^2 w) > 0$$

$$(9\text{-}12)$$

$$\pi_{mv} = \pi_m^* - \pi_m = \frac{\eta^2(8c-4\sigma-\sigma^3c-4w-4-\sigma^2-3\sigma^2c+4\sigma c-4\sigma w)^2}{8(2-\sigma^2)[4(2-\sigma^2)-\eta^2(\sigma+2)^2]} > 0 \qquad (9\text{-}13)$$

可以发现，在制造商投入碳减排成本后，制造商和零售商都能够获益，整体的绩效也就提高了，但是制造商利润增加得比较少，即：

$$\pi_{mv} - \pi_{rv} = \frac{\eta^2(8c-4\sigma-\sigma^3c-4w-4-\sigma^2-3\sigma^2c+4\sigma c-4\sigma w)}{16(2-\sigma^2)^2[4(2-\sigma^2)-\eta^2(\sigma+2)^2]^2}[128-3\eta^2-384w-$$

$$16\sigma^7c + 16\sigma^2(3\sigma^2-4\sigma-6) - \sigma^5\eta^2(16+3\sigma^2c) - 256\eta^2(c-w) -$$

$$4\sigma^3\eta^2(7\sigma+4) - 16\sigma^6 + 128(\sigma+2c) - 8\sigma^2 c\eta^2(\sigma^3-17\sigma^2-38\sigma+4) + $$

$$4\sigma^2\eta^2 w(3\sigma^3-31\sigma^2-72\sigma+8) + 8\eta^2 w\sigma(\sigma^5+56) + 256\sigma(c-w) -$$

$$16\sigma^2 c(\sigma^4-9\sigma^3-9\sigma^2+22\sigma+22) - 7\sigma c\eta^2(3\sigma^5+64) + 32\sigma^2 w(\sigma^4 - $$

$$3\sigma^3-8\sigma^2+10\sigma+18)] < 0 \qquad (9\text{-}14)$$

零售商发生"搭便车"情况，对于制造商来说是不公平的，制造商投入资金进行碳减排，却让零售商获得更高的利润，这会削弱制造商的减排积极性。若制造商不再减排或者减少减排，零售商的利润也会受损。为了提高整体的效益，有全局观的零售商会为制造商减排提供部分资金，在提高制造商减排积极性的同时分享制造商的部分收益，实现双赢。

9.2.3 零售商与制造商合作减排

制造商与零售商合作进行减排,制造商对零售商的减排成本以投资比例 α 进行投资,零售商还能够分享制造商的部分收益,分享的比例是 β 。制造商和零售商的利润函数发生变化,分别是:

$$\pi_r^{\,g} = (p_1^{\,g} - w)(q_1^{\,g} + \eta E^g) - \alpha I_E^{\,g} + \beta[(p_2^{\,g} - c)(q_2^{\,g} + \eta E^g) + (w - c)(q_1^{\,g} + \eta E^g)] \quad (9\text{-}15)$$

$$\pi_m^{\,g} = (1 - \beta)[(p_2^{\,g} - c)(q_2^{\,g} + \eta E^g) + (w - c)(q_1^{\,g} + \eta E^g)] - (1 - \alpha)I_E^{\,g} \quad (9\text{-}16)$$

定理2:制造商与零售商形成分散式供应链并合作减少碳排放时,若 $\alpha < 1 - \dfrac{\eta^2 (2 + \sigma)^2 (\beta - 1)}{4[\sigma^2 (1 + \beta) - 2]}$,则供应链的最优决策组合是 $(p_1^{\,g}, p_2^{\,g}, E^g)$,最优利润分别是 $\pi_r^{\,g}$ 和 $\pi_m^{\,g}$ 。

证明:制造商与零售商形成分散式供应链时,零售商以投资比例 α 对制造商进行投资,对式(9-15)求线下零售价 $p_1^{\,g}$ 的二阶偏导 $\dfrac{\partial^2 \pi_r^{\,g}}{\partial (p_1^{\,g})^2} = -2 < 0$,零售商利润是关于 $p_1^{\,g}$ 的凸函数, $p_1^{\,g}$ 存在唯一最优解。令 $\dfrac{\partial \pi_r^{\,g}}{\partial p_1^{\,g}} = 0$,可以得到线下零售价的反应函数 $p_1^{\,g}(p_2^{\,g}, E^g) = \dfrac{\sigma p_2^{\,g} + \eta E^g + w - \beta[\sigma(c - p_2^{\,g}) - c + w] + 1}{2}$ 。将反应函数的结果代进式(9-16),求关于线上直销价和碳减排量的一阶、二阶偏导,可以得到Hessian矩阵行列式 $|H| = [2 - \sigma^2(1 + \beta)](1 - \alpha)(1 - \beta) - (\eta + \dfrac{\sigma\eta}{2})^2 (\beta - 1)^2$,因为 $\dfrac{\partial^2 \pi_m^{\,g}}{\partial (p_2^{\,g})^2} = [2 - \sigma^2(1 + \beta)](\beta - 1) < 0$,所以若要Hessian矩阵是负定的,就要使 $[2 - \sigma^2(1 + \beta)](1 - \alpha)(1 - \beta) - (\eta + \dfrac{\sigma\eta}{2})^2 (\beta - 1)^2 > 0$,解得 $\alpha < 1 - \dfrac{\eta^2 (2 + \sigma)^2 (\beta - 1)}{4[\sigma^2 (1 + \beta) - 2]}$,函数存在唯一最优的线上直销价 $p_2^{\,g}$ 和碳减排量 E^g 。

$$
\begin{aligned}
p_2^{\,g} = \frac{1}{\eta^2(\beta - 1)(2 + \sigma)^2 - 4(\alpha - 1)[2 - (1 + \beta)\sigma^2]}[& 4 - \eta^2(2c + 2w + \sigma^2) - 4c\alpha + 4\sigma w + \\
& 2(\sigma + 2c - 2\alpha) - \sigma c(2\sigma + c + \eta^2) + \eta^2 w(2\beta - \sigma) + \beta\eta^2 c(2 + \sigma^2) - 2\sigma\alpha + 2\sigma c\alpha(\sigma + 1) + \\
& 4\sigma c\beta(1 - \alpha) - 4\sigma w(\alpha + \beta) + \sigma\beta\eta^2(w + 3c) + 4\sigma\alpha\beta(\sigma - c - w)]
\end{aligned}
$$

$$\hspace{10cm} (9\text{-}17)$$

$$E^g = \frac{\eta(1-\beta)(4\sigma + \sigma^3 c - 4w + 4 + \sigma^2 - \sigma^2 c - 4\sigma c + 4\sigma^2 w + 4\sigma w + 4\sigma c\beta - 4\sigma\beta w)}{\eta^2(\beta-1)(2+\sigma)^2 - 4(\alpha-1)[2-(1+\beta)\sigma^2]} \quad (9\text{-}18)$$

同样,把求得的 $p_2{}^g$ 和 E^g 代入线下零售价反应函数、零售商利润函数及制造商利润函数中,将得到产品线下零售价 $p_1{}^g$、零售商利润 $\pi_r{}^g$ 和制造商利润 $\pi_m{}^g$。由于所得的函数结果较长,此处略去结果。

推论2:在制造商和零售商合作减排后,无论是碳减排量还是双渠道产品价格都会随着零售商投资比例的升高而升高。

证明:利用前文计算得到的零售商投资前后的碳减排量以及双渠道产品价格进行比较,计算可得:

$$E^g - E^* = \frac{\eta(\beta-1)[(\sigma+2)^2 + 4\sigma(\beta-1)(c-w) + (\sigma-1)(4w\sigma + 4w + \sigma^2 c)]}{\eta^2(\beta-1)(2+\sigma)^2 - 4(\alpha-1)(2-\sigma^2-\beta\sigma^2)} +$$
$$\frac{\eta[(\sigma+2)^2 + \sigma(\sigma+4)(1+\sigma c-\sigma) - 8c]}{4(2-\sigma^2) - \eta^2(\sigma+2)^2} > 0 \quad (9\text{-}19)$$

$$p_1{}^g - p_1{}^* = \frac{1}{\eta^2(\beta-1)(2+\sigma)^2 - 4(\alpha-1)(2-\sigma^2-\beta\sigma^2)}[4\alpha - 2\sigma - 4w + \sigma - 4 - 2\sigma c -$$
$$c\eta^2(\beta-1)(3\sigma + 2\beta - \sigma\beta + 2\sigma^2) + 2(\sigma c + 2w)(\alpha+\beta) + \eta^2 w(\beta-1)(2\beta - \sigma -$$
$$\beta\sigma + \sigma^2 - 4) - \sigma\alpha\beta(\sigma + 2c - 2) + 4\alpha\beta(c-w) + \sigma(\sigma-2)(\beta-\alpha) - \quad (9\text{-}20)$$
$$\sigma^2 c(1+\sigma)(1-\alpha)(1+\beta) - 4c\beta] +$$
$$\frac{[\sigma c(\sigma+2)(\sigma-1) + \eta^2(4c - \sigma w + \sigma^2 c + 5\sigma c) - 2\sigma - \sigma^2 - 4 - 4w]}{4(2-\sigma^2) - \eta^2(\sigma+2)^2} > 0$$

$$p_2{}^g - p_2{}^* = \frac{[2\sigma(1-c+2w) + 4c - 2\sigma^2 c - 6c\eta^2 + \eta^2 w(2+\sigma) - \sigma c\eta^2(\sigma+5) + 4]}{4(2-\sigma^2) - \eta^2(\sigma+2)^2} +$$
$$\frac{1}{\eta^2(\beta-1)(2+\sigma)^2 - 4(\alpha-1)(2-\sigma^2-\beta\sigma^2)}[4\sigma c\alpha\beta(\sigma-1) + \sigma^2 c\beta(\sigma-4) + \quad (9\text{-}21)$$
$$2\sigma c\alpha(1+\sigma) + 2\eta^2(c+w)(\beta-1) + \sigma\eta^2(\beta-1)(w+3c) - \sigma^2 c(2+\eta^2) -$$
$$2\alpha(2+\sigma) - 4\sigma(w+\beta c) - 42\sigma(1-c) - 4(c-\sigma\beta w)(1-\alpha)] > 0$$

又因为:

$$\frac{\partial E^g}{\partial \alpha} = \frac{\eta(\beta-1)(4\sigma^2\beta + 4\sigma^2 - 8)[4\sigma + 4(1-w) + 4\sigma(w-c)(1-\beta) + \sigma^2(1+4w+\sigma c-c)]}{[\eta^2(\beta-1)(2+\sigma)^2 - 4(\alpha-1)(2-\sigma^2-\beta\sigma^2)]^2} > 0$$

$$(9\text{-}22)$$

$$\frac{\partial p_1^{\,g}}{\partial \alpha} = \frac{\eta^2(\beta-1)[\sigma(\sigma-2)(1+\beta)-4][4\sigma+4(1-w)+4\sigma(w-c)(1-\beta)+\sigma^2(1+4w+\sigma c-c)]}{[\eta^2(\beta-1)(2+\sigma)^2-4(\alpha-1)(2-\sigma^2-\beta\sigma^2)]^2} > 0$$

$$(9\text{-}23)$$

$$\frac{\partial p_2^{\,g}}{\partial \alpha} = \frac{2\eta^2(1-\beta)(\sigma+2)[4\sigma+4(1-w)+4\sigma(w-c)(1-\beta)+\sigma^2(1+4w+\sigma c-c)]}{[\eta^2(\beta-1)(2+\sigma)^2-4(\alpha-1)(2-\sigma^2-\beta\sigma^2)^{-2}]} > 0 \quad (9\text{-}24)$$

由此可得,制造商与零售商达成合作后,碳减排量 E^g、双渠道产品价格 $p_1^{\,g}$ 以及 $p_2^{\,g}$ 都有所增长,且随着零售商投资比例的升高而升高。

制造商与零售商合作减排后,制造商获得充足的碳减排成本,碳减排量自然增多。制造商与零售商在都付出成本的情况下,为了保证利益的增长,则会提高产品价格,那么碳减排的成本就以提高产品价格的方式显现出来。

推论3:制造商和零售商合作减排后,制造商的利润增加,且增加的利润额大于零售商增加的利润额,零售商"搭便车"行为被抵消,公平性显现。

证明:对合作减排前后制造商以及零售商的利润进行比较,得到:

$$\begin{aligned}
\pi_m^{\,g} - \pi_m^{\,*} = {} & \frac{(1-\beta)}{2[\eta^2(\beta-1)(2+\sigma)^2-4(\alpha-1)(2-\sigma^2-\beta\sigma^2)]}[4(\alpha-1)+\sigma c^2\alpha(\sigma^3-4)+ \\
& 8(w-1)+8\alpha\beta w^2+8\sigma c\alpha\beta w(c-w)(\sigma^2-1-\sigma)-\sigma^2 c\beta w(2-\sigma)-8\sigma^2\alpha\beta w(1+ \\
& w-c)-4c\beta\eta^2 w(3-2\beta)-8\sigma\beta w(c+\alpha)-\sigma^2 c^2\alpha(3-2\sigma)+8\sigma c\alpha\beta(1+\sigma)+ \\
& 2c^2\beta\eta^2(1-2\beta)+8\sigma c+8\eta^2(\beta-1)(c+w)-8w(\sigma+c-\alpha)+4(\alpha-1)(\sigma-4c)+ \\
& (\sigma^2+4c^2-8\sigma^2 cw)(\alpha-1)+2\eta^2 w^2(1-\beta)(\sigma^2+2\beta-3)-2\sigma^2 c(3+\sigma)(1-\sigma)+ \\
& 8c\alpha\beta(c-2w)-8\sigma^2 w(w-\beta)-8c^2\beta+2\sigma\eta^2(w-c)(\sigma+4)(1-\beta)-8(\alpha+\beta)(\sigma c- \\
& \sigma w-cw-\sigma^2 w^2+w^2)+2c^2\eta(\eta+2w)+2\sigma^2 c\eta^2(\beta-1)(2c+c\sigma+w+w\sigma)+ \\
& \sigma c^2(\sigma+1)(\sigma^2+\sigma-4)+8\sigma c^2\beta(1-\sigma^2)]- \\
& \frac{4c^2-16c+8w+8\sigma c^2\eta^2+2\eta^2(c-2w)(\sigma^2 c-4\sigma w+3c)+8(\sigma^2 w+\sigma-w)(w-c)}{8(2-\sigma^2)-2\eta^2(\sigma+2)^2}- \\
& \frac{(\sigma^3 c+\sigma+2)(\sigma+2)+\sigma^2 c^2(2\sigma-3)+2\sigma c(3\sigma-2c)+\eta^2 v^2(6+2\sigma^2)}{8(2-\sigma^2)-2\eta^2(\sigma+2)^2}
\end{aligned}$$

$$(9\text{-}25)$$

$$\pi_r{}^g - \pi_r{}^* = \frac{1}{[\eta^2(\beta-1)(2+\sigma)^2 - 4(\alpha-1)(2-\sigma^2-\beta\sigma^2)]^2}[4-\sigma^2-4\alpha-4w+2\sigma-\sigma^3c+$$

$$2\sigma c + 4c\beta + (\sigma^2+1)\sigma c\alpha\beta + \sigma\alpha\beta(\sigma-2) + \sigma^2(c-4w)(\alpha\beta-1) - 4\alpha\beta(c-w) +$$

$$\eta^2(c-w)(\beta-1)(4\sigma+2\beta-\sigma\beta+2\sigma^2) + (\alpha-\beta)(4w-\sigma^2w+\sigma^2c+\sigma^3c-2\sigma+\sigma^2)]$$

$$[4-\sigma^2-4w+2\sigma-\sigma^3c-4\alpha-\sigma^2c+2\sigma c-2\sigma c(\alpha+\beta)-4c\beta+4\sigma^2w+\sigma^2c(\alpha+5\beta)+$$

$$3\sigma^2\alpha\beta\sigma^2\alpha\beta(4w-5\sigma)-(4\sigma^2w+2\sigma-4w)(\alpha+\beta)+2\sigma\alpha(\beta-11\alpha)+\sigma c\beta(2+3\sigma^2\alpha-$$

$$2\alpha)-\beta^2\eta^2(2c-w)+\sigma^2(\alpha-3\beta)(1+\sigma)+\sigma\eta^2(c-w)(\beta-1)(2\sigma-3\beta+3)+2\beta(c-$$

$$w)(2\alpha+\eta^2)] - \frac{\beta(c-w)}{\eta^2(\beta-1)(2+\sigma)^2 - 4(\alpha-1)[2-(1+\beta)\sigma^2]}[4-4\eta^2-\sigma^2\eta^2-4w-$$

$$\sigma^3c\eta^2+4\beta\eta^2+\sigma^2\beta\eta^2+4\eta^2w-\sigma^2+2\sigma-4\sigma\eta^2-4\alpha-\sigma^3c+2\sigma c+\sigma^2\alpha-2\sigma\alpha-$$

$$3\sigma^2\beta-2\sigma\beta-4c\beta+4\sigma\beta\eta^2-\sigma^2c+4\alpha\beta(c-w)+\sigma^3c(\alpha-3\beta)+2c\beta\eta^2+4\sigma^2w+$$

$$\sigma^3c\beta\eta^2-2\sigma^2\eta^2w-\sigma\eta^2w-6\beta\eta^2w+2\sigma\alpha\beta+4w(\alpha+\beta)(\sigma^2-1)+2\sigma\beta\eta^2w(1+\sigma)+$$

$$\beta^2\eta^2(c-w)(\sigma-2)+\sigma c\beta\eta^2(\sigma-2)-2\sigma c(\alpha-\beta)+\sigma^2\beta(5c+3\alpha)+\sigma^2c\alpha+\sigma c\alpha\beta(3\sigma^2-$$

$$2)-\sigma^2\alpha\beta(5\beta-4w)-\sigma^2c\eta^2+\sigma c\eta^2] - \frac{2+\sigma}{[\eta^2(\beta-1)(2+\sigma)^2 - 4(\alpha-1)(2-\sigma^2-\beta\sigma^2)]^2}$$

$$[4+2\sigma-4c+4\sigma w+4c\alpha+4\sigma c\beta-4\sigma w(\alpha+\beta)-2\alpha(2+\sigma)+2\sigma c(1-\alpha)(\sigma-1)+$$

$$\eta^2(2+\sigma)(w-c)(\beta-1)-4\sigma\alpha\beta(c-w)][2-2c-2\alpha-\sigma^2-\sigma^3c+\sigma^2\alpha\beta+\sigma^2c+2c\alpha+$$

$$\eta^2(c-w)(2\sigma\beta-\sigma\beta^2+\sigma^2\beta-\beta-\sigma+1-\sigma^2)+\sigma^2(\alpha-\beta)(1+\sigma c-c)+\sigma c(\sigma-1)$$

$$(\sigma\alpha\beta-2)] - \frac{\beta\eta^2(\beta-1)^2}{2[\eta^2(\beta-1)(2+\sigma)^2 - 4(\alpha-1)(2-\sigma^2-\beta\sigma^2)]^2}[4(1+\sigma)(1+\sigma w-w)+$$

$$\sigma^2(\sigma c+1)+4\sigma(\beta+1)(c+w)]^2 -$$

$$\frac{[\eta^2(\sigma+1)(\sigma+4)(c-w)+\sigma c(\sigma+2)(\sigma-1)+4w(1-\sigma^2)+(\sigma-1)^2-5]^2}{[4(2-\sigma^2)-\eta^2(\sigma+2)^2]^2}$$

$$（9-26）$$

　　为实现比较的简便性,把计算结果记作 $\pi_{mv}{}^g$ 和 $\pi_{r'}{}^g$,可以发现,在一定的投资范围内,会存在 $\pi_{mv}{}^g > \pi_{rv}{}^g$ 。在这种情况下,制造商的利润增加量比零售商的高,制造商的减排积极性提高。

9.3　数值仿真

　　使用MATLAB工具对上述模型仿真进行处理,一方面重点分析消费者的碳排放敏感性对减排前后制造商及零售商利润的影响;另一方面考虑制造商不减排零售商不投资、制造商减排零售商不投资、制造商减排零售商投资三种情况下的最优决策以及渠道利润发生的变化。为了便于比较,设定参数如下: $\sigma = 0.6, w = 1.6, c = 0.8$ 。

9.3.1 消费者对碳排放的敏感系数对各主体利润的影响

依据上述参数设定可以得到,消费者对碳排放敏感系数的范围为 [0, 0.985) 。此处考虑制造商不进行碳减排和制造商进行碳减排但没有零售商投资两种情况,讨论在消费者对碳排放敏感系数 η 变化的情况下,制造商以及零售商减排前后利润的变化趋势,如图9-2所示。

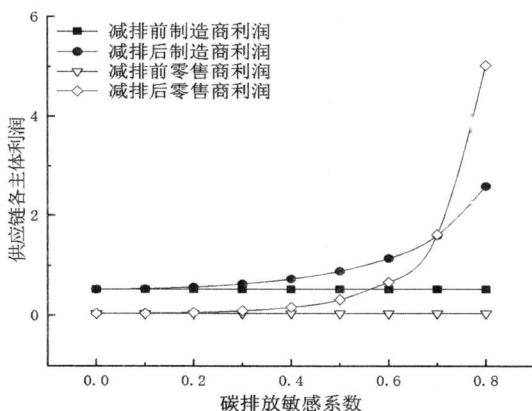

图9-2 减排前后各主体利润随消费者对碳排放的敏感系数 η 的变化趋势

从图9-2能够看出,制造商不减排时,消费者对碳排放的敏感系数不会对制造商以及零售商的利润产生影响,此时制造商的利润更多。当制造商减排后,随着消费者对碳排放的敏感系数 η 的增加,制造商和零售商利润都呈增加的趋势,但是零售商利润的增加速度显然更快,也就是说零售商出现了"搭便车"的现象。

9.3.2 零售商投资比例对最优决策及利润的影响

当零售商对制造商进行投资后,供应链最优决策以及利润会受到零售商投资比例的变化。为了比较在零售商投资比例 α 变化情况下,制造商不减排零售商不投资、制造商减排零售商不投资以及制造商减排零售商投资三种情况下的最优决策以及利润的变化趋势,假设消费者对碳排放的敏感系数 $\eta=0.5$,零售商的收益比例 $\beta=0.2$,根据前文证明得到的条件可以得到,零售商投资比例 α 的取值范围是 $[0,0.7844]$。在不同的零售商投资比例下,得到的三种情况下的碳减排量、线下零售价、线上直销价以及各主体利润分别如图9-3至图9-6所示。

碳减排量在随零售商投资比例 α 的变化趋势如图9-3所示。从图9-3能够看出,制造商与零售商合作减排后,碳减排量随着零售商投资比例的上升而上升,且有越来越快的趋势。当零售商对制造商的投资份额达到 0.523 3 时,零售商投资前后的碳减排量持平。零售商的投资行为,增加了制造商的碳减排成本,制造商可以减少更多的碳排放。

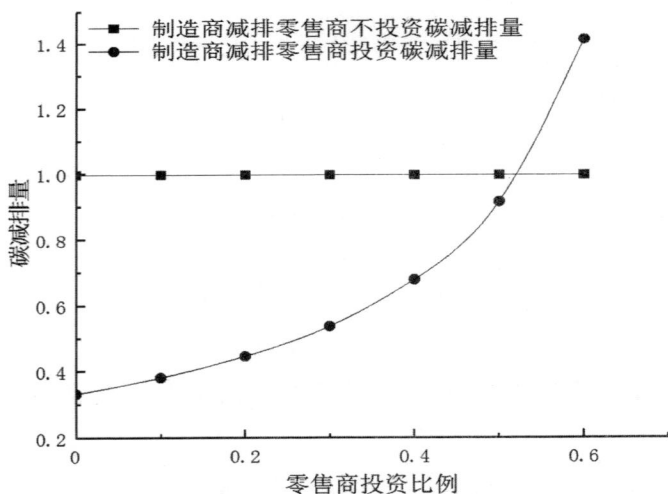

图9-3 碳减排量随零售商投资比例 α 的变化趋势

线下零售价在随零售商投资比例 α 的变化趋势如图9-4所示。从图9-4可以看出,制造商不减排零售商不投资以及制造商减排零售商不投资两种情况下的线下零售价不受零售商投资比例的影响,但是制造商减排零售商不投资情况下的线下零售价更高。制造商减排零售商投资情况下的线下零售价随零售商投资比例呈上升趋势,且当零售商投资比例为 0.423 0 时,合作前后的线下零售价达到一致。零售商与制造商合作减排,碳减排成本增多,制造商和零售商在保全利润的考虑下,提高线下零售价。

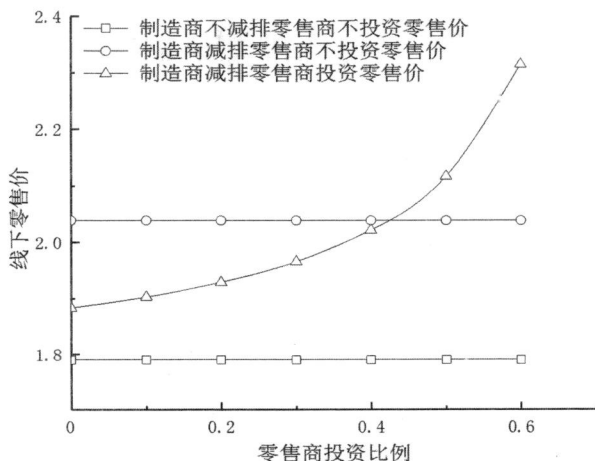

图9-4　线下零售价随零售商投资比例 α 的变化趋势

线上直销价在随零售商投资比例 α 的变化趋势如图9-5所示。从图9-5可以看出,制造商不减排零售商不投资以及制造商减排零售商不投资两种情况下的线上直销价不受零售商投资比例的影响,但是制造商减排零售商不投资情况下的线上直销价更高。制造商减排零售商投资情况下的线上直销价随零售商投资比例增加呈上升趋势,且当零售商投资比例为 0.526 3 时,合作前后的线下零售价达到一致。零售商与制造商合作减排,碳减排成本增多,制造商和零售商在保全利润的考虑下,提高线上直销价。

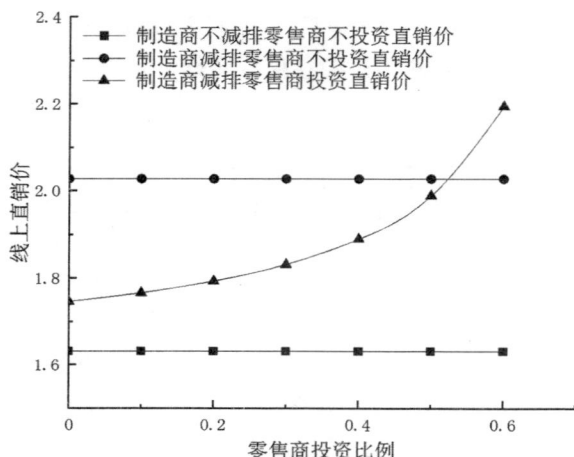

图9-5   线上直销价随零售商投资比例 α 的变化趋势

投资后各主体利润随投资比例 α 的变化趋势如图9-6所示。从图9-6可以看出，在制造商与零售商合作减排后，制造商利润随零售商投资比例呈上升趋势，零售商利润随零售商投资比例呈先上升后下降趋势。零售商投资比例达到0.431 9后，制造商利润加速上升，零售商利润加速下降，"搭便车"现象消除。但是若再加大投资，零售商的利润会受到很大的损失，会出现不公平的现象。因此，分散决策下，若将零售商投资比例控制在0.431 9这个节点，制造商和零售商都能获得最大利润。

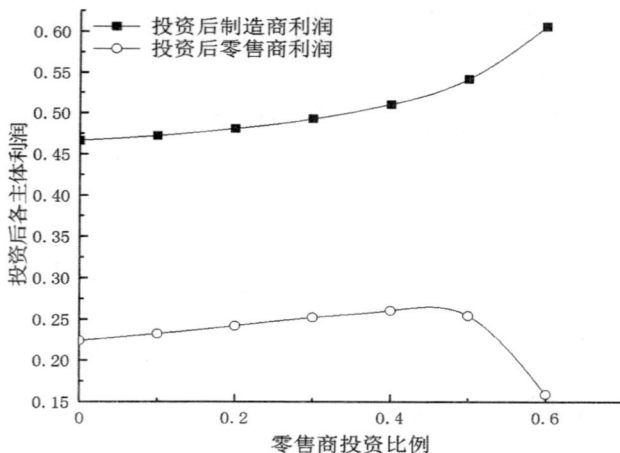

图9-6   投资后各主体利润随投资比例 α 的变化趋势

9.4　研究结论

　　本章考虑合作减排机制下的低碳供应链优化策略,将合作减排机制纳入碳足迹管理,通过制造商与零售商之间的合作,可以达到在更大程度上减少碳排放的同时,维护制造商和零售商本身的利益。对制造商不减排零售商不投资、制造商减排零售商不投资以及制造商减排零售商投资三种情况下的最优决策以及供应链成员利润进行比较,分析供应链成员达到利润最大化的均衡条件。研究表明,制造商的碳减排行为可以增加供应链主体的利润,但是会出现零售商"搭便车"现象,而制造商与零售商的合作减排行为能够消除这种不公平现象。通过调整零售商的投资比例,可以同时实现制造商和零售商利润的最大化。

第 10 章
碳税约束下基于回购与低碳补贴策略的供应链优化策略

碳税以保护环境为目的,通过减少二氧化碳的排放来减缓全球变暖的趋势,是国家控制温室气体排放的重要工具之一。为了应对日趋严重的环境问题,越来越多的国家和行业开始重视产品的回收再利用。季节性较强的产品如服装,往往会有大量过季品积压。在碳税政策下,研究过季产品的回收再利用具有重要实践价值。本章考虑由一个生产商和一个零售商组成的供应链系统,研究在政府实行碳税制度下,回购契约及政府补贴政策对供应链最优决策的影响。

10.1 问题描述与假设

假设 1:产品的单位零售价格为 p ,单位批发价格为 w ,单位生产成本为 c ,假设市场随机需求为 x ,市场需求的概率密度为 $f(\cdot)$,相应的分布函数为 $F(\cdot)$ 。

假设 2:临近换季,零售商为减少成本损失,会对产品进行折扣处理,此时产品的零售价格,即产品残值为 v ,其中 $v \in [o, c]$ 。

假设 3:单位产品的碳足迹为 e ,单位碳足迹的税率为 λ ,单位碳税 s 与产品单位碳足迹呈线性关系,即 $s = \lambda v$ 。

假设 4:由于相对于生产商而言,零售商一系列行为产生的碳足迹非常有限,故在本章节研究中,仅考虑政府向生产商征收碳总量税的情形,此时满足 $v < (s + c) < p$ 。

10.2　不同策略下供应链决策优化模型

10.2.1　基于碳税约束的供应链优化决策

当供应链实行集中决策时,生产商和零售商的决策目标存在一致性,即通过决策最优订货量实现供应链系统总利润最大化。此时,供应链系统的期望总利润函数为:

$$
\begin{aligned}
E[\Pi(Q)] &= \int_0^Q [(p-c-s)x - (c+s-v)(Q-x)]f(x)\mathrm{d}x + \int_Q^\infty (p-c-s)Qf(x)\mathrm{d}x \\
&= (p-c-s)Q + (p-v)\int_0^Q xf(x)\mathrm{d}x - (p-v)\int_0^Q Qf(x)\mathrm{d}x
\end{aligned}
\tag{10-1}
$$

为得到集中决策模式下零售商的最优订货量,令供应链系统总利润关于订货量的一阶导为 $\dfrac{\partial E[\Pi(Q)]}{\partial Q} = 0$,得:

$$
Q = F^{-1}\left(\frac{p - c_M - s}{p - v}\right)
\tag{10-2}
$$

当供应链实行分散决策时,生产商和零售商的决策目标为追求各自利润的最大化。此时,生产商具有决策优势,优先决定产品的单位批发价格 w ,然后零售商根据产品的批发价格决定其最优订货量,此时满足 $v < c < w < p$ 。由于产品的批发价格受碳税 s 的影响,且这种影响是正相关的,同时产品的批发价格 $w(s)$ 满足 $v < (s + c) < w < p$ 。

零售商的利润函数与市场需求量密切相关,若零售商的订货量 Q 大于市场需求量 x ,零售商将对未出售的 $(Q-x)$ 的产品以折扣价 v 处理。此时零售商对应的期望利润函数为:

$$
\begin{aligned}
E[\Pi_R(Q, w(s))] &= \int_0^Q [(p-w)x - (w-v)(Q-x)]f(x)\mathrm{d}x + \int_Q^\infty (p-w)Qf(x)\mathrm{d}x \\
&= (p-w)Q + (p-v)\int_0^Q xf(x)\mathrm{d}x - (p-v)\int_0^Q Qf(x)\mathrm{d}x
\end{aligned}
\tag{10-3}
$$

为得到集中决策模式下零售商的最优订货量,令供应链系统总利润关于订货量

的一阶导为 $\dfrac{\partial E[\varPi(Q)]}{\partial Q}=0$，得：

$$Q^*=F^{-1}\left[\frac{p-w(s)}{p-v}\right] \tag{10-4}$$

将 Q^* 回代到上述公式，可得零售商的最大利润。而生产商的利润同时受零售商的订货量 Q^* 以及碳税 s 的影响，因此生产商的利润函数为：

$$\varPi_M(Q^*,s)=[w(s)-c-s]Q^* \tag{10-5}$$

此时，供应链系统的总利润为：

$$\varPi_{SC}(Q^*,s)=\varPi_M(Q^*,s)+\varPi_R(Q^*,w(s)) \tag{10-6}$$

因此，当供应链不存在激励机制时，零售商的最优订货量与产品的批发价格、零售价格以及季末处理残值有关。

综上，在碳税约束下，当供应链成员之间没有激励机制时，零售商的订货量受到批发价格、零售价格以及残值的影响，随着批发价格的增加，订货量逐渐减少，但是批发价格越高，说明碳税越高，故碳税与零售商的订货量呈负相关。

对上述零售商与生产商的最优利润分别关于批发价格和碳税求导，可得 $\dfrac{\partial \varPi_R[Q^*,w(s)]}{\partial w(s)}<0$ 和 $\dfrac{\partial \varPi_M(Q^*,s)}{\partial s}<0$，说明在碳税约束下，零售商的利润与批发价格呈正相关，进一步，因为批发价格与碳税正相关，所以其与碳税负相关。生产商的利润与碳税也是负相关，当 $(w-c-s)<0$ 时，即生产成本或碳税过高、生产商无利可图时，生产商将不生产，因此假设 $w>(c-s)$。

10.2.2　基于回购契约的供应链优化决策

回购契约指的是对于零售商季末没有销售完的产品，制造商进行回购。该契约在供应链实践中具有非常广泛的应用，可以有效地降低供应链成员的双重边际化效应，提高供应链成员的利润。此处在上节碳税约束的基础上，考虑引入回购契约。假设生产商将未售出的产品以回购价格 b 进行回购，回购的产品不进行二次销售。为了保证回购契约的有效性，假设 $v\leqslant b\leqslant w$，结合生产商和零售商分别采取集中式和分散式两种决策进行分析。

集中式决策下供应链系统的期望总利润函数为：

$$E[\Pi^B (\int_0^Q xf(x)\mathrm{d}x - p\int_0^Q Qf(x)\mathrm{d}x \qquad (10\text{-}7)$$

对式(10-7)关于订货量 Q 求一阶偏导,并令其等于0,求得零售商的最优订货量,为:

$$Q = F^{-1}(\frac{p-c-s}{p}) \qquad (10\text{-}8)$$

分散式决策下,零售商的期望利润函数为:

$$E\{\Pi_R^B[Q, w(s)]\} = \int_0^Q [(p-w)x - (w-b)(Q-x)]f(x)\mathrm{d}x + \int_Q^\infty (p-w)Qf(x)\mathrm{d}x$$
$$= (p-w)Q + (p-b)\int_0^Q xf(x)\mathrm{d}x - (p-b)\int_0^Q Qf(x)\mathrm{d}x \qquad (10\text{-}9)$$

从而求得回购契约下分散式供应链中零售商获得最大期望利润对应的最优订货量,为 $Q^* = F^{-1}\left[\dfrac{p-w(s)}{p-b}\right]$,代到式(10-9)得到零售商的最优期望利润 $E\{\Pi_R^B[Q^*, w(s)]\}$。此时,碳税约束下有回购契约时生产商的最大期望利润为:

$$E[\Pi_M^B(Q^*, s)] = (w-c-s)Q^* - b\int_0^{Q^*} F(x)\mathrm{d}x \qquad (10\text{-}10)$$

即,回购契约时分散式决策下供应链系统的最大期望总利润是上述两利润之和,具体计算公式为:

$$E[\Pi_{sc}^B(Q^*, s)] = E[\Pi_M^B(Q^*, s)] + E\{\Pi_R^B[Q^*, w(s)]\} \qquad (10\text{-}11)$$

显然,碳税约束下当生产商对季末剩余产品实施回购契约时,为了实现供应链协调,须满足集中式决策下最优订货量等于分散式下最优订货量,即:

$$F^{-1}(\frac{p-c-s}{p}) = F^{-1}(\frac{p-w(s)}{p-b}) \qquad (10\text{-}12)$$

从式(10-12)可得,碳税约束下实施回购契约时供应链系统达到协调的最优回购价格为:

$$b = \frac{p[w(s)-c-s]}{p-c-s} \qquad (10\text{-}13)$$

由此可看出,在碳税约束下,当设有回购契约时,生产商的回购价格受到零售价格、批发价格、碳税以及生产成本的影响,当其满足 $b = \dfrac{p[w(s)-c-s]}{p-c-s}$ 时,供应链可以实现协调。

10.2.3 基于政府补贴政策的供应链优化决策

为了调动企业生产积极性,同时鼓励企业进行技术研发提升碳减排能力,政府对企业实行一定的优惠政策。假设生产过程中生产商生产每单位产品的碳足迹为 e_0,当企业进行碳减排投入时,生产单位产品产生的碳足迹减少至 e,且满足 $e < e_0$。此时,企业进行碳减排的投入成本为 $c_s = k(e_0 - e)^2$,其中 k 表示碳减排成本系数。假设政府以 β 的补贴率对企业进行成本补贴,此时企业应缴碳税 $s = \lambda e$。

当政府对企业进行补贴时,集中式决策模式下供应链的总利润函数为:

$$E[\Pi^S(Q)] = (p - c - s)Q - c_s + \beta + (p - v)\int_0^Q xf(x)\mathrm{d}x - (p - v)\int_0^Q Qf(x)\mathrm{d}x$$

$$= (p - c - s)Q - k(e_0 - e)^2(1 - \beta) + (p - v)\int_0^Q xf(x)\mathrm{d}x - (p - v)\int_0^Q Qf(x)\mathrm{d}x$$

$$(10\text{-}14)$$

为得到集中决策模式下零售商的最优订货量,令供应链系统总利润关于订货量的一阶导为 $\dfrac{\partial E[\Pi^S(Q)]}{\partial Q} = 0$,得:

$$Q = F^{-1}\left(\frac{p - c - s}{p - v}\right) \qquad (10\text{-}15)$$

当供应链系统分散决策时,零售商的期望利润函数为:

$$E[\Pi_R^S(Q, w(s))] = (p - w)Q + (p - v)\int_0^Q xf(x)\mathrm{d}x - (p - v)\int_0^Q Qf(x)\mathrm{d}x \qquad (10\text{-}16)$$

令供应链系统总利润关于订货量的一阶导为 $\dfrac{\partial E[\Pi^S(Q)]}{\partial Q} = 0$,得最优订货量:

$$Q^* = F^{-1}\left(\frac{p - w(s)}{p - v}\right) \qquad (10\text{-}17)$$

将 Q^* 回代可得分散决策模式下零售商的最大利润。此时,对应的生产商最优利润函数为:

$$E[\Pi_M^S(Q^*, s)] = (w(s) - c - s)Q^* - k(e_0 - e)^2(1 - \beta) \qquad (10\text{-}18)$$

因此,分散决策模式下供应链的最优利润为:

$$E[\Pi_{SC}^S(Q^*, s)] = E[\Pi_R^S(Q^*, w(s))] + E[\Pi_M^S(Q^*, s)] \qquad (10\text{-}19)$$

10.2.4　基于回购与补贴联合策略的供应链优化决策

碳税约束下,考虑回购与补贴联合政策对供应链决策的影响。当供应链系统集中决策时,系统总利润函数为:

$$E[\Pi^{BS}(Q)] = (p-c-s)Q - (1-\beta)c_s + p\int_0^Q xf(x)\mathrm{d}x - p\int_0^Q Qf(x)\mathrm{d}x \tag{10-20}$$

解得集中决策下零售商的最优订货量为:

$$Q = F^{-1}\left(\frac{p-c-s}{p}\right) \tag{10-21}$$

分散决策模式下,零售商的期望利润函数为:

$$E\left\{\Pi_R^{BS}[Q,w(s)]\right\} = (p-w)Q + (p-b)\left(\int_0^Q xf(x)\mathrm{d}x - (p-b)\int_0^Q Qf(x)\mathrm{d}x\right) \tag{10-22}$$

同理,此时零售商的最优订货量为:

$$Q^* = F^{-1}\left[\frac{p-w(s)}{p-b}\right] \tag{10-23}$$

将 Q^* 回代可得分散决策模式下零售商的最大利润。此时,对应的生产商的最优利润函数为:

$$E[\Pi_M^{BS}(Q^*,s)] = [w(s)-c-s]Q^* - (1-\beta)c_s - b\int_0^{Q^*} F(x)\mathrm{d}x \tag{10-24}$$

当采用回购与补贴联合政策激励供应链时,若想实现供应链的协调,必须使分散决策模式下与集中决策下的供应链系统总利润相等。根据这一约束条件,通过计算可得,最优回购价格为:

$$b = \frac{p[w(s)-c-s]}{p-c-s} \tag{10-25}$$

10.3　数值仿真

10.3.1　供应链基本决策模型的仿真分析

假设市场上某种生鲜品的需求服从正态分布,平均值 $E(\mu) = 2\,500$,相应的标准

差 $\sigma=400$,产品的批发价格 $p=500$,产品在季末若未售出时其残余价值 $v=100$,企业生产单位产品的生产成本 $c=150$,假设碳税 $\lambda \in [0.1, 0.4]$,单位碳排放量 e 根据英国环境资源管理公司计算,生鲜品的单位碳足迹为15kg,此时供应链的收益情况如表10-1所示。

表10-1　仅考虑碳税时供应链的收益情况

λ	s	w	Q	Π_R	Π_M	Π_{SC}	Π
0.1	1.5	301.5	2 496.2	495 503.6	374 436.0	869 939.6	1 029 095.4
0.2	3	303	2 492.5	491 018.5	373 872.0	864 890.4	1 022 213.6
0.3	4.5	304.5	2 488.7	486 544.5	373 307.8	859 852.3	1 015 400.1
0.4	6	306	2 485.0	482 081.6	372 743.5	854 825.1	1 008 651.9

假定生产产品单位的碳足迹不变,碳税税率 λ 对零售商和生产商利润的影响如图10-1所示。随着 λ 的增加,零售商和生产商的利润都呈现下降的趋势,但从下降趋势而言,生产商利润的下降趋势更明显。由此表明,碳税政策的实施对企业实施碳减排起到了限制作用。此时,由于零售商担心征收的一部分碳税会转移到产品的批发价格上,而不期望增加订货量,需要通过一定的激励设计来实现供应链协调。

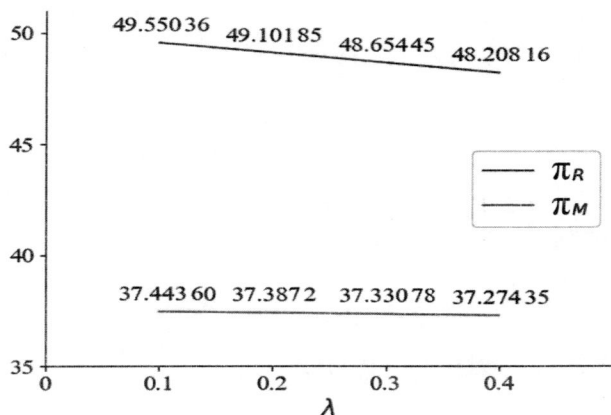

图10-1　碳税税率 λ 对零售商和生产商利润的影响

当生产商生产单位产品的碳足迹不变时,碳税税率 λ 对碳税成本和批发价格的影响如图 10-2 所示。随着 λ 的增加,产品的批发价格以及碳税都呈现上升的趋势。碳税税率的增加意味着生产商生产单位产品的成本增加,为了获得更大的利益便会提高产品的批发价格。此外,在碳税与碳排放量增长率呈线性关系的同时,碳税与碳排放量增长率也呈线性关系。因此,在没有激励机制下,纯碳税政策使得生产者承担更多的碳税成本风险。若必须支付碳税收,生产商更愿意设定线性碳税率。

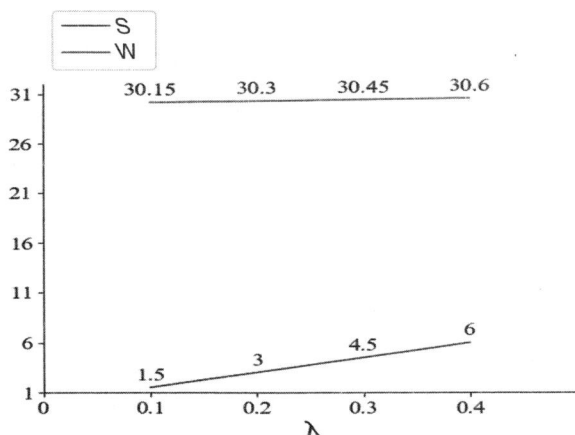

图 10-2 碳税税率 λ 对碳税成本和批发价格的影响

碳税税率 λ 对产品的批发价格和订货量的影响如图 10-3 所示。随着 λ 的增加,批发价格呈现向上的趋势,但订货量随之下降。这是由于碳税税率的提升会促进生产商进行碳减排投入,因此产品生产成本增加,进一步导致批发价格提高,此时的市场需求开始减少,订货量也随之减少。同时,当碳足迹以及碳税税率呈线性关系时,零售商订单量的下降幅度大于非线性关系。因此,在必须缴纳碳税的情况下,零售商更愿意采用非线性税率。

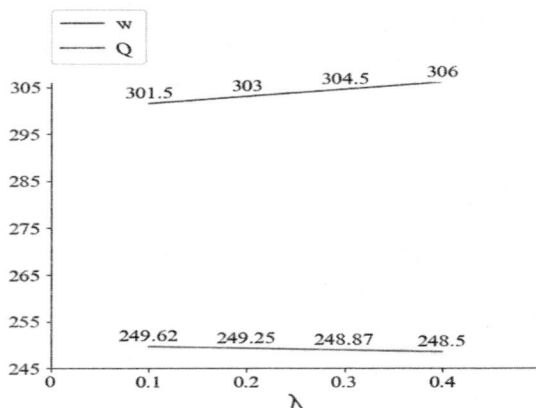

图 10-3　碳税税率 λ 对批发价格和订货量的影响

10.3.2　考虑回购合同的供应链优化决策仿真分析

根据前文的利润表达式,计算得到碳税约束下考虑回购契约的供应链效益,如表 10-2 所示。

表 10-2　碳税约束下考虑回购契约的供应链效益

λ	s	w	b	Q	Π_R	Π_M	Π_{SC}	Π
0.1	1.5	301.5	215.2	2 706.3	537 203.8	405 947.5	943 151.3	943 151.3
0.2	3	303	216.1	2 702.9	532 469.0	405 433.2	937 902.2	937 902.2
0.3	4.5	304.5	217.1	2 699.5	527 747.3	404 921.2	932 668.5	932 668.5
0.4	6	306	218.0	2 696.1	523 038.7	404 411.4	927 450.0	927 450.0

假定生产产品单位的碳足迹不变,在考虑回购合同的情况下碳税税率 λ 对零售商和生产商利润的影响如图 10-4 所示。随着 λ 的增加,零售商和生产商的利润都呈现下降的趋势,这是由于碳税税率的增加通过促进成本的增加对双方利润产生影响。通过比较图 10-1 和图 10-4 可以发现,对于生产商而言,尽管存在回购成本,但批发价格的上涨带来的利润大于回购成本;对零售商而言,回购价格带来利润的增量也大于批发价格上涨带来的利润损失。因此,基于回购合同的供应链系统,生产

商和零售商的利润都得到了提升。

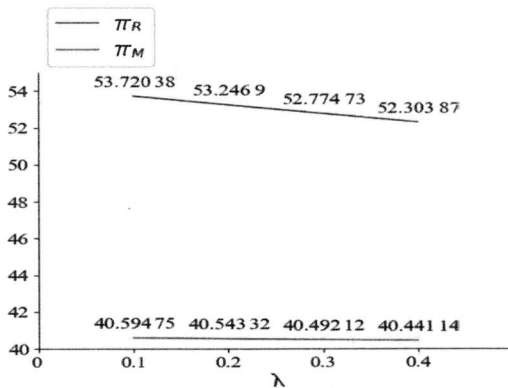

图10-4　碳税税率 λ 对零售商和生产商利润的影响

考虑回购合同情况下,碳税税率 λ 对产品的批发价格和订货量的影响如图10-5 所示。随着碳税税率的增加,批发价格不断上涨,产量随之减少。同时,无论碳税成本与单位碳排放量之间是线性还是非线性关系,随着碳税率的提高,碳税成本必然会增加,因此批发价格会相应提高,订单量也会相应减少。但是,通过与图10-3的对比可以发现,由于回购合同的存在,订单量的减少幅度小于单纯碳税政策下的订单量。

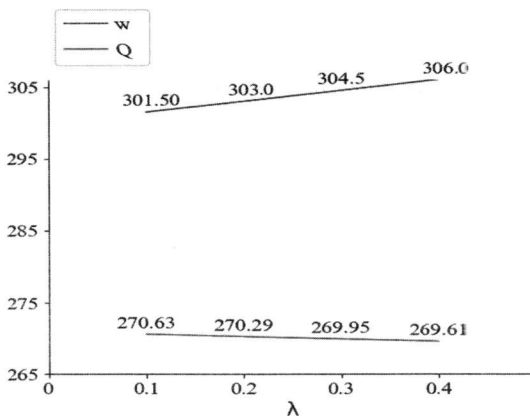

图10-5　碳税税率对批发价格和订货量的影响

对比表 10-1 和表 10-2 可知,当存在回购合同时,供应链系统总利润更大。同时,当回购价格满足一定条件时,供应链系统可以实现协调。由于碳税的存在,尽管可以从一定程度上抑制产品生产的碳足迹,但是毕竟碳税还是会对供应链主体的利润产生限制。因此,政府在制订相应减排措施时,若盲目追求碳减排量而抑制利润较小的企业的经济发展,会阻碍行业的发展。因此,有必要考虑供应链上游新材料的研发、新技术的改造、废品的回收利用等问题,从而减少碳排放,同时抵销碳税带来的成本增加。

此外,对比表 10-1 可以发现,在碳税约束下考虑回购契约的集中决策下,供应链系统的总利润有所下降,而制造商和零售商对应的分散决策下的利润则有所增长。因此,对于集中决策下的供应链,不需要契约来避免利润的减少,对于分散决策下的供应链,需要契约来实现成员间的协调和利润的最大化。

10.3.3 考虑补贴政策的供应链优化决策仿真分析

假设生产商进行碳减排投入,碳减排成本系数 $k=20$,政府补贴率 $\beta=0.5$,已知碳税 $\lambda \in [0.1,~0.4]$,步长为 0.1。碳税约束下考虑技术改造补贴策略的供应链效益如表 10-3 所示,随着退税率、碳税的增加以及批发价格的提高,零售商的订货量和利润呈下降趋势。因此,为了降低碳税,生产商需要通过增加碳减排投入降低碳足迹,这必然导致生产成本的增加从而影响利润。同时,分散决策下的供应链总利润小于集中决策下的总利润。可见,补贴政策并不能使分散的制度实现协调,需要选择进一步的策略来实现供应链的协调和利润的最大化。对比表 10-2 可以看出,与补贴策略相比,回购契约能够更有效地实施分散决策的供应链协调,且相应的利润大于补贴策略。

表 10-3　碳税约束下考虑技术改造补贴策略的供应链效益

λ	s	w	Q	Π_R	Π_M	Π_{SC}	Π
0.1	1	301	2 497.5	497 001.2	374 374.0	871 375.2	1 031 155.1
0.2	2	302	2 495.0	494 007.3	373 998.0	868 005.3	1 026 543.6
0.3	3	303	2 492.5	491 018.5	373 622.0	864 640.4	1 021 963.6
0.4	4	304	2 490.0	488 034.6	373 245.9	861 280.5	1 017 413.9

10.3.4 考虑回购和补贴联合策略的供应链优化决策仿真分析

碳税约束下考虑回购和补贴联合策略供应链效益如表10-4所示。对比表10-4和表10-3可以看出,联合回购与补贴策略能够实现分散决策供应链的协调,分散决策下生产商和零售商的利润以及系统的总利润均大于单一补贴策略,但集中决策下供应链系统总利润低于单一补贴政策情形。

表10-4　碳税约束下考虑回购与补贴联合策略的供应链效益

λ	s	w	b	Q	Π_R	Π_M	Π_{SC}	Π
0.1	1	301	214.9	2 707.5	538 785.1	405 869.4	944 654.5	944 654.5
0.2	2	302	215.5	2 705.2	535 624.1	405 525.8	941 149.9	941 149.9
0.3	3	303	216.1	2 702.9	532 469.0	405 183.2	937 652.2	937 652.2
0.4	4	304	216.8	2 700.6	529 319.7	404 841.6	934 161.4	934 161.4

10.4　研究结论

在碳税约束下,供应链利润和成员利益都会受到影响。本章以碳税约束下生产商和零售商的供应链优化决策为参考,对供应链优化决策并对碳税约束下的回购契约、补贴政策和回购对价三种情况下的补贴联合策略进行了分析和比较。研究表明,回购契约下考虑碳税约束的集中决策下供应链系统的总利润降低,而分散决策则相反。因此,集中决策下的供应链不需要契约,以避免降低利润。对于分散决策下的供应链,需要契约来实现成员间的协调和利润的最大化。考虑到补贴政策,分散决策下的供应链总利润小于集中决策下的总利润。因此,相比补贴政策,回购契约可以更有效地协调分散决策下的供应链,相应的利润大于补贴策略;联合回购和补贴策略可以实现分散决策供应链的协调,实现生产者的利润。分散决策下的零售商和系统的总利润大于单一补贴策略下的总利润,但集中决策下供应链系统的总利润小于单一补贴策略情形。

第11章
基于政府视角的绿色供应链碳足迹调控策略

市场经济是人类迄今为止最具效率和活力的经济运行机制和资源配置手段,但市场经济也存在自身局限性。生态环境本质上属于公共物品,此类物品供求的市场选择是无效的,极易导致市场失灵,使得政府的积极干预成为必要。政府降低碳足迹的工具主要分为基于价格机制的碳税政策(CT)与基于配额机制的碳交易机制(ETS)两种,但无论是以价格还是以配额为基础,其目的是一致的,即从社会角度出发,实现社会总福利最大化。本章以双寡头市场上的两个企业为研究对象,将政府不对企业采取碳减排政策、政府对企业采取碳税政策以及政府对企业采取碳交易政策三种情况下的最优产出、最优减排投入以及社会总福利进行对比,为政府对企业的碳减排调控以及对社会福利的调控提供参考意见。

11.1 问题描述与假设

假设1:双寡头市场上有A和B两个企业,由于技术水平、社会责任履行程度等因素的不同,两个企业所占市场份额有所差异。假设,反需求函数为$p=a-q_1-\eta q_2$,其中p表示价格,a表示市场容量,q_1和q_2分别表示两个企业的产量,η表示企业竞争系数。企业竞争系数与企业竞争程度呈正相关,且两个企业的产品需求不受对方环境属性的影响。

假设2:企业生产单位产品所需成本为$c_i(i=1,2)$。生产单位产品的碳足迹均为1,当企业进行碳减排投入时,可使单位产品的碳排放量减少d_i,相应的碳减排投入成本为$k_i(d_i q_i)^2$,其中k_i表示碳减排系数。

假设3:企业生产对环境的影响为λm,其中λ表示企业生产对环境的影响系数,m表示碳足迹。企业追求的是利润最大化,而政府追求的是社会福利最大化,且社会总福利=消费者剩余+生产者剩余–对环境的负面影响。

11.2 政府不同策略下企业的最优决策

11.2.1 政府无减排措施条件下企业的最优决策

在当政府不采取减排措施的条件下,企业的利润函数为:

$$\Pi_1 = (p - c_1)q_1 \tag{11-1}$$

$$\Pi_2 = (p - c_2)q_2 \tag{11-2}$$

社会总福利函数为:

$$W = \Pi_1 + \Pi_2 + \frac{Q^2}{2} - \lambda(q_1 + q_2)^2 \tag{11-3}$$

其中,$\Pi_1 + \Pi_2$ 表示生产者剩余,$\frac{Q^2}{2}$ 表示消费者剩余,$\lambda(q_1 + q_2)$ 表示对环境产生的负面影响。

基于逆向归纳法求解博弈均衡解:

令 Π_i 关于 q_i 的一阶导数为零,得:

$$\begin{cases} \dfrac{\partial \Pi_1}{\partial q_1} = a - c_1 - 2q_1 - \eta q_2 = 0 \\ \dfrac{\partial \Pi_2}{\partial q_2} = a - c_2 - q_1 - 2\eta q_2 = 0 \end{cases} \tag{11-4}$$

解得:

$$\begin{cases} q_{11} = \dfrac{a - 2c_1 + c_2}{3} \\ q_{21} = \dfrac{a + c_1 - 2c_2}{3\eta} \end{cases} \tag{11-5}$$

将式(11-5)代入式(11-3)中,可得:

$$\begin{aligned} W_1 = \frac{1}{18\eta^2} 2\eta[\eta(a - 2c_1 + c_2) + (a + c_1 - 2c_2)^2 - \eta(a + c_1 - 2c_2) + \eta(a - 2c_1 + c_2)]^2 + \\ [a + c_1 - 2c_2 + \eta(a - 2c_1 + c_2)]^2 \end{aligned} \tag{11-6}$$

结论1:当政府未采取减排措施且市场容量大于某一范围时,企业间竞争越激烈,社会总福利越大;当市场容量小于某一范围时,企业间竞争越激烈,社会总福利越小。

证明:假设两个企业生产成本均为 $c_1 = c_2 = 15$,求社会总福利 W 关于竞争系数 η 的一阶导数。得:

$$\frac{\partial W}{\partial \eta} = \frac{(\eta^3 + \eta + 1)(10a - a^2 - 25)}{9\eta^3}$$

当 $a > 15$ 时,$\frac{\partial W}{\partial \eta} < 0$;当 $0 < a < 15$ 时,$\frac{\partial W}{\partial \eta} > 0$,得证。

传统经济学理论认为,垄断会导致经济效率低下,从而造成社会总福利降低。但事实上,如果市场容量足够大,垄断企业更容易实现规模经济,即产量在达到一个很大的阈值以前,产品的边际成本会随着产量的增加而降低。因此,在某种程度上,垄断未必会导致社会总福利降低。

11.2.2 碳税政策下企业与政府的最优决策

碳税政策下,政府首先规定税率 t,然后企业决定产量与碳减排投入。此时,企业A和B的利润函数分别为:

$$\Pi_1 = (p - c_1)q_1 - k_1(d_1 q_1)^2 - tq_1(1 - d_1) \tag{11-7}$$

$$\Pi_2 = (p - c_2)q_2 - k_2(d_2 q_2)^2 - tq_2(1 - d_2) \tag{11-8}$$

社会总福利函数为:

$$W = \Pi_1 + \Pi_2 + \frac{Q^2}{2} - \lambda[q_1(1 - d_1) + q_2(1 - d_2)]^2 \tag{11-9}$$

其中,$\lambda[q_1(1 - d_1) + q_2(1 - d_2)]$ 表示对环境产生的负面影响。

基于逆向归纳法求解博弈均衡解:

令 Π_i 关于 q_i 和 d_i 的一阶导数为零,得:

$$\begin{cases} \dfrac{\partial \Pi_1}{\partial q_1} = a - c_1 - 2k_1 q_1 d_1^2 - 2q_1 - \eta q_2 - t(1 - d_1) = 0 \\[2mm] \dfrac{\partial \Pi_2}{\partial q_2} = a - c_2 - 2k_2 q_2 d_2^2 - q_1 - 2\eta q_2 - t(1 - d_2) = 0 \\[2mm] \dfrac{\partial \Pi_1}{\partial d_1} = -2k_1 d_1 q_1^2 + tq_1 = 0 \\[2mm] \dfrac{\partial \Pi_1}{\partial d_2} = -2k_2 d_2 q_2^2 + tq_2 = 0 \end{cases} \tag{11-10}$$

解得：

$$
\begin{cases}
q_{12} = \dfrac{a - 2c_1 + c_2 - t}{3} \\[2mm]
q_{22} = \dfrac{a + c_1 - 2c_2 - t}{3\eta} \\[2mm]
d_{12} = \dfrac{3t}{2k_1(a - 2c_1 + c_2 - t)} \\[2mm]
d_{22} = \dfrac{3t\eta}{2k_2(a + c_1 - 2c_2 - t)}
\end{cases}
\tag{11-11}
$$

将式(11-11)代入式(11-9)中可得 W_2。由于 $\dfrac{\partial^2 W_2}{\partial t^2} < 0$，故存在唯一最优税率，令 $\dfrac{\partial W_2}{\partial t} = 0$ 可得政府最优税率：

$$
t^* = \frac{B_1 B_2}{B_3 + B_4}
\tag{11-12}
$$

其中，$B_1 = 2k_1k_2(a\eta + a - 2c_1\eta + c_1 + c_2\eta - 2c_2)$，$B_2 = 2k_1k_2\eta\lambda - 3k_1k_2\eta + 2k_1k_2\lambda - k_1k_2 + 3k_1\eta\lambda + 3k_2\eta\lambda$，$B_3 = 2k_1^2k_2^2(2\lambda\eta^2 - 3\eta^2 + 4\eta\lambda - 4\eta + 2\lambda - 1)$，$B_4 = 3k_1k_2\eta(k_1 + k_2)(4\lambda\eta - 3\eta + 4\lambda) + 9\lambda\eta^2(k_1 + k_2)^2$。

结论2：企业单位产品碳减排能力与企业碳减排系数呈负相关。

证明：$\dfrac{\partial d_{i2}}{\partial k_{i2}} = -\dfrac{1}{2k_{i2}^2} < 0$，得证。

由于碳减排系数的增加会使单位产品碳减排成本增加，故企业会减少碳减排的资金投入，从而使企业单位产品碳减排能力降低，即每单位产品的碳足迹减少量降低。

11.2.3 碳交易政策下企业与政府的最优决策

碳交易政策下，政府先规定每个企业的碳排放限额 e，并允许在市场上自由交易碳排放额，假设碳交易价格为 γ。此情形下，企业A和B的利润函数分别为：

$$
\Pi_1 = (p - c_1)q_1 - k_1(d_1q_1)^2 - \gamma[q_1(1 - d_1) - e_1]
\tag{11-13}
$$

$$
\Pi_2 = (p - c_2)q_2 - k_2(d_2q_2)^2 - \gamma[q_2(1 - d_2) - e_2]
\tag{11-14}
$$

社会总福利函数为：

$$W = \Pi_1 + \Pi_2 + \frac{Q^2}{2} - \lambda(e_1 + e_2)^2 \qquad (11\text{-}15)$$

其中，$\lambda(e_1 + e_2)$ 表示对环境产生的负面影响。

基于逆向归纳法求解博弈均衡解：

令 Π_i 关于 q_i 和 d_i 的一阶导数为零，得：

$$\begin{cases} \dfrac{\partial \Pi_1}{\partial q_1} = a - c_1 - 2k_1 q_1 d_1^2 - 2q_1 - \eta q_2 - \gamma(1 - d_1) = 0 \\[2mm] \dfrac{\partial \Pi_2}{\partial q_2} = a - c_2 - 2k_2 q_2 d_2^2 - q_1 - 2\eta q_2 - \gamma(1 - d_2) = 0 \\[2mm] \dfrac{\partial \Pi_1}{\partial d_1} = -2k_1 d_1 q_1^2 + \gamma q_1 = 0 \\[2mm] \dfrac{\partial \Pi_1}{\partial d_2} = -2k_2 d_2 q_2^2 + \gamma q_2 = 0 \end{cases} \qquad (11\text{-}16)$$

解得：

$$\begin{cases} q_{13} = \dfrac{a - 2c_1 + c_2 - \gamma}{3} \\[2mm] q_{23} = \dfrac{a + c_1 - 2c_2 - \gamma}{3\eta} \\[2mm] d_{13} = \dfrac{3\gamma}{2k_1(a - 2c_1 + c_2 - \gamma)} \\[2mm] d_{23} = \dfrac{3\eta\gamma}{2k_2(a + c_1 - 2c_2 - \gamma)} \end{cases} \qquad (11\text{-}17)$$

在碳交易市场上，碳排放额需求等于供给，即 $e_1 + e_2 = q_{13}(1 - d_{13}) + q_{23}(1 - d_{23})$，则：

$$e = \frac{a - 2c_1 + c_2 - \gamma}{3}\left[1 - \frac{3\gamma}{2k_1(a - 2c_1 + c_2 - \gamma)}\right] + \frac{a + c_1 - 2c_2 - \gamma}{3\eta}\left[1 - \frac{3\eta\gamma}{2k_2(a + c_1 - 2c_2 - \gamma)}\right]$$

$$(11\text{-}18)$$

解得碳交易价格：

$$\gamma^* = \frac{2k_1 k_2[\eta(a - 2c_1 + c_2 - 3e) + c_1 + a - 2c_2]}{2k_1 k_2(\eta + 1) + 3\eta(k_1 + k_2)} \qquad (11\text{-}19)$$

将式（11-17）代入式（11-15）中可得 W_3。由于 $\dfrac{\partial^2 W}{\partial e^2} < 0$，故存在唯一的政府最优

碳限额，令 $\dfrac{\partial W}{\partial e} = 0$，得：

$$e^* = \frac{B_1 B_2}{B_3 + B_4} \qquad (11\text{-}20)$$

144

结论3：碳税与碳交易政策均会降低社会总产出，且碳税与碳交易价格越高，社会总产出降低幅度越小。

证明：$q_{11}+q_{12}-(q_{21}+q_{22})=\dfrac{t(\eta+1)}{3\eta}>0$ ，$q_{11}+q_{12}-(q_{21}+q_{22})=\dfrac{\gamma(\eta+1)}{3\eta}>0$ ，$\dfrac{\partial\Delta Q_1}{\partial t}=\dfrac{\partial\Delta Q_2}{\partial\gamma}=\dfrac{\eta+1}{3\eta}>0$ ，得证。

碳税或碳交易价格的增加，一方面使得企业成本增加，从而导致企业投资积极性降低；另一方面，企业通过降低产量，才能将碳足迹控制在政府规定的碳减排限额以内，因此社会总产出会降低。

11.3　数值仿真

上述模型描述了政府不采取减排措施、采取碳税政策、采取碳交易政策三种情形下企业的最优产出、最优减排投入以及社会总福利。由于参数较多，为更直观地反映企业竞争程度、环境影响系数对社会产出、社会总福利的影响，对上述模型中的非主要参数进行赋值，并借助 Python 软件进行制图。数值仿真模拟的参数如表11-1所示。

表 11-1　数值仿真模拟参数

参数	k_1	k_2	c_1	c_2	a	η
数值	8	4	12	8	200	0.9

通过分析可得，企业的产出受环境影响系数与企业竞争系数双重因素的影响。不同情形下企业产出在双重因素作用下的变化如图11-1所示。无论政府有无采取减排措施，在环境影响系数与企业竞争系数双重影响下，企业产出变化的总趋势大致相同。当政府不采取减排措施时，企业的产出主要受企业竞争系数的影响；当政府采取减排措施时，企业的产出则主要受环境影响系数的影响，且这种影响效应在政府采取碳税政策情况下较大。

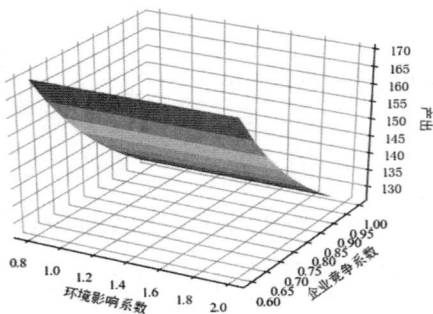

（a）无减排约束措施　　　　　　　　　（b）政府碳税政策

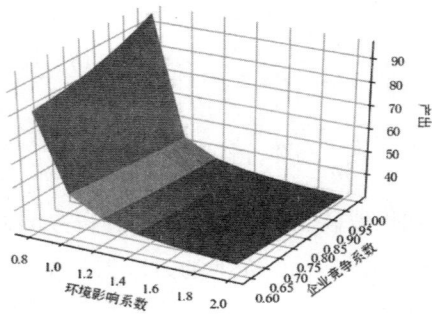

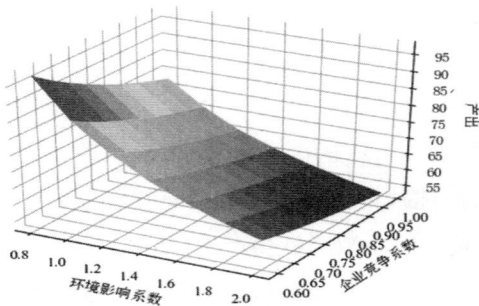

（c）政府碳交易政策

图11-1　不同情形下企业产出在双重因素作用下的变化

　　环境因素、企业竞争系数对产出的影响分别如图11-2、图11-3所示。由图11-2可知,在碳税政策和碳交易政策下,企业的产出水平均与环境影响系数呈负相关。当环境影响系数较小时,环境影响系数对碳税政策下的企业产出影响较大。但随着环境影响系数的增大,环境对碳税政策下企业的产出影响放缓。此时,环境影响系数对碳交易政策下企业的产出影响较大。

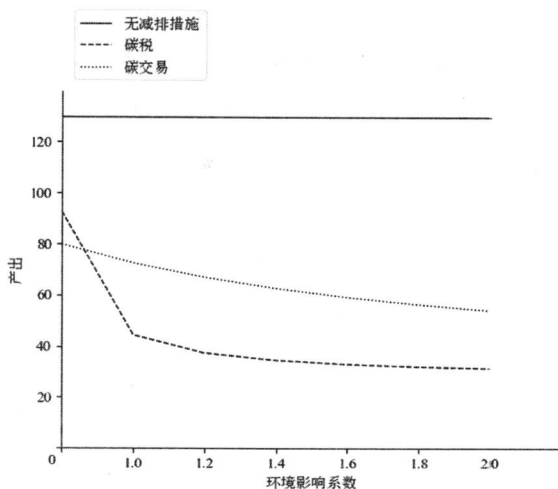

图 11-2　环境影响系数对产出的影响

设定环境影响系数为 1，企业竞争系数对产出的影响如图 11-3 所示。无论何种情形，企业间竞争越激烈，社会总产出就越低；在同一企业竞争水平下，碳税政策下社会总产出水平低于碳交易政策下社会总产出水平，但均小于政府不采取减排措施情况下的社会总产出。

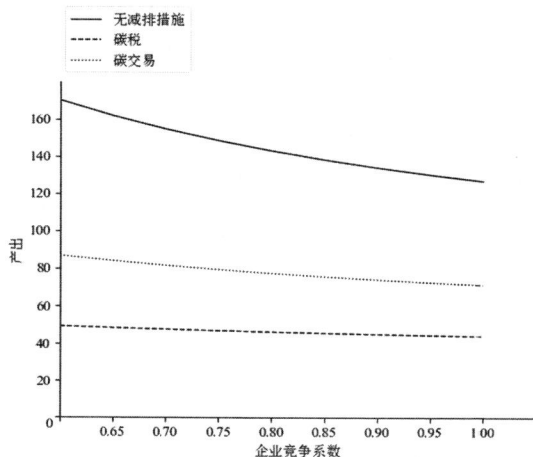

图 11-3　企业竞争系数对产出的影响

　　环境影响系数对碳足迹的影响如图11-4所示。当政府不采取管控碳足迹措施时社会总碳足迹固定不变,这是由于此时各企业有固定的产出水平,因此碳足迹固定不变。当环境影响系数较小时,由于碳交易政策环境下社会总产出较低,碳交易政策环境下的社会总碳足迹也相对较低,说明此时在减少碳足迹方面,碳交易政策更有优势;反之,当环境影响系数较大时,在减少碳足迹方面,碳税政策更有优势。

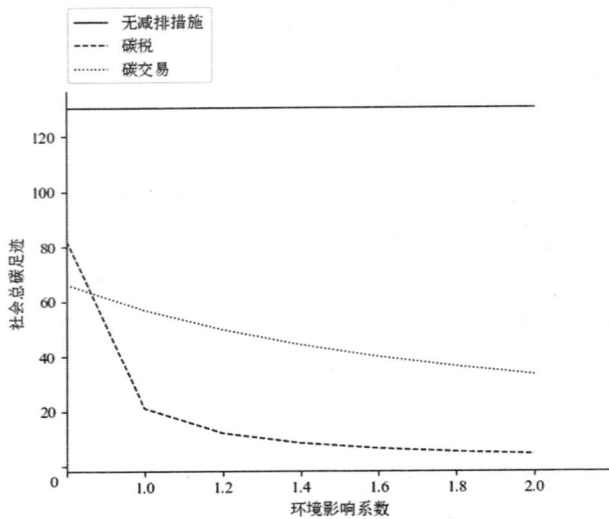

图11-4　环境影响系数对碳足迹的影响

　　环境影响系数对社会总福利的影响如图11-5所示。当环境影响系数较小时,碳交易政策环境下社会总福利高于碳税政策环境下的社会总福利,此时政府适合采取碳交易政策;相反,当环境影响系数较大时,政府采取碳税政策更有优势。

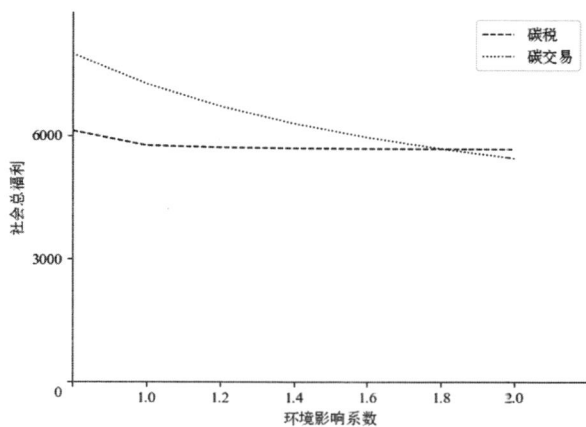

图 11-5　环境影响系数对社会总福利的影响

为了进一步研究政府政策对碳足迹控制的效果,假定企业生产的环境影响系数 $\lambda=1$。由于碳税政策和碳交易对碳足迹控制的效果趋势大致相同,在此仅对政府实行碳税政策的情形进行分析。碳税对碳足迹和社会总福利的影响如图 11-6 所示。由图 11-6 可以看出,尽管随着碳税的增加,碳足迹控制的效果越来越好,但是碳税增加到一定范围以后,社会总福利便会开始呈现向下的趋势。因此从政府的角度而言,需要制订合理的碳税,在保证碳足迹控制效果较好的同时也考虑碳税对社会总福利的影响。

当政府实行碳交易政策时,需要制订合理的碳排放额度,以实现碳足迹和社会总福利的协调。

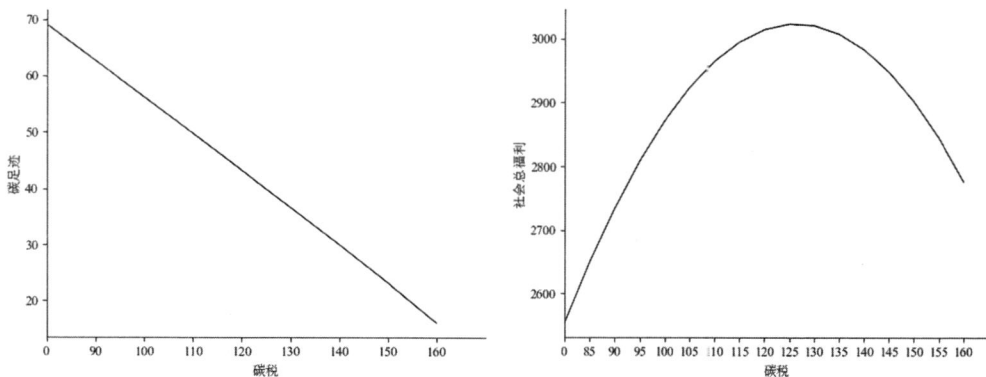

图 11-6　碳税对碳足迹和社会总福利的影响

11.4　研究结论

通过市场调节实现的经济均衡通常由分散决策完成,因此市场无法保证国民经济均衡协调的发展。生态环境作为一种公共物品,无法避免外部效应和"搭便车"行为,因此环境问题仅靠市场机制无法实现,还需要政府的调控。本章通过建立Stackelberg博弈模型,研究了政府在不采取减排措施、采取碳税政策和采取碳交易政策三种情形下,企业的最优产出水平、最优减排投入以及社会总福利最大化问题,为政府基于不同情形采取相应碳减排政策提供了思路。研究表明:企业的产出水平、社会总碳足迹以及社会总福利均与环境影响系数呈负相关。当环境影响系数较小时,无论从减少碳足迹效果角度,还是从社会总福利角度而言,碳交易政策均比碳税政策更有优势。反之,当环境影响系数较大时,碳税政策变得更有优势。随着碳税不断增加或者碳排放限额不断减少,碳足迹的控制效果更好,但是当碳税增加到一定范围或者碳排放限额低到某一临界值时,社会总福利就会呈现下降趋势,因此政府在选择碳减排策略时,应做好环境效益与经济效益的权衡。

第12章
基于政府惩罚行为的供应链碳减排调控策略

虽然国家一直非常重视企业的碳减排问题,但主动碳减排的企业数量有限,政府监管力度不够、企业规避碳减排技术投资风险以及追逐利益最大化等都可能成为导致碳减排受到阻碍的因素。由于政府的环境监管及政策是企业实施低碳供应链管理的推动力,而碳减排的根本解决方法是供应链上的节点企业进行一定的碳减排投入。因此,本章将政府、供应商、制造商三方作为一个系统来进行研究,把政府惩罚行为引入碳足迹管理,考虑供应商和制造商的"搭便车"行为,以政府、供应商以及制造商为对象,构建三级供应链,并利用复制动态方程对政府、供应商以及制造商之间的演化博弈过程中的选择行为进行研究,并分析不同参数改变对供应链上这三个主体决策的影响,然后利用稳定性分析对政府、供应商以及制造商的策略选择进行研究,进而对政府惩罚制度的制定以及企业减排技术上的投资提供建议。

12.1 问题描述与假设

为了便于分析,对研究的问题做出如下假设。

假设1:理性人假设,即政府、供应商和制造商所有决策行为均以自身利益最大化为原则。

假设2:政府对制造商的碳排放行为,可以选择监管,也可以选择不监管;制造商和供应商对于碳排放,可以选择投入资金减少碳排放,也可以选择不投入资金不减排;制造商和零售商投入资金,对产品的整个生命周期中各环节的碳排放量控制,生产出的产品被称为"低碳产品",未经过碳排投资的产品则称作"普通产品"。

在演化博弈过程中,博弈初期,假设政府对供应商及制造商的碳排放进行监管的概率为 x ,那么政府选择不监管的概率就为 $(1-x)$ 。政府监管需要花费成本,政府的监管成本是 C ,若政府监管下,供应商和制造商都投入碳减排,那么此时政府会收到环境收益 W_1 ;而供应商或者制造商单方面进行碳减排投资,那么政府收到的环境收益会分别变为 W_2 和 W_3 ;而若双方都不投入碳减排,那么此时的环境收益为 W_4 ,此时政府会对供应商和制造商进行惩罚,需要分别付出的罚金为 F_s 和 F_m 。另外,假设供应商选择对碳减排进行投入的概率为 y ,而制造商选择进行减排投入的概率为 z 。在两主体不进行减排时,供应商与制造商都需要付出减排成本 C_s 和 C_m ,此时得到的收益则分别是 R_s 和 R_m 。当供应商开始碳减排投入时,它的收益会增加,增加率是 α_0 ;当制造商开始碳减排投入时,收益也会增加,增加率是 β_0 。当两者共同投入碳减排,供应商利润增加率是 α_1 ,制造商则为 β_1 。另外,在这里还要考虑制造商和供应商的"搭便车"行为,只要有任何一方进行碳排放投入,那么另一方就可以不劳而获享受额外的利润,供应商和制造商通过"搭便车"可以得到的利润分别是 R_m' 和 R_s' ,两主体之间也存在着博弈关系。

12.2　三方演化博弈模型构建及稳定性分析

12.2.1　三方演化博弈模型

根据上述假设和参数设定,可以得到政府、供应商及制造商之间的博弈得益,如表12-1所示。

表 12-1 政府、供应商和制造商的博弈得益

政府	政府监管 (x)		政府不监管 ($1-x$)	
供应商	进行碳减排投入 (y)	未进行碳减排投入 ($1-y$)	进行碳减排投入 (y)	未进行碳减排投入 ($1-y$)
制造商 进行碳减排投入 (z)	W_1-C $(1+\alpha_1)R_s-C_s$ $(1+\beta_1)R_m-C_m$	W_3-C+F_s R'_s-F_s $(1+\beta_0)R_m-C_m$	W_1 $(1+\alpha_1)R_s-C_s$ $(1-\beta_1)R_m-C_m$	W_3 R'_s $(1+\beta_0)R_m-C_m$
未进行碳减排投入 ($1-z$)	W_2-C+F_m $(1+\alpha_0)R_s-C_s$ R'_m-F_m	$W_4-C+F_s+F_m$ R_s-F_s R_m-F_m	W_2 $(1+\alpha_0)R_s-C_s$ R'_m	W_4 R_s R_m

12.2.2 政府部门的稳定策略

将政府监管、不监管的期望收益分别设定为 U_{gy} 和 U_{gn}，将政府的平均期望收益设置为 $\overline{U_g}$，通过计算可以得到：

$$U_{gy}=yza_1+y(1-z)a_5+(1-y)za_2+(1-y)(1-z)a_6$$
$$=yz(W_1-W_2-W_3-W_4)+z(W_3-W_4-F_m)+y(W_2-W_4-F_s)+W_4-C+F_s+F_m$$

$$(12\text{-}1)$$

$$U_{gn}=yza_3+y(1-z)a_7+(1-y)za_4+(1-y)(1-z)a_8$$
$$=yz(W_1-W_2-W_3+W_4)+y(W_2-W_4)+z(W_3-W_4)+W_4$$

$$(12\text{-}2)$$

$$\overline{U_g}=xU_{gy}+(1-x)U_{gn}=-xzF_m-xyF_s+x(F_s+F_m-C)+$$
$$yz(W_1-W_2-W_3+W_4)+y(W_2-W_4)+z(W_3-W_4)+W_4$$

$$(12\text{-}3)$$

则政府的复制动态方程为：

$$F(x)=\frac{\mathrm{d}x}{\mathrm{d}t}=x\left(U_{gy}-\overline{U_g}\right)=x(1-x)\left(F_m+F_s-C-zF_m-yF_s\right)$$

$$(12\text{-}4)$$

令 $F(x)=0$，则 $x_1=0$，$x_2=1$，$y_0=\dfrac{F_m+F_s-C-zF_m}{F_s}$。

① $y=y_0$ 时，$F(x)\equiv0$，此时所有的水平均为稳定点；

② $y\neq y_0$ 时，则 $x_1=0$，$x_2=1$ 是两个稳定点。

式(12-4)求导得：

$$\frac{\mathrm{d}F(x)}{\mathrm{d}x} = (1-2x)(F_m + F_s - C - zF_m - yF_s) \qquad (12\text{-}5)$$

①当 $F_m + F_s \leqslant C$ 时，$\left.\frac{\mathrm{d}F(x)}{\mathrm{d}x}\right|_{x_1=0} < 0$，$\left.\frac{\mathrm{d}F(x)}{\mathrm{d}x}\right|_{x_2=1} > 0$，故 $x_1 = 0$ 是演化稳定策略；

②当 $F_m + F_s > C$ 时，如 $y > \frac{F_m + F_s - C}{F_m + F_s}$，此时 $\left.\frac{\mathrm{d}F(x)}{\mathrm{d}x}\right|_{x_1=0} < 0$，$\left.\frac{\mathrm{d}F(x)}{\mathrm{d}x}\right|_{x_2=1} > 0$，故

$x_1 = 0$ 是演化稳定策略；如 $y < \frac{F_m + F_s - C}{F_m + F_s}$ 时，此时 $\left.\frac{\mathrm{d}F(x)}{\mathrm{d}x}\right|_{x_1=0} > 0$，$\left.\frac{\mathrm{d}F(x)}{\mathrm{d}x}\right|_{x_2=1} < 0$，故

$x_2 = 1$ 是演化稳定策略。

通过以上分析，供应商对政府部门演化稳定策略的影响如图12-1所示。

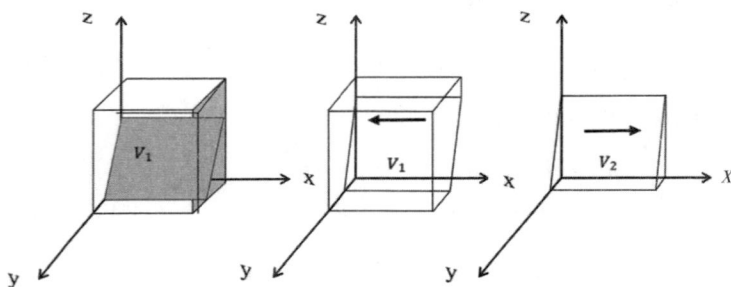

图12-1 供应商对政府部门策略的影响

由图12-1可知，当初始状态处于 V_1 空间时，有 $y > y_0$，$x_1 = 0$ 为均衡点，因为此时政府监管的成本大于收益，政府选择不监管策略；当初始状态处于 V_2 空间时，有 $y < y_0$，$x_2 = 1$ 为均衡点，政府选择监管策略。

通过对政府演化模型的稳定性分析，可以得到：当政府的监管成本过大时，政府会选择不对企业进行监管，忽视了企业在没有压力下更倾向于不进行减排投入的行为，也忽视了对环境可能造成的负面效果；而若政府进行监管并对企业的投机行为进行惩罚，那么会促进企业的碳减排投入行为。因此，政府应该对企业的减排情况进行监督，引导企业进行碳减排投入。

12.2.3　供应商的稳定策略

将供应商选择碳减排投入、不投入的期望收益分别设定为 U_{sy} 和 U_{sn}，供应商的平均期望收益设置为 $\overline{U}_s$，通过计算可以得到：

$$
\begin{aligned}
\overline{U}_s &= yU_{sy} + (1-y)U_{sn} \\
&= (\alpha_1 - a_0)yzR_s + a_0yR_s - yC_s - xF_s + zR'_s + (1-z)R_s + xyF_s - zyR'_s + zyR_s
\end{aligned}
\tag{12-6}
$$

供应商的复制动态方程为：

$$
F(y) = \frac{\mathrm{d}y}{\mathrm{d}t} = y(U_{sy} - \overline{U}_s) = y(1-y)\left\{\alpha_0 R_s - C_s - \left[R'_s - (\alpha_1 - \alpha_0 + 1)R_s\right]z + xF_s\right\}
\tag{12-7}
$$

令 $F(y) = 0$，则 $y_1 = 0$，$y_2 = 1$，$z_0 = \dfrac{\alpha_0 R_s - C_s + xF_s}{R'_s - (\alpha_1 - \alpha_0 + 1)R_s}$。

式（12-7）求导得：

$$
\frac{\mathrm{d}F(y)}{\mathrm{d}y} = (1-2y)\left\{\alpha_0 R_s - C_s - \left[R'_s - (\alpha_1 - \alpha_0 + 1)R_s\right]z + xF_s\right\}
\tag{12-8}
$$

①当 $z = z_0$ 时，$F(y) \equiv 0$，此时，所有的水平均为稳定点；

②当 $z < z_0$ 时，$\left.\dfrac{\mathrm{d}F(y)}{\mathrm{d}y}\right|_{y_1=0} > 0$，$\left.\dfrac{\mathrm{d}F(y)}{\mathrm{d}y}\right|_{y_2=1} < 0$，故 $y_2 = 1$ 是演化稳定策略；

③当 $z > z_0$ 时，$\left.\dfrac{\mathrm{d}F(y)}{\mathrm{d}y}\right|_{y_1=0} < 0$，$\left.\dfrac{\mathrm{d}F(y)}{\mathrm{d}y}\right|_{y_2=1} > 0$，故 $y_1 = 0$ 是演化稳定策略。

通过以上分析，制造商对供应商策略的影响如图12-2所示。

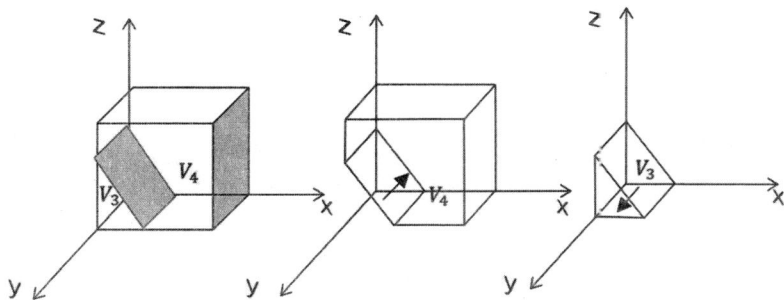

图 12-2　制造商对供应商策略的影响

由图 12-2 可知,当初始状态处于 V_3 空间时, $z < z_0$, $y_2 = 1$ 为均衡点,供应商选择进行碳减排投入。此时,政府对企业进行碳排放惩罚、企业的净利润大于零,选择对碳减排进行投入并不会影响企业的利润,还能免除政府惩罚,因此企业会选择对碳减排进行投入;而当初始状态处于 V_4 空间时,有 $z > z_0$, $y_1 = 0$ 为均衡点,其选择不进行碳减排投入策略。

12.2.4 制造商的稳定策略

将制造商选择碳减排投入、不投入的期望收益分别设定为 U_{my} 和 U_{mn} ,供应商的平均期望收益设置为 $\overline{U_m}$,通过计算可以得到:

$$
\begin{aligned}
\overline{U_m} &= zU_{my} + (1-z)U_{mn} \\
&= (\beta_1 - \beta_0)yzR_m + \beta_0 zR_m - zC_m - xF_m + yR'_m + (1-y)R_m + xzF_m - yz(R'_m - R_m)
\end{aligned}
\tag{12-9}
$$

制造商的复制动态方程为:

$$
F(z) = \frac{\mathrm{d}z}{\mathrm{d}t} = z(U_{my} - \overline{U_m}) = z(1-z)\{\beta_0 R_m - C_m + xF_m - y[R'_m - R_m(\beta_1 - \beta_0 + 1)]\}
\tag{12-10}
$$

令 $F(z) = 0$,则 $z_1 = 0$, $z_2 = 1$, $y_0 = \dfrac{\beta_0 R_m - C_m + xF_m}{R'_m - R_m(\beta_1 - \beta_0 + 1)}$ 。

式(12-10)求导得:

$$
\frac{\mathrm{d}F(z)}{\mathrm{d}z} = (1-2z)\{\beta_0 R_m - C_m + xF_m - y[R'_m - R_m(\beta_1 - \beta_0 + 1)]\}
\tag{12-11}
$$

①当 $y = y_0$ 时, $F(z) \equiv 0$,此时所有的水平均为稳定点;

②当 $y < y_0$ 时, $\left.\dfrac{\mathrm{d}F(z)}{\mathrm{d}z}\right|_{z_1=0} > 0$, $\left.\dfrac{\mathrm{d}F(z)}{\mathrm{d}z}\right|_{z_2=1} < 0$,故 $z_2 = 1$ 是演化稳定策略;

③当 $y > y_0$ 时, $\left.\dfrac{\mathrm{d}F(z)}{\mathrm{d}z}\right|_{z_1=0} < 0$, $\left.\dfrac{\mathrm{d}F(z)}{\mathrm{d}z}\right|_{z_2=1} > 0$,故 $z_1 = 0$ 是演化稳定策略。

通过稳定性分析,得到供应商对制造商策略的影响,如图 12-3 所示。

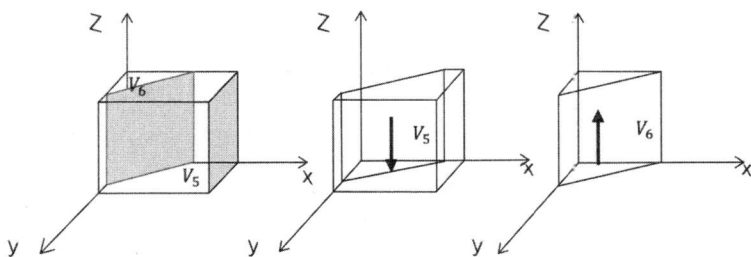

图12-3　供应商对制造商策略的影响

由图12-3可知,当制造商初始状态处于V_6空间时,$y<y_0$,$z_2=1$为均衡点,制造商选择进行碳减排投入策略。此时,政府对制造商企业进行碳排放惩罚、制造商企业的净利润大于零,选择对碳减排进行投入并不会影响制造商的利润,还能免除政府惩罚,因此制造商会选择对碳减排进行投入。当初始状态处于V_5空间时,有$y>y_0$,$z_1=0$为均衡点,其趋向于选择不进行碳减排投入策略。

通过供应商与制造商的演化稳定性分析可以发现,两者之间的策略选择会互相影响。另外,制造商与供应商的决策会受到政府惩罚力度以及另一企业是否"搭便车"的影响。因此,为了促进制造商及供应商的碳减排行为,政府需要进行必要的引导和监督。

12.2.5　政府、供应商和制造商演化博弈均衡策略的综合分析

结合图12-1、图12-2、图12-3,对政府、供应商和制造商三方演化博弈结果汇总,如表12-2所示。由于三方的均衡状态在受到干扰的情况下并不具有稳定性,因此,三方的演化博弈是没有进化稳定状态的(ESS)。

表12-2　三方演化博弈结果

V_1		最终策略选择	V_2	最终策略选择
(V_3, V_5)	(V_1, V_3, V_5)	(不监管,投入,不投入)	(V_2, V_3, V_5)	(监管,投入,不投入)
(V_3, V_6)	(V_1, V_3, V_6)	(不监管,投入,投入)	(V_2, V_3, V_6)	(监管,投入,投入)
(V_4, V_5)	(V_1, V_4, V_5)	(不监管,不投入,不投入)	(V_2, V_4, V_5)	(监管,不投入,不投入)
(V_4, V_6)	(V_1, V_4, V_6)	(不监管,投入,投入)	(V_2, V_4, V_6)	(监管,投入,投入)

12.3 数值仿真

以供应商以及制造商的"搭便车"现象为前提,以珠三角一家牛仔服饰制造企业为研究对象,为说明方便,将该企业称作F公司。根据实际的调研情况,对模型参数取值进行设定,设定的情况如表12-3所示,使用MATLAB工具对演化博弈策略选择过程进行仿真。

表12-3 模型参数取值

参数符号	α_0	α_1	β_0	β_1	C	C_m	C_s	R_s	R'_s	R_m	R'_m	F_s	F_m
数值	0.235	0.455	0.245	0.375	7	13.5	8	35	52.5	57	71.5	9	6

12.3.1 政府监管部门稳定策略的仿真分析

政府监管部门策略分析如图12-4所示。从图12-4可以看出,当作为上游企业的供应商具有较低的概率对碳减排进行投入时,政府就要采取相应的惩罚措施对供应商进行监督;而当供应商具有较高的概率对碳减排进行投入时,政府就会放松监管,节省成本。

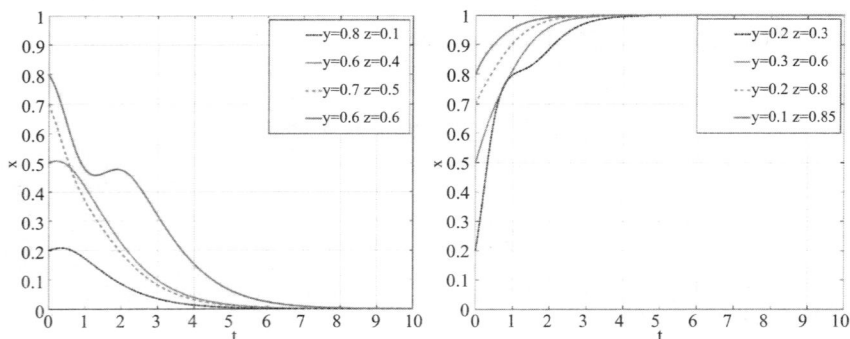

(a)供应商减排投入的概率大于稳定值　(b)供应商减排投入的概率小于稳定值

图12-4 政府监管部门策略分析

12.3.2　供应商稳定策略的仿真分析

供应商策略分析如图 12-5 所示。根据图 12-5 可以看出,当政府具有较高的监管概率且制造商具有较高的减排投入概率时,供应商就会存在投机意愿,出现"搭便车"行为,并且此时的收益大于会受到的政府惩罚,供应商不付出减排成本就能收到更高的收益;而若政府具有较低的监管概率且制造商具有较低的减排投入概率时,供应商会投入费用进行碳减排。

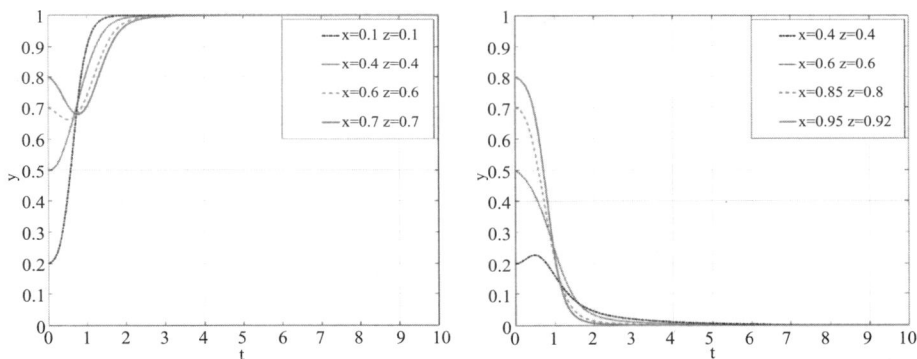

（a）制造商减排投入的概率大于稳定值　　（b）制造商减排投入的概率小于稳定值

图 12-5　供应商策略分析

12.3.3　制造商稳定策略的仿真分析

制造商策略分析如图 12-6 所示。从图 12-6 可以看出,当政府具有较高的监管概率且供应商具有较高的减排投入概率时,制造商就会存在投机意愿,出现"搭便车"行为,并且此时的收益大于会受到的政府惩罚,制造商不付出减排成本就能收到更高的收益。而若政府具有较低的监管概率且供应商具有较低的减排投入概率时,制造商会投入进行碳减排。

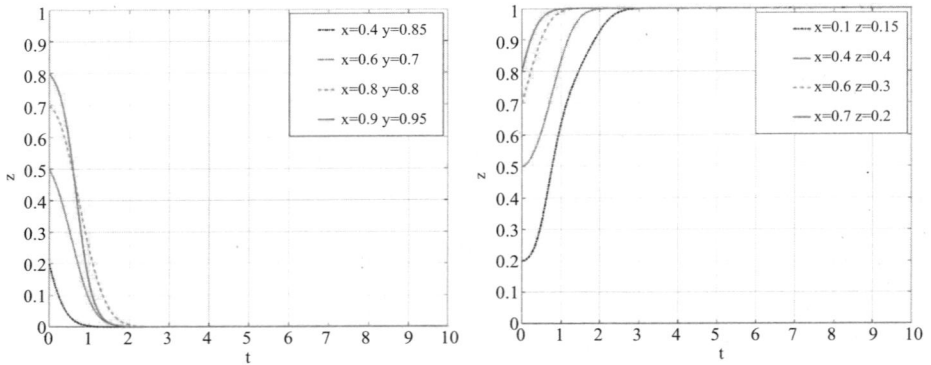

（a）供应商减排投入的概率大于稳定值　（b）供应商减排投入的概率小于稳定值

图12-6　制造商策略分析

12.3.4　政府惩罚力度对企业均衡策略的影响

为了研究政府惩罚力度对企业均衡策略的影响，将其他参数固定不变，调整惩罚力度 F_s，设定同样的初始值，得到政府惩罚力度对政府、制造商、供应商三方均衡策略的影响，如图12-7所示。从图12-7可以看出，当政府对企业的惩罚力度降低后，政府由监管变成不对企业进行监管，供应商由对碳减排进行投入变成了不投入，制造商则由对碳减排不投入变成了投入。惩罚降低后，制造商选择碳减排投入行为增加收益，供应商出现"搭便车"行为，不付出减排成本获取更多收益。

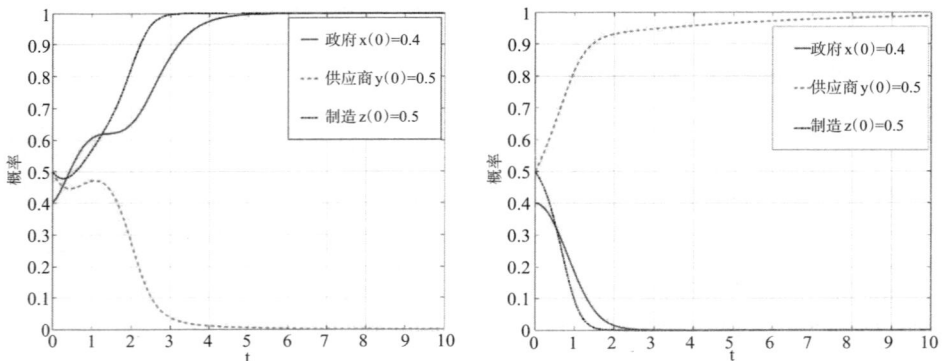

（a）政府惩罚力度为9　　　　　（b）政府惩罚力度为14

图12-7　政府惩罚力度对三方均衡策略的影响

12.3.5　不同初始状态下的策略选择

为了避免供应商及制造商企业双方因为"搭便车"形成竞争关系,以制造商为研究对象,将其他参数固定不变,调整 Z 值,得到不同初始状态对三方均衡策略的影响,如图12-8所示。从图12-8可以观察到,当制造商减排投入的概率升高时,各主体的选择都发生改变,说明可以通过制造商和供应商之间的契约,分担碳减排投入的成本,减少双方"搭便车"的情形,还有利于确保双方利益的获取。

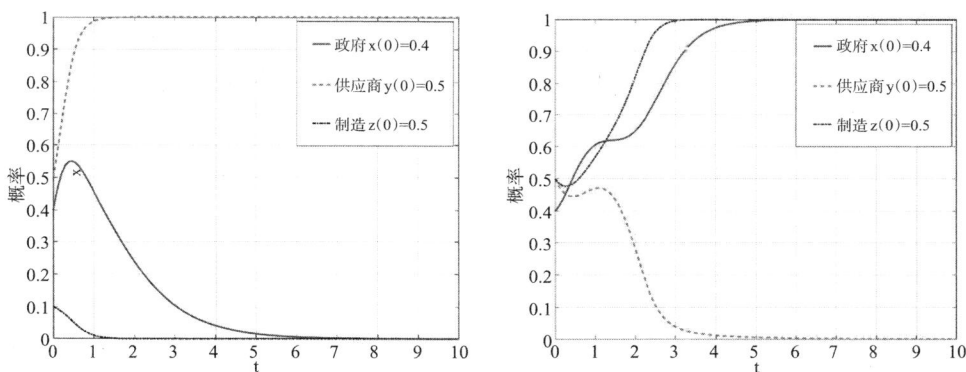

（a）制造商碳减排投入策略的比例为0.1　（b）制造商碳减排投入策略的比例为0.5

图12-8　不同初始状态对三方均衡策略的影响

12.3.6　成本对三方主体均衡策略的影响

为了研究政府的监督成本、供应商以及制造商的碳减非投入成本变化对三方策略选择的影响,将其他参数保持不变,改变成本 C 与 C_m,得到三方策略选择的变化,如图12-9所示。从图12-9可以发现,在监管成本增加的情况下,受成本压力影响,政府趋向于不对企业进行监管;当制造商的减排投入成本升高时,受成本约束,制造商也不会对碳减排进行投入;若此时供应商受到高惩罚支出的影响,供应商不减排投入时的收益比减排投入时的收益低,供应商会选择花费资金进行减排投资。因此,政府能够利用较大的惩罚力度督促企业,改变企业的策略选择。

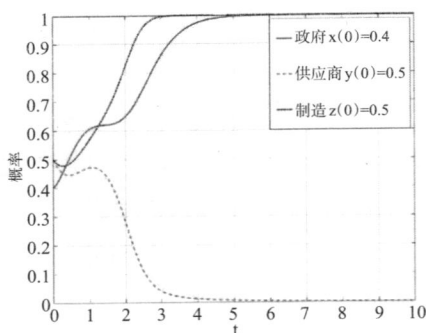

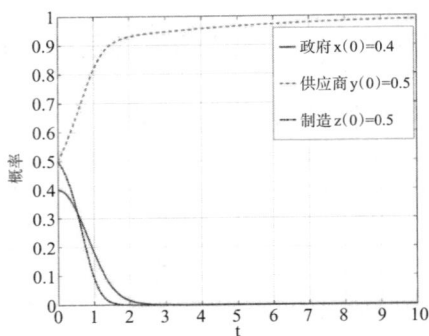

（a）政府成本为7,制造商成本为13.5　（b）政府成本为10,制造商成本为13

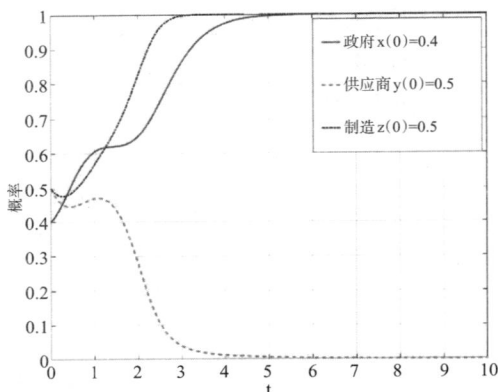

（c）政府成本为7,制造商成本为18

图12-9　成本对三方均衡策略的影响

12.4　研究结论

　　本章在现有碳减排投入演化博弈研究基础上,考虑政府对企业的碳排放行为的惩罚调节以及供应商和制造商间存在的"搭便车"现象,建立三方的演化博弈模型并进行稳定性分析,对政府、供应商、制造商的策略选择行为以及影响因素进行分析。研究发现,政府进行监管的力度以及供应商（制造商）是否进行减排投入,会影响制造商（供应商）的决策选择。当政府对企业进行高额处罚或者政府对企业监管需要付出较高成本时,企业会出现"搭便车"的情况。所以,政府应制定科学合理的惩罚制度来督促企业投入碳减排；企业则应该通过技术创新，加强企业间的契约合作，防止出现"搭便车"现象。

第五部分 | 行业应用

　　本部分以生鲜品行业、纺织服装品行业、农产品行业、电子回收品行业为研究对象，分别从碳足迹的物流优化、供应链的定价调控、供应链减排决策优化以及供应链渠道选择调控的角度研究碳足迹下绿色供应链的应用问题。对生鲜品行业，采用全生命周期评估法、投入产出法对生鲜品不同环节的碳排放进行测算，建立经济成本和环境成本最小化目标函数，实现供应链的优化；对纺织服装品行业，基于碳交易价格和政府监督因子研究政府参与下纺织服装企业的供应链定价以及碳减排问题；对农产品行业，建立碳税约束下农产品制造商与零售商不合作减排模型、分散决策下的合作减排模型以及集中决策下的合作减排模型，对三种情况下的农产品碳减排量和供应链主体利润进行对比，选择最佳的优化方法；对电子回收品行业，建立政府与电子回收企业之间的演化博弈模型，对政府和企业的渠道选择行为进行分析，明确政府行为对电子回收企业渠道选择的影响。本部分将前述研究得出的优化与调控机制分别应用于具有代表性的行业实践中，具体分析机制实施后各行业供应链的碳排放情况以及供应链总体盈利水平，从而为政府和企业不断优化机制设计提供对策和建议。

第13章

考虑碳足迹的冷链物流优化实践
——以生鲜品行业为例

近年来,随着生活水平的不断提高,生鲜品冷链物流的发展如火如荼。冷链物流保证了生鲜品在配送过程中始终保持较低的温度,降低生鲜品的腐损率,提升食品的口感及安全性。由于配送过程中需要制冷设备对温度进行控制,消耗更多能量,产生更多碳排放,为此,我国明确指出在冷链物流中实现低碳化运作,降低货物单位周转量的 CO_2 排放量。因此,如何合理安排冷链物流配送路径以减少能源消耗和碳排放是我们必须面对的一个紧迫问题。

同时,网络销售的蓬勃发展,改变着人们购买生鲜食品的习惯——由线下的传统市场向大规模生鲜超市或者专营生鲜的网店转移,使得社会对冷链物流的需求越来越大。2019年冷冻冷藏水产和肉制品进口量上涨至1 000万吨左右,果蔬、肉制品、水产品、乳制品总产量预计突破13亿吨,冷链市场需求巨大。生鲜产品对温度和湿度、配送时效等要求比较严格,这样势必会在运输过程中消耗更多的能量和产生大量碳排放,冷链物流也因此成为物流行业中的碳排放大户,如何降低生鲜产品等在冷链物流中的碳排放一直是行业关注的重点。考虑到生鲜食品在运输途中对时效要求的特殊性,国内外很多相关专家对冷链物流的碳足迹进行了研究,以力求在满足市场需求的同时,尽可能进行低碳冷链物流的操作。

本章在对冷链物流碳足迹进行深入分析的基础上,引入了距离系数和生鲜度等参数,采用全生命周期评估法、投入产出法等界定生鲜品冷链物流中不同环节的碳足迹测算范围,对生鲜品在流通过程中各产地、配送中心、零售商以及废弃处理等生产经营活动产生的碳排放进行核算。通过分析仿真结果,本章从政府和企业的角度出发,对如何更有效地实现节能减排目标,引导冷链物流行业在低碳经济背景下更好地发展提出了相应的对策。

13.1 案例背景说明

低碳与环保一直以来都是世界性的热门话题,作为影响全球气候的重要因素之一,碳排放量一直是人们关注的绿色指标。作为影响气候环境问题的关键因素之一,碳排放问题日益成为国内外研究的热点。

本章以生鲜品为例,针对冷链物流的碳足迹进行测算和优化调控。在传统的冷链物流系统碳足迹模型中添加了结合铁路和公路运输的多式联运场景,并考虑生鲜度作为影响销售的重要因素,建立以综合成本最优为目标的冷链物流碳足迹模型,采取产地—配送中心—零售商的经典三级网络为主要研究对象,细化核算每一步成本支出和碳排放量,以求找到最优解。

根据全生命周期评估法进行分析,针对生鲜品这一特定产品,冷链物流系统中所考虑的碳足迹包括产地、转运、配送中心、零售商以及废弃处理等所产生的碳足迹,如图13-1所示。

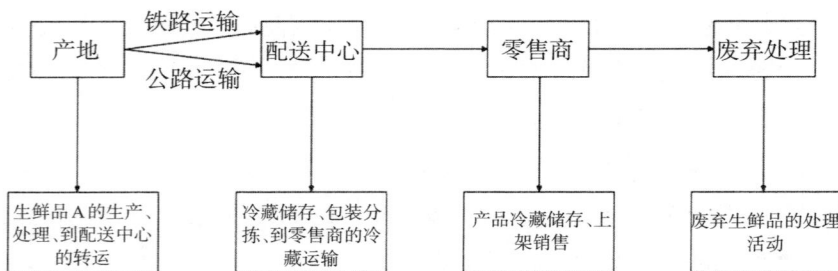

图 13-1　生鲜品冷链物流主要碳足迹环节

为了更好地说明问题,对模型做出以下假设:

①生鲜品产地、配送中心、零售商等信息可方便获取,生鲜品的零售市场需求明确。

②模型中各运输节点之间的距离数据明确。

③生鲜品流通过程全部采用冷链运输,假定在配送过程匀速前进的情况下,碳足迹、生鲜度只与时间相关,而不考虑其他因素影响。

④配送运量应保证零售市场不断货，满足客户需求。

13.2 模型构建与数值仿真

运用全生命周期评估法，对生鲜品冷链物流碳足迹核算边界进行界定，将生鲜品供应链分为产地、配送中心、零售商及废弃物处理四个环节，对生鲜品冷链物流碳足迹细分到各个环节进行核算；目标函数分为生鲜品供应链经济成本与生鲜品供应链环境成本两部分，利用加权平均法将两部分内容置于统一的衡量标准体系，模型的变量及参数设定与释义如表13-1所示。

表13-1 模型的变量及参数设定与释义

变量或参数	变量或参数释义
$I = \{1, \dots, i\}$	I 是产地 i 的子集合
$J = \{1, \dots, j\}$	J 为配送中心 j 的子集合
$K = \{1, \dots, k\}$	K 为零售商 k 的子集合
P_i	产地 i 的产量，kg
C_i	产地 i 生鲜食品的单位生产成本，元/kg
D_j	配送中心 j 的处理货物能力，kg
C_j^{DH}	配送中心处理货物的单位成本，元/kg
$C_j^{D,e}$	配送中心的固定运营成本，元
Q_{ij}	产地到配送中心的运量，kg
Q_{jk}	配送中心到零售商的运量，kg
D_k	零售商的市场需求量，kg
C_{ij}^{G}	产地到配送中心的公路运输单位运费，元/kg
C_{ij}^{T}	产地到配送中心的铁路运输单位运费，元/kg
β	由产地到配送中心距离决定的系数，$d_{ij} \geq 600$，$\beta = 0$；$d_{ij} < 600$，$\beta = 1$
C_{jk}^{G}	配送中心到零售商的单位运费，元/kg
d_{ij}	产地到配送中心的运输距离，km
d_{jk}	配送中心到零售商的运输距离，km
C_t	冷藏车的固定成本，元/辆
R_{jk}^{V}	配送中心到销售商运输过程所需的冷藏车数量，台

续表

变量或参数	变量或参数释义
T_{jk}^m	配送中心到销售商的运输时间，h
V	冷藏车行驶速度，km/h
LC	冷藏车的实际载重量，kg
C_j	生鲜产品废弃部分的单位处理成本，元/kg
X_{ij}	产地与配送中心联络状态
X_{jk}	配送中心与销售商联络状态
Y_j	配送中心状态，处于运营时 X_{ij}、X_{jk}、Y_j 为1，否则 X_{ij}、X_{jk}、Y_j 为0
$C_{q_i^{ce}}^m$	生鲜食品生产过程的碳足迹，$kgCO_2$
$C_{q_{ij}^{ce}}^G$	产地到配送中心公路运输过程每单位产品的碳足迹，$kgCO_2$
$C_{q_{ij}^{ce}}^T$	产地到配送中心铁路运输过程每单位产品的碳足迹，$kgCO_2$
$C_{q_j^{ce}}^m$	零售商每单位产品的碳足迹，$kgCO_2$
$C_{q_{jk}^m}$	冷藏车车速为 m km/h 时所对应的单位碳足迹，$kgCO_2$
C_{co_2}	生鲜食品供应链的碳足迹税率，元/kg
λ	生鲜食品随时间的变化产生的生鲜度，%
α	生鲜食品随时间的变化产生的腐损率，%
W	司机的每小时工资，元

冷链系统的决策目标包括经济成本最小化和碳足迹最小化，通过引入碳足迹税率 C_{co_2}，针对冷链物流系统经济总成本与碳排放量，将生产、转运、配送处理、废弃处理等生鲜品生命周期全流程中的碳足迹转化为社会支出成本，将多目标函数转化为单目标函数进行求解最优解。此时，冷链系统决策目标为：

$$\min F = \sum_{i \in I} C_i P_i + \sum_{j \in J} C_j^{D,e} Y_j + \sum_{j \in J} C_j^{DH} D_j +$$

$$\sum_{j,k} C_i R_{jk}^m + \sum_{i,j} \left[\beta Q_{ij} C_{ij}^G + (1-\beta) Q_{ij} C_{ij}^T \right] + \sum_{j,k} R_{jk}^m C_{jk}^G d_{jk} +$$

$$\left\{ \sum_{i \in I} C_{q_i^{ce}}^m P_i + \sum_{j \in J} C_{q_j^{ce}}^m D_j + \sum_{i,j} \left[\beta d_{ij} Q_{ij} C_{q_{ij}^{ce}}^G + (1-\beta) d_{ij} Q_{ij} C_{q_{ij}^{ce}}^T \right] + \sum_{j,k} d_{jk} C_{q_{jk}^m} R_{jk}^m + \sum C_{wqe} I \right\} C_{co_2} +$$

$$\sum_{j,k} T_{jk}^m R_{jk}^m W + \sum_k \left[C_j D_k (1-\lambda) \right]$$

$$(13-1)$$

通过建模分析可以得出,该系统的总成本和碳足迹受冷藏车速度和距离系数的双重影响。从图13-2和图13-3可以看出,随着距离系数的增加,系统总成本和总碳排放量变化的总体趋势大致相同。当冷藏卡车的速度逐渐增加时,系统的总成本和系统的总碳排放量均呈下降趋势。

$$s.t.\begin{cases} X_{ij} \leqslant Y_j, \forall i \in I, j \in J; \\ \sum_i X_{ij} \geqslant Y_j, \forall j \in J; \\ X_{jk} \leqslant Y_j, \forall j \in J, k \in K; \\ \sum_j X_{jk} \geqslant 1, \forall k \in K; \\ Q_{ij}^{\min} X_{ij} \leqslant Q_{ij} \leqslant Q_{ij}^{\max} X_{ij}, Q_{ij} \in N, \forall i \in I, j \in J; \\ Q_{jk}^{\min} X_{jk} \leqslant R_{jk}^m LC \leqslant Q_{jk}^{\max} X_{jk}, \forall j \in J, k \in K; \\ \dfrac{d_{ij} - 600}{\beta - 0.5} \leqslant 0 \\ P_i^{\min} \leqslant P_i \leqslant P_i^{\max}, P_i \in N, \forall i \in I; \\ P_i = \sum_j Q_{ij}, \forall j \in J; \\ D_j^{\min} \leqslant D_j \leqslant D_j^{\max}, D_j \in N, \forall j \in J; \\ D_j = \sum_i Q_{ij}, \forall i \in I; \\ \sum_k R_{jk}^m LC \leqslant D_j Y_j, \forall j \in J; \\ \sum_j R_{jk}^m LC (1-\alpha)^{\frac{T_{jk}^m}{0.5}} \geqslant D_k, \forall k \in K; \\ \dfrac{d_{jk}}{V_{jk}^m} - 0.5 < T_{jk}^m \leqslant \dfrac{d_{jk}}{V_{jk}^m} + 0.5, T_{jk}^m \in N, \forall j \in J, k \in K; \\ \lambda = (1-\alpha)^{\frac{T_{jk}^m}{0.5}}, T_{jk}^m \in N, \forall j \in J, k \in K; \\ Q_{ij} \geqslant 0, \forall i \in I, j \in J; \\ R_{jk}^m \geqslant 0 \text{且} R_{jk}^m \in N, \forall i \in I, j \in J; \end{cases}$$

$$(13-2)$$

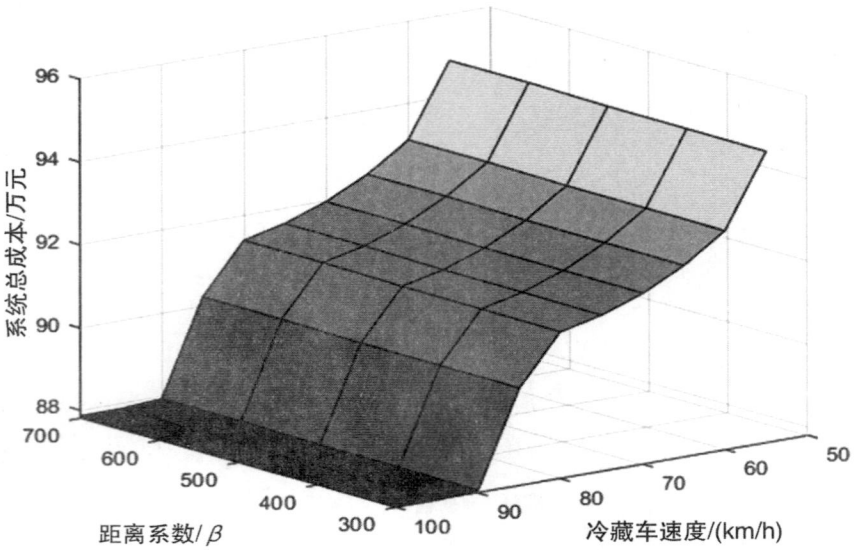

图13-2 双重因素导致的总成本变化

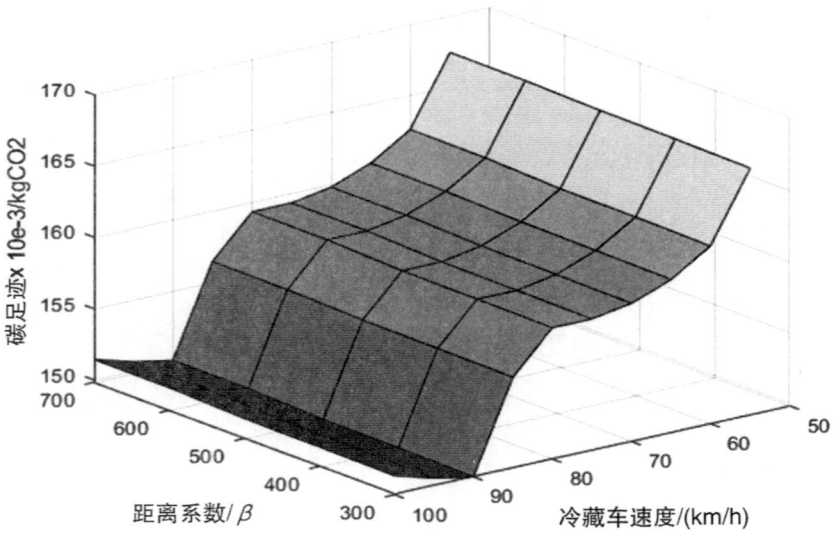

图13-3 双重因素导致的碳足迹变化

13.2.1 冷藏车速度对总成本和碳足迹的影响

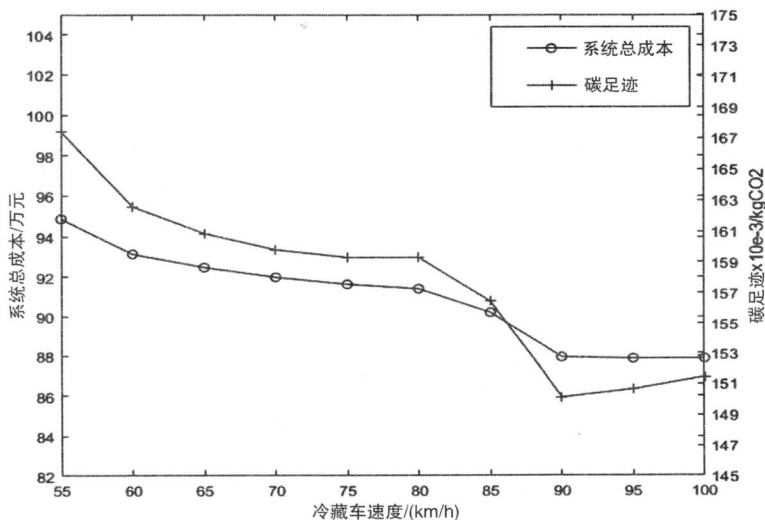

图 13-4 冷藏车不同车速对系统总成本和碳足迹的影响

从图 13-4 可以看出,冷藏车速度的变化对系统的总成本和碳足迹有一定的影响。在一定范围内,随着运输速度的提高,总成本和碳足迹都有下降的趋势。其中,碳足迹和冷藏车的速度具有近似二次函数,即碳足迹随冷藏车的速度而变化,可以在当前系统模型中找到碳足迹的最优解。当冷藏车的速度从 55 km/h 增加到 90 km/h 时,碳足迹和总系统成本逐渐降低。当冷藏车的速度等于 90 km/h 时,碳足迹和总系统成本都将降到最低。此后,碳足迹呈上升趋势,而整个系统的成本几乎不变。

通过分析图中的数据可以得出,当冷藏车的速度大于 90 km/h 时,碳足迹呈上升趋势。考虑到变质生鲜品的处理会产生较多的碳足迹,因此在该系统中处理变质生鲜品的单位成本相对较大,此时的总系统成本正在缓慢降低。与碳足迹的增加相比,总成本的减少幅度甚至更小。此时,从节能减排的角度出发,建议冷藏车的速度尽可能控制在 90 km/h。

13.2.2　生鲜度对总成本和碳足迹的影响

生鲜品对运输的时效性有着较高的要求,这是由于消费者或者说市场需求对于生鲜品到达终端零售市场时的生鲜度有着较高的要求,因为生鲜度与中转时间为负相关关系,也正是为了减少生鲜品在运输过程中的损耗,催生了冷链运输模式。如图13-5所示。

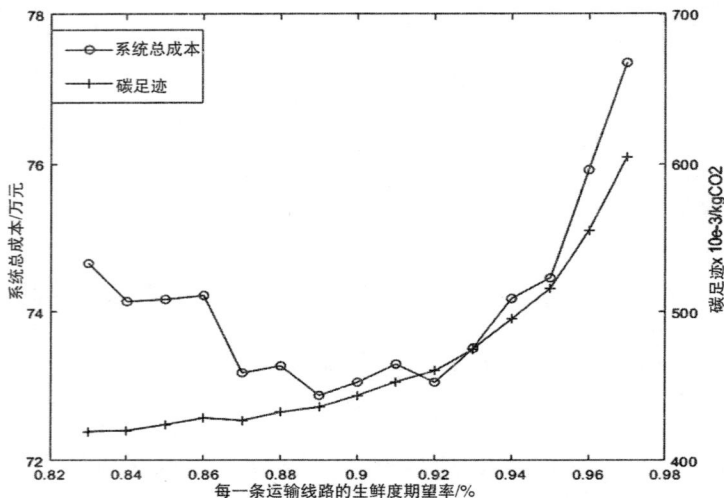

图13-5　生鲜度期望率对系统总成本和碳足迹的影响

随着生鲜品到达终端零售市场时对生鲜度的要求不断提高,碳足迹已显示出持续增长的趋势。初期的增长幅度不明显。生鲜度期望率越高,碳足迹的增长幅度就越大。总成本呈现出随着生鲜度的提高先波动后急剧上升的趋势。当生鲜品以0.89的生鲜度进入最终零售市场时,系统的总成本降至最低,并且碳足迹的增加并不明显。此后,随着生鲜度要求的增加,总成本波动并增加,碳足迹也开始显著增加。通过仿真结果可知,从经济效益的角度来看,在实际运输中,经营生鲜品冷链运输的公司应考虑调整冷藏车的速度,不仅要确保生鲜品进入终端零售市场时的生鲜度,还要尽可能节省总成本。

13.2.3 距离系数对总成本和碳足迹的影响

探讨距离系数对系统总成本和碳足迹的影响时,必须考虑采用铁路运输和公路运输时到达配送中心的货损量。如图13-6所示。

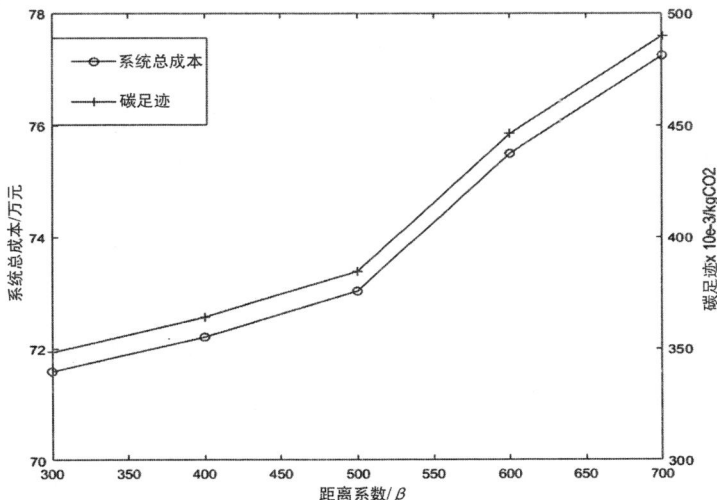

图13-6 距离系数对系统总成本和碳足迹的影响

根据现有研究可知,在其他条件不变的情况下,采用铁路运输造成的产品碳足迹仅为公路运输的55%。随着距离系数的增加,当运输距离小于距离系数时都采用公路运输,总成本和碳足迹均呈增长趋势。在300~500 km的距离范围内,碳足迹和总系统成本的增长幅度不大。当运输距离超过500 km时,如果单纯采用公路运输将会导致碳足迹和系统总成本急剧增加。从碳足迹的角度来看,涉及长距离运输时,应选择铁路运输为主要方式。长途铁路运输与短途公路运输相结合,更有利于物流企业的可持续发展。

13.3 研究结论

本章采用全生命周期评估法、投入产出法等方法,引入距离系数和生鲜度等参

175

数,构建生鲜品冷链物流碳足迹模型,对生鲜品在流通过程中各产地、配送中心、零售商以及废弃处理等生产经营活动产生的碳排放进行核算。通过分析冷藏车运行速度、生鲜度和距离系数变化对碳足迹的影响,为冷链物流行业相关主体的决策提供了参考。

第一,从冷链物流碳足迹模型及其仿真计算分析结果可以得出,相比于冷链物流的其他环节,冷藏运输环节是该流通渠道的碳排放大户,在不考虑其他外界不确定因素变化的情况下,冷藏车行驶速度会对碳足迹有关键作用。

第二,生鲜度对碳足迹的影响更加显著。随着生鲜度期望率逐步增加,碳足迹总量相较于对生鲜度期望率无要求时的碳排放量明显增加,而且生鲜度期望率越高,碳足迹增长幅度越大。将冷链物流系统的生鲜度控制在某一范围,可以在最大程度满足终端市场对于生鲜度的要求的同时,又使冷链物流的环境效益和经济效益得到满足。

第三,相较于发达国家,我国的冷链流通率较低,但冷链物流行业发展潜力巨大,通过研究发现,对冷链物流从业者来说,经济效益和环境效益有的时候并不能同时取得最优组合,例如,当系统碳足迹总量为最低时,系统总成本并不能总是取得最优。对于这种情况,建议国家相关部门尽快建立健全相应的法律法规体系并落实到位,对于积极实行节能减排的企业实行一定补贴,这对于冷链物流行业的可持续发展有积极的引导作用,也解决了相关企业在经济成本和环境成本中进行取舍的后顾之忧。

第14章

考虑政府监督的供应链定价调控实践
——以纺织服装行业为例

从20世纪90年代开始，我国纺织服装的生产量和出口量就已经位居世界前列，成为支撑我国国民经济的支柱，在经济和社会发展中占据举足轻重的地位。但是，随着人民生活水平的提高以及快时尚行业的兴起，纺织服装行业更新换代的速度越来越快，带来的废水污染、碳排放污染以及旧衣处理污染都成为亟待解决的问题。根据联合国的预测，全球人口将在2030年达到85亿，服装消费量将从6 200万吨增加到1.02亿吨。美国《福布斯》杂志网站曾称，每年全球有超过1 500亿件服装被抛弃，足够地球上每个人每年换20件新衣。在服装行业造成庞大的资源浪费和严重的环境污染的情况下，联合国积极倡导纺织行业可持续发展。我国积极响应联合国的号召，在"十三五"规划中明确指出，2020年纺织行业单位工业增加值能耗实现累计下降18%，二氧化碳排放强度累计降低22%，用水量累计降低23%，再利用纺织纤维总量达1 200万吨，政府在降低纺织服装行业碳排放的过程中发挥重要作用。在此背景下，从单纯追逐经济利益的商业模式中觉醒的时尚品牌越来越多，这些品牌在追求经济效益的同时，平衡整个产业链对环境、社会造成的影响，提高企业社会责任意识，践行低碳可持续发展战略。

本章考虑政府监督下的纺织服装行业的供应链定价调控问题，建立了政府参与及协调的二级供应链，研究分析碳交易价格和政府督促因子对纺织服装企业供应链碳减排及定价决策的影响。研究发现，对纺织服装企业而言，在实施碳交易的同时，还应重视低碳减排，提高企业减排动力，结合碳交易价格的变动以期采取恰当的策略；此外，供应链上下游纺织服装企业也可以进一步选择合适的契约方式，通过提高碳减排来增加产品的市场竞争力。

14.1　案例背景说明

本章考虑由政府参与及协调的二级供应链,包括单个纺织服装供应商和单个纺织服装零售商。政府对纺织服装企业的碳排放进行配额,碳配额总额为 G;纺织服装企业可以通过碳交易来达到合作减排的目的,碳交易的价格为 t。在政府分配的碳配额的标准及碳交易机制下,纺织服装供应商进行碳减排生产决策及碳交易决策,同时,当供应商碳排放量大于政府所分配碳配额时,通过政府督促因子 α 进行惩罚;反之,当供应商碳排放量低于政府所分配的碳配额时,政府将对供应商进行适当的奖励。供应商以价格 w 将纺织服装产品批量卖给零售商,零售商再以价格 p 将纺织服装出售给消费者,消费者购买的纺织服装产品量为 Q,与产品价格和碳减排量成线性关系,即有 $Q=Q_0-mp$,其中 m 为零售价格影响系数,Q_0 为市场最大需求量。供应商碳减排成本为 $\frac{1}{2}he^2$,其中 h 为碳减排成本系数,e 为单位产品碳减排量。因此,本章将基于政府协调与碳交易双重机制,研究并分析碳交易价格和政府督促因子对供应链碳减排及定价决策的影响。供应链碳减排决策流程如图14-1所示。

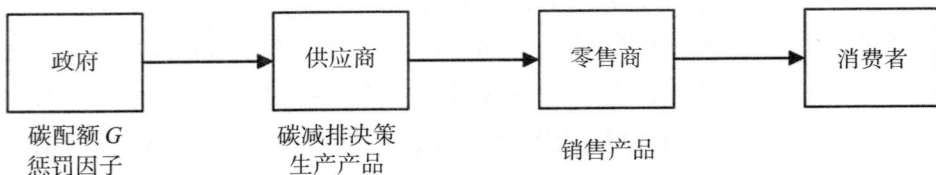

图14-1　供应链碳减排决策流程

14.2　模型构建与数值仿真

选取适量参数,分析碳交易价格和政府督促因子对碳减排量和批发价格、零售价格及最优利润的影响,旨在为市场定价和政府决策提供参考。

14.2.1　最优碳减排量的变化

通过建模分析可知,碳减排量是关于碳交易价格和政府督促因子的联合函数,并且其最优解的变化与供应商碳排放程度有关。碳减排量在双重因素作用下的变化如图14-2所示。由图14-2可知,当供应商为高排放企业时,碳减排量在碳交易价格和政府督促因子的综合作用下先增后减,呈倒U形。相反,当供应商为低排放企业时,碳减排量在碳交易价格和政府督促因子的综合作用下逐步增大。这是因为,随着政府督促因子和碳交易价格在一定范围内增大,高排放企业进行碳减排可以缓解来自政府和市场的资金压力,但是当两者超过一定的范围后,供应商进行较大程度的碳减排获得的利润不如较低程度的碳减排,因而高排放企业碳减排趋势呈倒U形。

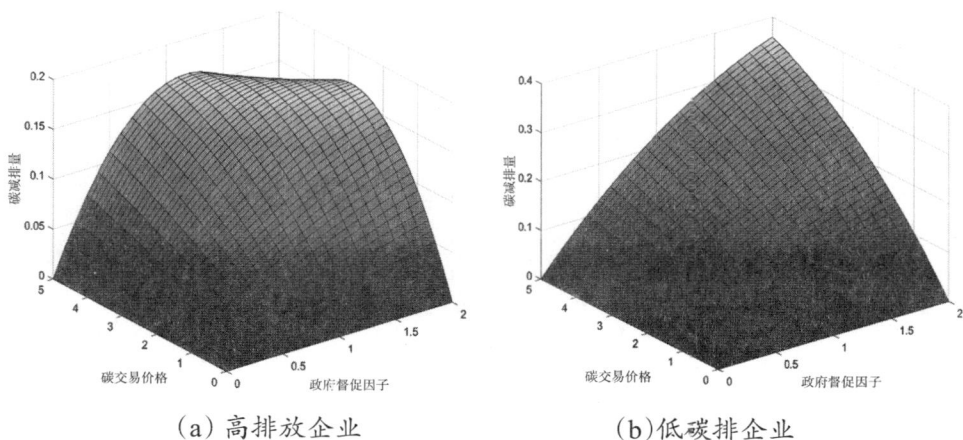

（a）高排放企业　　　　　　（b）低碳排企业

图14-2　碳减排量在双重因素作用下的变化

考虑单个因素对碳减排量的影响,图14-3和图14-4分别对碳交易价格和政府督促因子两个因素加以描述。从图14-3可知,对于高排放企业,其碳减排量随碳交易价格的增加先增后减,即呈倒U形;对于低排放企业,其碳减排量随碳交易价格的增加逐渐增大。由图14-4可知,无论供应商为高排放企业还是低排放企业,供应商碳减排量在政府督促因子的作用下始终呈倒U形,但是高排放企业在政府督促因子较小时具有较高的碳减排量,相反,低排放企业在政府督促因子较大时具有较高的碳减排量。因而,在企业日常运行中,政府可以根据企业的实际情况合理地设置政府督促因子,以更好地促进企业进行碳减排,从而推动碳减排的发展。

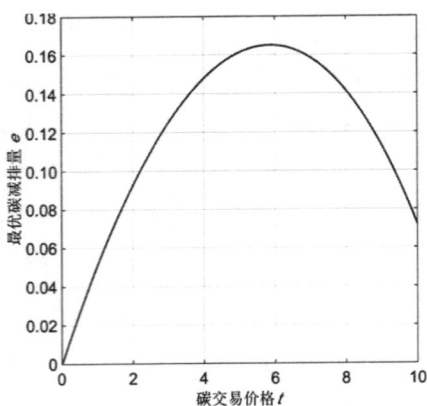 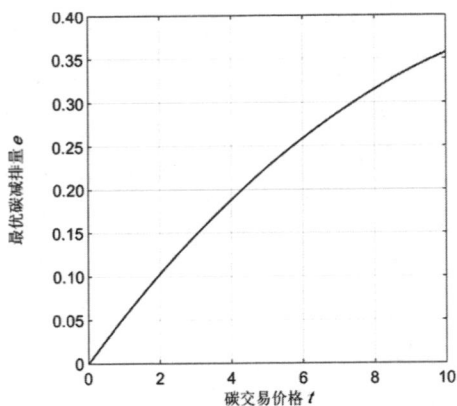

（a）高排放企业　　　　　　　（b）低碳排企业

图14-3　碳减排量在碳交易价格作用下的变化

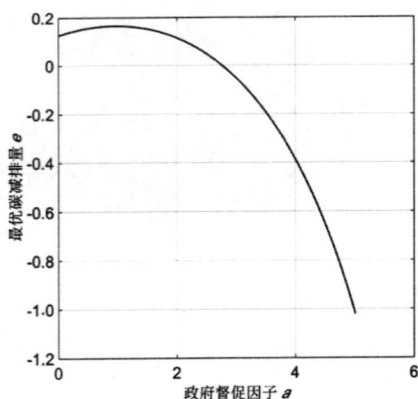 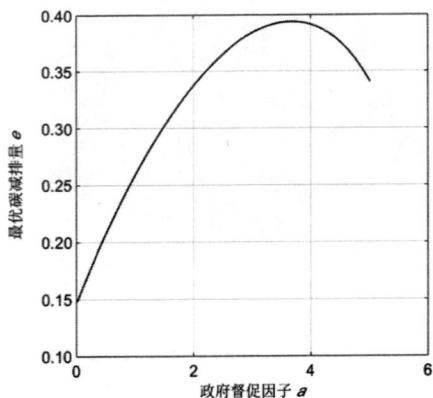

（a）高排放企业　　　　　　　（b）低碳排企业

图14-4　碳减排量在政府督促因子作用下的变化

14.2.2　最优批发价格的变化

碳减排量在政府督促因子作用下的变化如图14-5所示。由图14-5可知,对比供应商碳排放程度不同时,在碳交易价格和政府督促因子的综合影响下,供应商批发价格整体变化趋势相同。批发价格在政府督促因子作用下的变化如图14-6所示,批发价格在碳交易价格作用下的变化如图14-7所示。观察图14-6、图14-7,均为随着市场交易中碳交易价格的增加和政府为激励供应商进行一定程度的碳减排而增大惩罚力度,供应商本身为了谋取更大的利益而提高产品批发价格。同时,相比于碳交易价格对供应商产品批发价格的影响,政府督促因子的影响效果更加明显。因此,供应商可以在必要时通过政府来调节产品批发价格,以获得可观利润。

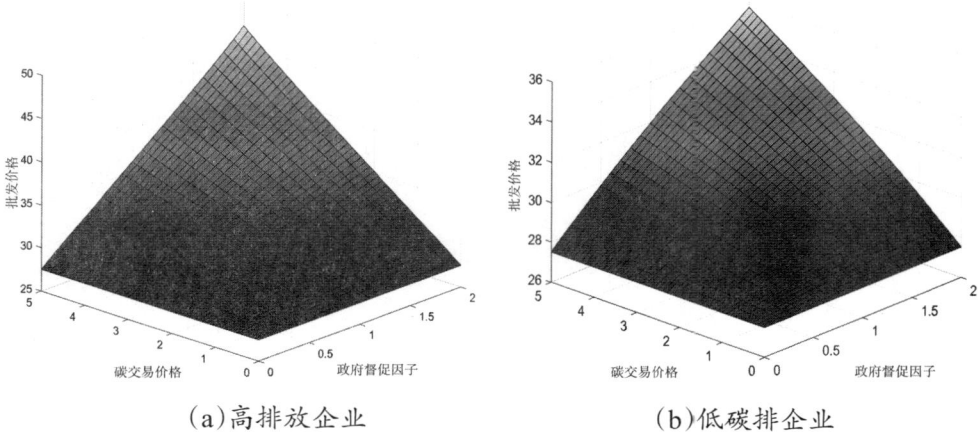

(a)高排放企业　　　　　　　　(b)低碳排企业

图14-5　批发价格在政府督促因子和碳交易价格作用下的变化

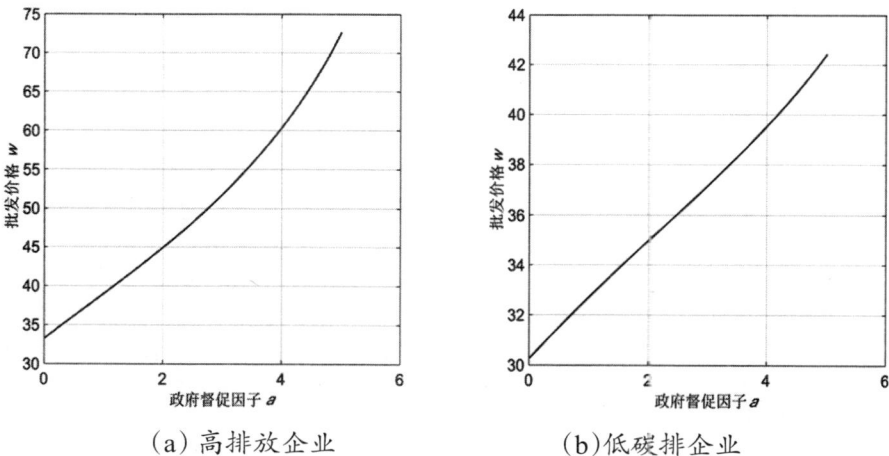

(a)高排放企业　　　　　　　　(b)低碳排企业

图14-6　批发价格在政府督促因子作用下的变化

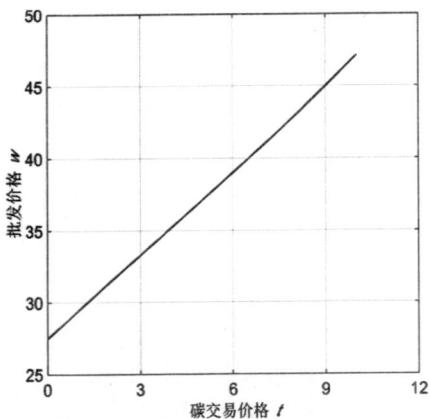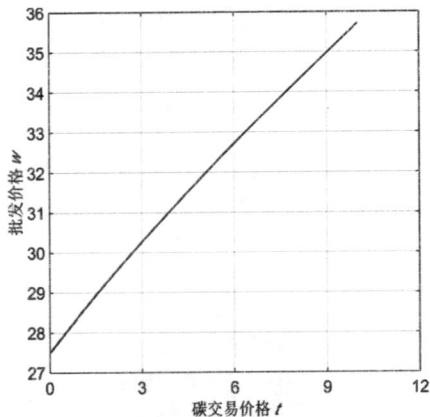

（a）高排放企业　　　　　　　　　（b）低碳排企业

图14-7　批发价格在碳交易价格作用下的变化

14.2.3　最优零售价格的变化

零售价格在政府督促因子和碳交易价格作用下的变化如图14-8所示。由图14-8可知，对比供应商碳排放程度不同时，在碳交易价格和政府督促因子的综合影响下，供应商零售价格整体变化趋势相同。零售价格在政府督促因子与碳交易价格作用下的变化分别如图14-9和图14-10所示。由曲线的变化趋势可知，相比于碳交易价格对产品零售价格的影响，政府督促因子的影响效果更加明显。

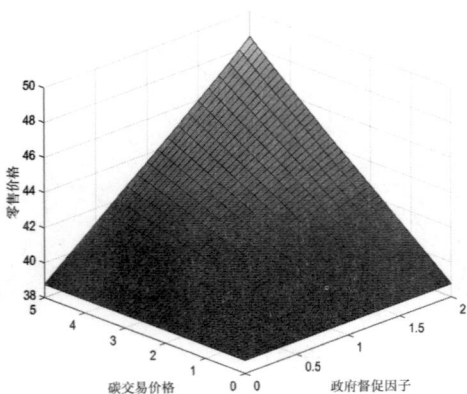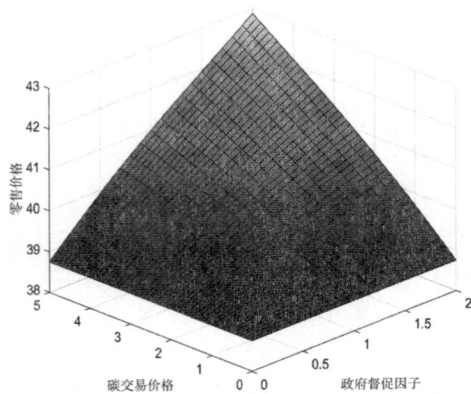

（a）　　　　　　　　　　　　　（b）

图14-8　零售价格在政府督促因子和碳交易价格作用下的变化
（a）高排放企业；（b）低碳排企业

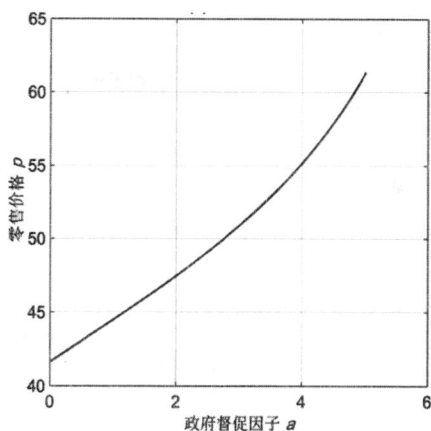
（a）高排放企业

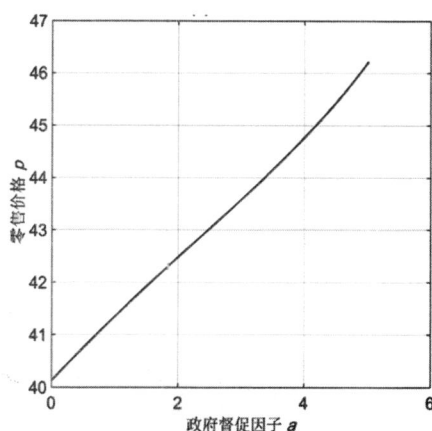
（b）低碳排企业

图14-9　零售价格在政府督促因子作用下的变化

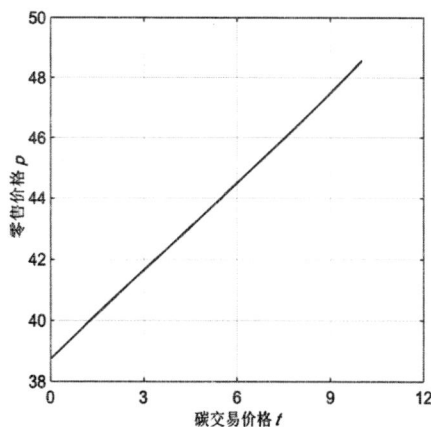
（a）高排放企业

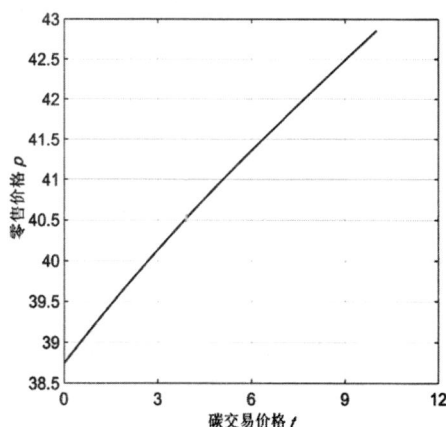
（b）低碳排企业

图14-10　零售价格在碳交易价格作用下的变化

14.2.4　最优利润的变化

最优利润在政府督促因子和碳交易价格作用下的变化如图14-11所示。由图14-11可知,在政府督促因子、碳交易价格的影响下,无论供应商是高排放企业还是低排放企业,随着政府督促因子、碳交易价格的增大,供应商和零售商利润趋向于降低,这是因为供应商在政府督促协调碳减排程度的作用下,通过产品的出售、进行碳交易获得的收益逐步降低;相应的,零售商为了更好地获利,会提高产品的零售价格,但是市场中碳交易价格的增加和政府政策的变化都在一定程度上阻碍并影响着零售商利润,因而零售商利润最终呈现降低的趋势。

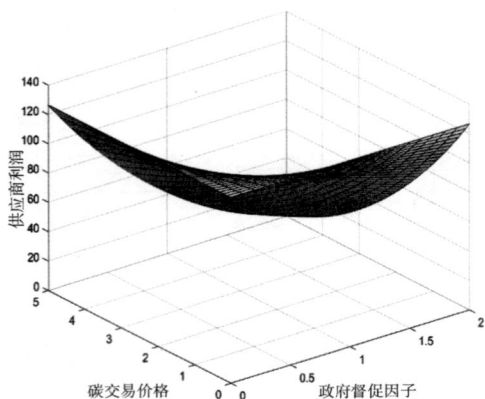

（a）高排放企业

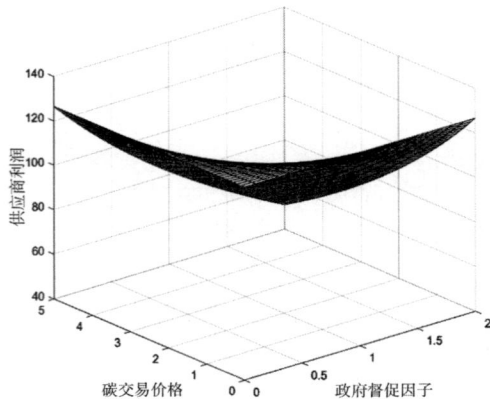

（b）低碳排企业

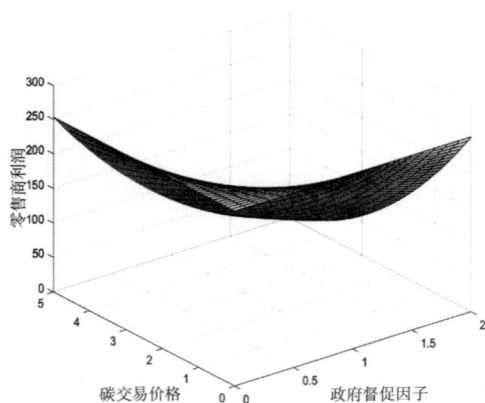

（c）高排放企业

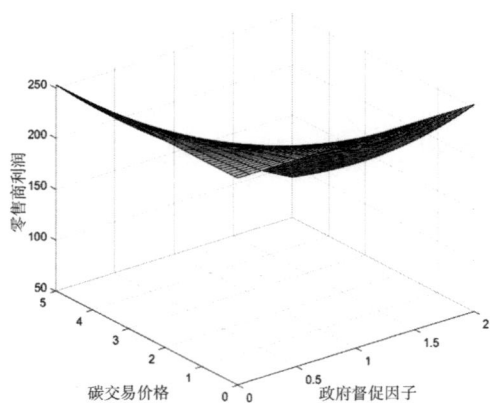

（d）低碳排企业

图14-11　最优利润在政府督促因子和碳交易价格作用下的变化

14.3　研究结论

本章基于由政府参与的二级供应链,运用Stackelberg博弈理论进行分析,研究了政府督促和碳交易机制下的碳减排策略及定价策略,分析了碳交易价格、融资利率对供应链决策的影响,为供应链决策提供参考。

因此,对企业而言,在实施碳交易的同时,应重视低碳减排,进而提高企业减排动力,还应结合碳交易价格的变动以期采取恰当的策略。此外,供应链上下游企业也可以进一步选择合适的契约方式,通过提高碳减排来增加产品的市场竞争力。

第一,从供应商碳减排的角度来看,当供应商为高排放企业时,碳减排量在碳交易价格和政府督促因子的综合作用下先增后减,呈倒U形。相反,当供应商为低排放企业时,碳减排量在碳交易价格和政府督促因子的综合作用下逐步增大。同时,通过研究单个因素对最优碳减排量的影响发现,政府相关政策的制定可以更好地实现对供应商碳减排行为的协调。

第二,从供应商批发价格和零售商零售价格来看,在碳交易价格和政府督促因子的综合影响下,批发价格、零售价格整体变化趋势相同,但是相比于碳交易价格对产品定价的影响,政府督促因子的影响效果更加明显。因此,供应链成员,即供应商和零售商在必要时可以通过政府来调节产品定价以获得可观利润。

第三,从供应商和零售商利润的角度来看,无论供应商是高排放企业还是低排放企业,随着政府督促因子、碳交易价格的增大,供应商和零售商利润均趋向于降低。

第 15 章
考虑碳税约束的减排决策优化实践
——以农产品行业为例

随着人口数量的增加和生活品质的提升,人们对农产品数量、种类、质量的要求越来越高。我国作为农业大国,农业为我国的经济发展贡献卓著,但是农业污染也给我国的环境、经济和社会带来了严重危害。在现代农业发展过程中,由于过度使用化肥、农药造成了河流、土壤、空气污染,农产品中污染物超标也造成了农产品污染。我国近8%的土地受到重金属污染,而重金属污染主要源于化肥。我国的耕地面积约占全球耕地面积的10%,但化肥的使用量约占世界总量的40%。另外,在农产品的加工过程中产生的副产品、废弃物、废水和废气,这些污染物若不进行处理,会对环境和人体安全造成威胁。

随着人们生活水平的提高以及食品安全意识的增强,消费者在购买农产品的过程中开始考虑产品的低碳属性,倾向于购买绿色安全的农产品。另外,为了减少农产品在制造加工过程中的碳排放,政府对农产品企业的碳排放行为进行碳税约束,使农产品制造企业解决碳排放污染问题。因此,本章基于消费者的低碳偏好,考虑政府碳税约束下农产品制造商和零售商之间的投资合作减排问题。对制造商和零售商不合作减排、分散决策下合作减排、集中决策下合作减排的碳减排量以及主体利润进行对比,选择最优的方法对农产品供应链进行优化。

15.1 案例背景说明

以农产品供应链为研究对象,考虑在碳税约束下,怎样降低农产品在制造过程中产生的碳排放。如图15-1所示,在考虑碳税成本和合作减排下,构建农产品制造商、农产品零售商和顾客三方的供应链,制造商占据主导地位,零售商根据制造商的批发价等因素综合变化。制造商生产单件农产品花费的成本是 c ,加价后以价格 w 批量提供给零售商,然后零售商以价格 p 将农产品卖给顾客。设整个消费者市场对农产品的需求量为 q , $q = d - ap + b\theta$ ($a > b$), d 为潜在市场最大需求量, a 为顾客对农产品价格的敏感系数, b 为顾客对制造中农产品碳减排的敏感系数, θ 为碳减排量。用 e 来表示农产品制造过程产生的碳排放,按照最终碳排放量收取碳税,每单位碳排放收取 λ 元。社会责任主体农产品制造商必须承担碳减排的责任,制造商的减排成本为 $f(\theta) = \dfrac{k\theta^2}{2}$, k 为碳减排难度系数,令 $k = 1$ 。零售商对制造商企业的减排成本进行投资,投资比例为 m ,同时给予零售商一定比例的回报,回报收益占碳税后收益的 n 。在考虑碳税的情况下,对零售商制造商是否合作减排以及是在集中决策下还是在分散决策下合作减排三种情况下的最优决策和利润进行对比,本章的研究主要解决以下三个问题。

第一,为了选择供应链优化的最优模型,建立了制造商与零售商之间的非合作减排模型、集中式决策下的合作减排模型和分散式决策下的合作减排模型,并对它们的最优决策和利润进行了分析相比。

第二,通过选择最优的供应链优化模式,可以在更大程度上减少农产品产生的碳排放,减少环境面临的碳排放污染。

第三,通过对不同模型结果的比较,分析碳税政策对企业碳减排的影响。

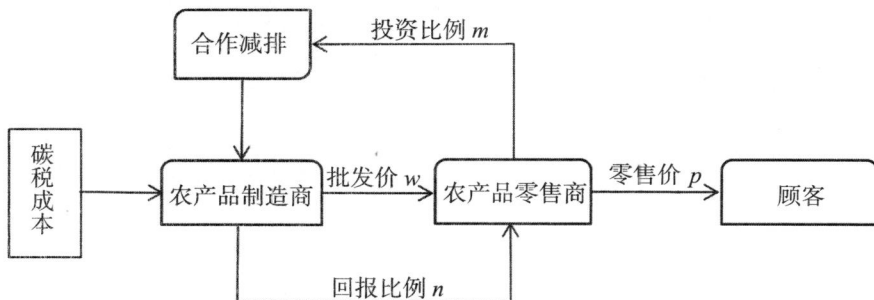

图15-1 农产品三方供应链

15.2 模型构建与数值仿真

15.2.1 制造商、零售商不合作减排模型

为了减少政府对碳排放收纳的碳税,农产品制造商不得不投入成本进行碳减排,制造商为主导者决定批发价格 w,农产品零售商为追随者决定零售价格 p,制造商和零售商为了自身利益最大化进行决策。此时,零售商和制造商的利润函数分别为:

$$\pi_r = (p - w)q \tag{15-1}$$

$$\pi_m = (w - c)q - \lambda(e - \theta) - f(\theta) \tag{15-2}$$

定理1:分散决策碳税约束下,制造商与零售商不合作减排,农产品制造商与农产品零售商的最优决策是 (w, θ, p),同时零售商与制造商的农产品能够获得的最优利润是 π_r 和 π_m。

证明:首先农产品制造商确定农产品的批发价 w 和碳减排量 θ,通过逆向归纳法得到零售价格的最优反应函数 $p = \dfrac{d + b\theta + aw}{2a}$,将结果代入式(15-2),然后分别对 w 和 θ 求一阶导和二阶导:

$$\frac{\partial^2 \pi_m}{\partial w^2} = -a \ , \ \frac{\partial^2 \pi_m}{\partial w \partial \theta} = \frac{b}{2} \ , \ \frac{\partial^2 \pi_m}{\partial \theta^2} = -1 \ , \ \frac{\partial^2 \pi_m}{\partial \theta \partial w} = \frac{b}{2}$$

最后得到 π_m 的 Hessian 矩阵 $|H| = a - \dfrac{b^2}{4}$,由于 $\dfrac{\partial^2 \pi_m}{\partial w^2} = -a < 0$,那么当 $4a - b^2 > 0$ 时,Hessian 矩阵呈负定性,此时存在唯一的最优批发价格和碳减排量:

$$w = \frac{2d + 2ac + 2\lambda b - b^2 c}{4a - b^2} \tag{15-3}$$

$$\theta = \frac{b(d - ac) + 4a\lambda}{4a - b^2} \tag{15-4}$$

代入公式(15-4),可以得到市场需求、零售价、零售商利润和制造商利润,分别为:

$$q = \frac{a(d - ac + \lambda b)}{4a - b^2} \tag{15-5}$$

$$p = \frac{3d + 3\lambda b + ac - b^2 c}{4a - b^2} \tag{15-6}$$

$$\pi_r = \frac{a(d - ac + \lambda b)^2}{(4a - b^2)^2} \tag{15-7}$$

$$\pi_m = \frac{(ac - d)^2 + 2\lambda(2\lambda a + bd - abc)}{2(4a - b^2)} - \lambda e \tag{15-8}$$

15.2.2　制造商、零售商合作减排模型

在碳税约束下,根据最终碳排放量收取碳税,农产品制造商为了缓解自身压力,寻求农产品零售商进行合作,假设零售商以投资比例 m 为制造商进行投资,制造商以回报比例 n 对零售商进行回报。此时可以得到:

$$\pi_{sc} = (p - c)q - f(\theta) - \lambda(e - \theta) \tag{15-9}$$

$$\pi_r^\times = (p - w)q - mf(\theta) + n[(w - c)q - \lambda(e - \theta)] \tag{15-10}$$

$$\pi_m^\times = [(w - c)q - \lambda(e - \theta)](1 - n) - f(\theta)(1 - m) \tag{15-11}$$

定理2:集中决策碳税约束下,农产品零售商对制造商投资合作减排,此时制造商和零售商的最优减排量和零售价格为 θ^* 和 p^* ,供应链系统的利润以及农产品市场需求量分别 π_{sc} 为 q^* 。

证明:分别求式(15-9)中关于 p^* 和 θ^* 的一阶、二阶偏导,得到Hessian矩阵行列式 $|H| = 2a - b^2$,由于 $\frac{\partial^2 \pi_{sc}}{\partial p^2} = -2a < 0$,当 $2a - b^2 > 0$ 时,Hessian矩阵呈负定性,供应链系统存在唯一的最优农产品零售价 p^* 和碳减排量 θ^* :

$$p^* = \frac{d + ac + \lambda b - b^2 c}{2a - b^2} \tag{15-12}$$

$$\theta^* = \frac{b(d - ac) + 2\lambda a}{2a - b^2} \tag{15-13}$$

$$q^* = \frac{a(d - ac + \lambda b)}{2a - b^2} \tag{15-14}$$

$$\pi_{sc} = \frac{(ac - d)^2 + 2\lambda(\lambda a + bd - abc)}{2(2a - b^2)} - \lambda e \tag{15-15}$$

定理3：分散决策碳税约束下，为了减少碳减排成本，农产品制造商寻求农产品零售商进行合作，当 m 的取值范围满足 $0 < m < 1 - \dfrac{b^2}{4a}$ 时，农产品制造商与农产品零售商的最优决策是 $(w^{\times}, \theta^{\times}, p^{\times})$ ，农产品需求量、零售商利润以及制造商利润依次是 $q^{\times}$ 、 $\pi_r^{\times}$ 以及 $\pi_m^{\times}$ 。

证明：分散决策碳税约束下，农产品零售商与制造商进行合作减轻制造商减排和碳税压力，对零售商利润函数采取逆向归纳法求得 $p^{\times}$ 的二阶偏导式 $\dfrac{\partial^2 \pi_r^{\times}}{\partial (p^{\times})^2} = -2a < 0$ ，因此农产品零售商仅有一种最优定价决策。令 $\dfrac{\partial \pi_r^{\times}}{\partial p^{\times}} = 0$ ，计算零售商和制造商达成合作后农产品零售价的最优函数表达式 $p^{\times}(w^{\times}, \theta^{\times}) = \dfrac{d + b\theta + aw + an(c - w)}{2a}$ 。然后把 $p^{\times}$ 的函数式代入式(15-11)，求得代入后函数关于批发价格 $w^{\times}$ 以及碳减排量 $\theta^{\times}$ 的偏导为：

$$\frac{\partial^2 \pi_m^{\times}}{\partial (w^{\times})^2} = -a(1-n)^2 \ , \quad \frac{\partial^2 \pi_m^{\times}}{\partial w^{\times} \partial \theta^{\times}} = \frac{b(1-n)}{2} \ , \quad \frac{\partial^2 \pi_m^{\times}}{\partial \theta^{\times} \partial w^{\times}} = \frac{b(1-n)}{2} \ , \quad \frac{\partial^2 \pi_m^{\times}}{\partial (\theta^{\times})^2} = m - 1$$

计算可得制造商利润 $\pi_m^{\times}$ 的 Hessian 矩阵行列式 $|H| = [a(1-m) - \dfrac{b^2}{4}](1-n)^2$ 。而 $\dfrac{\partial^2 \pi_m^{\times}}{\partial (w^{\times})^2} = -a(n-1)^2 < 0$ ，则若 $b^2 - 4a + 4am < 0$ ，即当 m 取值范围是 $0 < m < 1 - \dfrac{b^2}{4a}$ 时，Hessian 矩阵是负定的，这时制造商仅有一个最优批发价 $w^{\times}$ 和碳减排量 $\theta^{\times}$ ：

$$w^{\times} = \frac{2(1-m)(d + ac - 2a\,\text{cn}) - b(1-n)(2\lambda - bc)}{(n-1)(b^2 - 4a + 4am)} \tag{15-16}$$

$$\theta^{\times} = \frac{b(ac - d) + 4\lambda a(n-1)}{b^2 - 4a + 4am} \tag{15-17}$$

将 $w^{\times}$ 和 $\theta^{\times}$ 代入零售价、产品需求量、零售商利润以及供应商利润，分别为：

$$p^{\times} = \frac{cb^2 + (3d + ac)(m-1) + 3\lambda b(n-1)}{b^2 - 4a + 4am} \tag{15-18}$$

$$q^{\times} = \frac{a[(m-1)(d - ac) + \lambda b(n-1)]}{b^2 - 4a + 4am} \tag{15-19}$$

$$\pi_r^{\times} = \frac{1}{2(b^2 - 4a + 4am)^2}[2a(ac - d)^2(m-1)^2 - b^2 m(ac - d)^2 - 16\lambda ena(2zam - 2a - b^2) + $$
$$16\lambda^2 a^2(n-1)(mn + m - 2n) - 4\lambda ab(mn + n - 3m + 1)(ac - d) + 2\lambda b^3 n(ac - d - eb)]$$

$$(15\text{-}20)$$

$$\pi_m^{\times} = \lambda e(n-1) + \frac{1}{2(b^2-4a+4am)}[(ac-d)^2(m-1)+2\lambda b(n-1)(d-ac)-4\lambda^2 a(n-1)^2]$$

$$(15\text{-}21)$$

推论1：分散决策下，农产品零售商投资农产品制造商的行为提高了碳减排水平、市场需求以及制造商利润，而且三者都随着投资比例呈上升趋势，而零售价也随之增加，但是零售商利润却呈现下降趋势。

证明：前文已设市场对农产品需求量为 q ，那么可以得到 $q=d-ap+b\theta>0$ ，若以成本价卖出，需求量必然大于零，则 $d-ac>0$ 。根据前文证明所得，得到：

$$\Delta\theta = \frac{4a[bm(ac-d)+4\lambda a(n-m)-\lambda b^2 n]}{(b^2-4a+4am)(4a-b^2)}>0 \ , \quad \Delta q = \frac{ab[bm(ac-d)+4\lambda a(n-m)-\lambda b^2 n]}{(b^2-4a+4am)(4a-b^2)}>0$$

以及 $\Delta p = \dfrac{3b[4\lambda a(n-m)+bm(ac-d)-\lambda b^2 n]}{(b^2-4a+4am)(4a-b^2)}>0$ 。

又可得 $\dfrac{\partial\theta^{\times}}{\partial m} = \dfrac{4a[b(d-ac)+4a\lambda(1-n)]}{(b^2-4a+4am)^2}>0$ ， $\dfrac{\partial q^{\times}}{\partial m} = \dfrac{ab[b(d-ac)+4\lambda a(1-n)]}{(b^2-4a+4am)^2}>0$ 。

因为 $\dfrac{\partial\pi_r^{\times}}{\partial m} = \dfrac{b(ac-d)+4\lambda a(n-1)+b(b^2-8am)(d-ac)}{2(b^2-4a+4am)^3} + \dfrac{8\lambda a[(\,b^2(1-2n)-2a(1+m+mn+3n)]}{2(b^2-4a+4am)^3}$ ，

由于 $0<b^2<2a$ ， $0<1-2n<1$ ， $a>b$ ，所以可以得到 $\dfrac{\partial\pi_r^{\times}}{\partial m}<0$ 。又因为 $\dfrac{\partial\pi_m^{\times}}{\partial m} = \dfrac{(abc-4\lambda a-bd+4\lambda an)^2}{2(b^2-4a+4am)^2}>0$ ，从上述证明可知，零售商投资后碳减排量、产品需求量以及制造商利润三者都有所增加并且随着投资比例呈上升趋势，产品的零售价格也在增加，但是零售商利润却随投资比例呈下降趋势，证毕。

推论2：分散决策下，受到碳税和消费者对碳减排敏感系数的双重影响，制造商利润增加，零售商利润减少。而在集中决策下，农产品供应链系统利润呈上升趋势。

证明：

$$\Delta\pi_r = \pi_r^{\times} - \pi_r = \frac{1}{2(b^2-4a+4am)^2}[2a(ac-d)^2(m-1)^2 - b^2 m(ac-d)^2 +$$

$$16\lambda^2 a^2(n-1)(mn+m-2n)-4\lambda ab(mn+n-3m+1)(ac-d) -$$

$$16\lambda ena(2am-2a-b^2)+2\lambda b^3 n(ac-d-eb)] - \frac{a(d-ac+\lambda b)^2}{(4a-b^2)^2}<0$$

$$\Delta\pi_m = \pi_m{}^\times - \pi_m = \frac{2\lambda b[4am + (b^2 - 4a)n](d - ac)}{2(b^2 - 4a + 4am)(b^2 - 4a)} + \frac{mb^2(d - ac)^2 + 16\lambda^2 a^2 m}{2(b^2 - 4a + 4am)(b^2 - 4a)} +$$

$$\frac{2\lambda^2 an(n - 2)}{b^2 - 4a + 4am} + 4\lambda en > 0$$

通过推论2可以得出：由于需要与制造商共同承受减排压力,农产品零售商利润减少。制造商由于减排投入减小,同时受消费者对碳减排偏好的影响,利润增多。为了降低零售商的利润损失,零售商倾向于与制造商形成集中式供应链,这样能够提高供应链系统利润,达到供应链的均衡。计算可得：

$$\pi_{sc}{}^\times = \pi_m{}^\times + \pi_r{}^\times = \frac{1}{2(b^2 - 4a + 4am)^2}[6a(m - 1)^2(ac - d)^2 + 16\lambda^2 a^2(n - 1)(2m - n - 1) + 4\lambda ab$$

$$(3mn - 5m - n + 3)(d - ac) + 2\lambda^2 ab^2(3n + 1)(n - 1) + b^2(ac - d)(2\lambda b + d - ac)] - \lambda e$$

通过与分散决策下的供应链系统利润比较,有：

$$\pi_{sc} - \pi_{sc}{}^\times = \frac{(ac - d)^2 + 2\lambda(\lambda a + bd - abc)}{2(2a - b^2)} - \frac{1}{2(b^2 - 4a + 4am)^2}[6a(m - 1)^2(ac - d)^2 +$$

$$16\lambda^2 a^2(n - 1)(2m - n - 1) + 4\lambda ab(3mn - 5m - n + 3)(d - ac) + 2\lambda^2 ab^2(3n + 1)(n - 1) +$$

$$b^2(ac - d)(2\lambda b + d - ac)] > 0$$

证毕。

15.2.3　碳税约束对分散决策的影响

根据数值分析证实上文的结论,并分析碳税约束对分散决策和集中决策的影响。根据 $2a - b^2 > 0$ 与 $0 < m < 1 - \frac{b^2}{4a}$,选取 a , b , m 值,相关参数设定为： $c = 50$, $e = 400$, $d = 600$, $a = 0.5$, $b = 0.4$, $m = 0.4$, $n = 0.3$ 。

假设对农产品收取的碳税 λ 从2上升到12,可以计算出分散决策下的各参数值。分散决策下模型各参数计算结果如表15-1。

表15-1　分散决策下模型各参数计算结果

碳税	2	4	6	8	10	12
批发价	999.34	1 000.90	1 002.40	1 004.00	1 005.50	1 007.00
零售价	1046.80	1 048.40	1 050.00	1 051.70	1 053.30	1 054.90
碳减排量	223.85	226.54	229.23	231.92	234.62	237.31

碳税	2	4	6	8	10	12
需求量	166.13	166.40	166.67	166.94	167.21	167.48
零售商利润	45 074	44 908	44 743	44 578	44 414	44 251
制造商利润	95 124	94 879	94 638	94 401	94 168	93 938
供应链系统利润	140 198	139 787	139 381	138 979	138 582	138 189

如表 15-1 所示,随着碳税的增加,为了保证利润,农产品批发价、零售价都有所增加,制造商进行减排减轻碳税约束,零售商对制造商进行投资,碳减排量增加,消费者需求量受农产品的碳减排敏感系数以及价格敏感系数双重影响,缓步上升。碳税越高,制造商越受碳税约束,制造商获利越低,零售商对制造商投资,零售商利润也受到影响,供应链系统利润随之下降。

15.2.4　碳税约束对集中决策的影响

假设碳税 λ 从 2 上升到 12,可以计算出集中决策下模型各参数值,如表 15-2 所示。

表 15-2　集中决策下模型各参数值

碳税	2	4	6	8	10	12
零售价	735.48	736.43	737.38	738.33	739.29	740.24
碳减排量	276.19	278.57	280.95	283.33	285.71	288.10
需求量	342.74	343.21	343.69	344.17	344.64	345.12
供应链系统利润	196 550	196 310	196 060	195 830	195 600	195 370

通过与表 15-1 进行对比可以发现,随着碳税的升高,整体上两个模型的参数基本存在一样的趋势:随着碳税的增加,零售价、碳减排量以及需求量增加,而供应链系统利润降低。根据表 15-1 和表 15-2,可以得到各参数与碳税的关系示意,如图 15-2 所示。

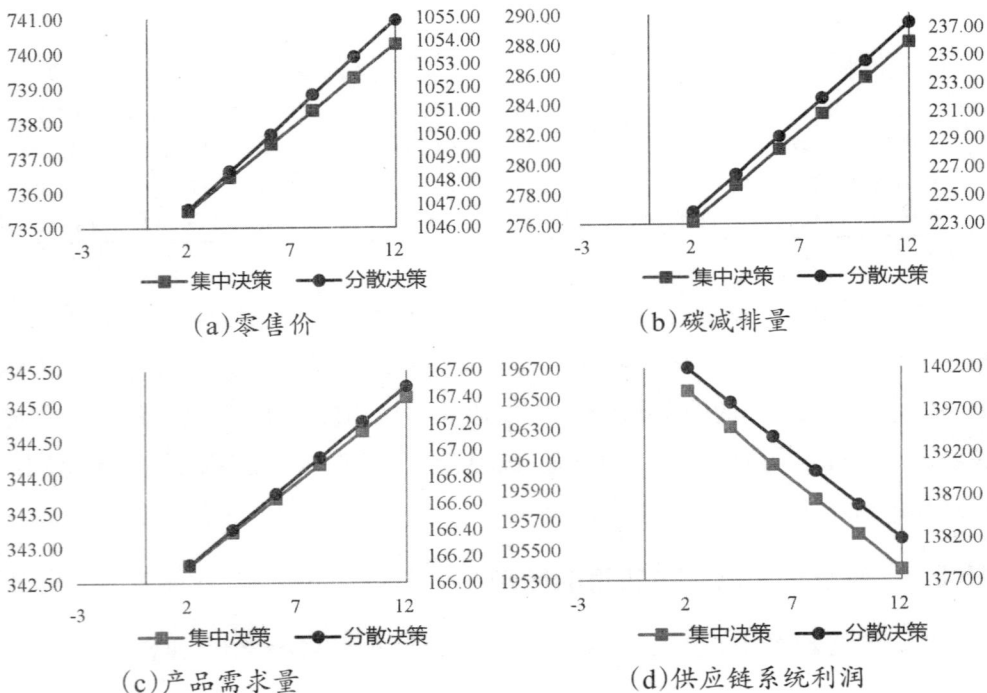

(a)零售价

(b)碳减排量

(c)产品需求量

(d)供应链系统利润

图15-2　各参数与碳税的关系示意

从图15-2可知,无论是在集中决策还是在分散决策下,零售价都随着碳税的增加而增加,这是因为碳税给制造商和零售商带来的成本变化以市场价格的形式表现了出来。同样,是选择集中式还是分散式供应链,碳减排量都随碳税呈上升趋势,碳税的压力使得制造商不得不最大限度减少碳排放。碳税越来越高的约束,使得制造商碳减排量增加,受消费者碳减排敏感系数的影响,产品需求量上升。而在分散决策和集中决策下,供应链系统利润都随着碳税的增加而降低。最后,通过两种决策的对比发现,在集中决策下,商品零售价更低,而碳减排量、产品需求量更多以及供应链整体总利润都更高,集中决策下产品更加具有优势。

15.2.5　投资比例对制造商和零售商利润的影响

对于分散型供应链,分析投资比例 m 的变化对制造商和零售商利润的影响,取 $\lambda=4$,得到制造商和零售商利润与投资比例的关系,如图15-3所示。

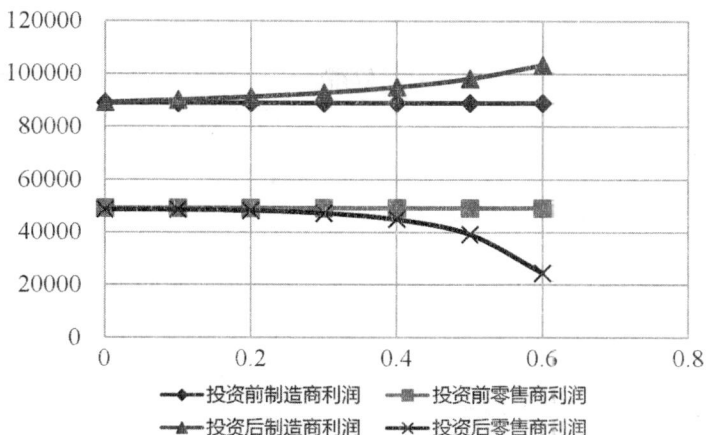

图 15-3 制造商和零售商利润与投资比例的关系

从图15-3可知,在零售商采取投资行为后,随着投资比例的增加,制造商利润呈加速上升趋势,零售商利润呈加速下降趋势。这是因为,当零售商收到的投资回报比例在一定范围内时,由于制造商受到碳税约束,制造商提高批发价,零售价增加额低于批发价增加额,零售商获得的差价减少。同时,零售商承受投资压力,而收到的利润回报无法弥补投资空缺,导致零售商利润减少。因此,零售商更倾向于与制造商形成集中型供应链,在提高碳减排的同时增加需求量并获得更高的供应链系统利润。

15.3 研究结论

本章考虑碳税约束下由制造商和零售商组成的农产品供应链系统合作减排的决策问题。通过建立制造商与零售商之间的博弈模型,对零售商制造商是否合作减排以及是在集中决策下还是在分散决策下合作减排三种情况下的最优决策和利润进行对比分析可以得到,无论是在集中决策下还是在分散决策下,零售价、碳减排量以及产品需求量都随着碳税的增加而增加,而供应链系统利润都随着碳税的增加而降低。在集中决策下,农产品销售价格降低,而碳减排量、农产品需求量以及供应链整体总利润上升,使消费者和企业双方都能够获利,集中决策下的农产品更具市场优势。另外,随着零售商对制造商投资比例的增加,制造商利润呈上升趋势,零售商利润呈下降趋势,且随着投资比例的增加,制造商利润增加和零售商利润减少的趋势更加明显。因此,零售商更倾向于与制造商形成集中型供应链,在碳减排的同时,提高需求量和获得更高的利润。

第16章

考虑政府行为的渠道选择调控实践
——以电子回收品行业为例

随着手机、电视等家电的普及,智能电子产品市场已经接近峰值,越来越多的人将目光聚焦于电子回收品行业,市场中的电子回收品行业的数量激增,诸如58同城、爱回收、乐回收网、转转、回收宝等平台,对电子回收市场进行积极布局。另外,随着近年来手机更新换代速度的加快,人们更换手机的速度也变快了,用户手中保存着越来越多的废旧手机,还有诸多电子产品面临着与手机相似的情况,这是一个潜在利润极大的市场。但是,电子产品的回收会受到环保方面因素的影响,如果电子产品的回收处理不恰当,其中含有的铅、镉、汞以及六价铬等元素,不仅会对人体产生极大的危害,还会对环境造成极大的污染。因此,政府希望通过惩罚或补贴行为来帮助电子回收品行业企业对废旧电子产品进行妥善回收,防止二次回收过程中对环境的二次污染。

为了减少电子废旧产品通过非正规渠道回收带来的碳排放,本章以政府和电子回收企业为研究主体,电子回收企业追求利益最大化,政府在追求利益最大化的同时,也追求对环境的保护。建立电子回收企业与政府之间的演化博弈模型,通过复制动态方程求出稳定点,并通过稳定性分析研究政府和电子回收企业的策略选择过程。同时,根据政府和电子回收企业之间的演化博弈建立系统动力学模型,在此基础上展开数值仿真,分析政府的惩罚力度及补贴力度对电子回收企业的正规渠道选择行为产生的影响,为政府提供科学合理的建议。

16.1 案例背景说明

根据2020年年初中国家用电器协会公开的《家用电器安全使用年限》,空调和冰箱的安全使用年限为10年,热水器、洗衣机、干衣机、油烟机及热水器的安全使用年限均为8年。2019年各类电器电子产品报废数量统计如图16-1所示。

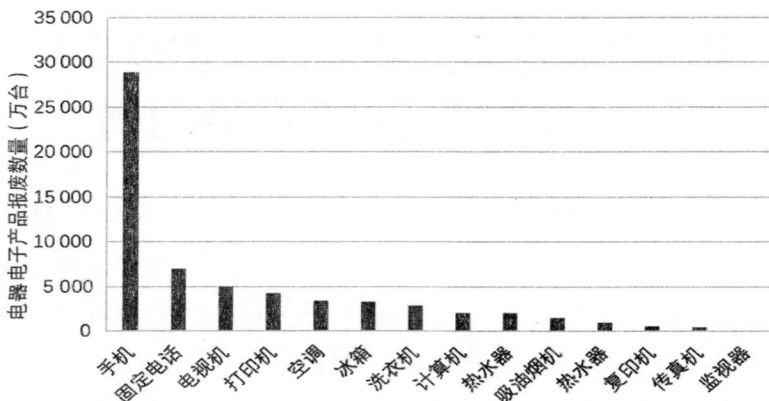

图16-1　2019年各类电器电子产品报废数量统计

从图16-1可以看出,各类电子产品的报废数量加起来是一个庞大的数字,而报废的电器电子产品中所蕴含的可再生能源,能创造巨大的价值和利润。但是通过不正规回收渠道回收电器电子产品的方式不仅会浪费资源,还会对环境造成不可逆的伤害。因此,电器电子回收企业通过非正规渠道回收产品成为亟待解决的问题,而政府的惩罚和补贴措施可以对电器电子回收品行业的非正规渠道回收行为进行有效控制。

16.2　模型构建与数值仿真

16.2.1　政府与电子回收品行业的演化博弈模型

考虑到废旧电子产品非正规渠道回收造成的难以挽回的环境污染,本节构建政府和电子回收企业之间的演化博弈模型,对政府和企业的渠道选择行为进行分析,明确政府行为对电子回收企业渠道选择的影响。模型将政府和电子回收企业作为研究主体,电子回收企业追求利益最大化,政府在追求利益最大化的同时,也追求对环境的保护。

在政府与电子回收企业的演化博弈中，假设政府选择检查行为的概率为 $x(0 \leqslant x \leqslant 1)$，选择不检查行为的概率为 $(1-x)$。电子回收企业采取正规渠道回收产品的概率为 $y(0 \leqslant y \leqslant 1)$，采取不正规渠道回收产品的概率为 $(1-x)$。电子回收企业采取正规渠道回收电子产品时，需要花费 A 成本进行回收，在加工后可以拿到的收入为 B，且会得到国内低碳项目的资金支持 R；若此时政府选择检查策略，政府需要花费的成本为 M，政府也会给予企业补贴 W。当电子回收企业采取不正规渠道回收电子产品时，需要花费 A_1 的成本进行回收，在加工后可以拿到的收入为 B_1，若此时政府选择检查策略，政府需要花费的成本为 M，政府会对企业进行惩罚，惩罚为 P，但是政府需要付出环境治理成本 Ce 对环境进行维护。政府与电子回收企业的博弈获益矩阵，如表 16-1 所示。

表 16-1　政府与电子回收企业的博弈获益矩阵

		电子回收企业	
		正规渠道	不正规渠道
政府	检查	$(-M-W, B+R+W-A)$	$(-M+P-C_e, B_1-A_1-P)$
	不检查	$(0, B-A+R)$	$(-C_e, B_1-A_1$

政府选择检查策略下的期望收益为：

$$u_Y = (-M-W)y + (-M+P-C_e)(1-y) \tag{16-1}$$

政府选择不检查策略下的期望收益为：

$$u_N = -(1-y)C_e \tag{16-2}$$

政府的综合收益为：

$$\bar{u} = xu_Y + (1-x)u_N = -xy(W+P) + x(P-M) + (y-1)C_e \tag{16-3}$$

因此，可以得到政府的复制动态方程，为：

$$F(x) = \frac{\mathrm{d}x}{\mathrm{d}t} = x(u_Y - \bar{u}) = x(x-1)(M-P+yP+yW) \tag{16-4}$$

电子回收企业选择正规渠道下的期望收益为：

$$v_Y = (B-A+R+W)x + (B-A+R)(1-x) \tag{16-5}$$

电子回收企业选择不正规渠道下的期望收益：

$$v_N = (B_1 - A_1 - P)x + (B_1 - A_1)(1-x) \tag{16-6}$$

电子回收企业的综合收益:

$$\bar{v} = yv_Y + (1-y)v_N = (P+W)xy + (A_1 - A + B - B_1 + R)y - xP + B_1 - A_1 \tag{16-7}$$

因此,可以得到电子回收企业的复制动态方程,为:

$$F(x) = \frac{\mathrm{d}y}{\mathrm{d}t} = y(v_Y - \bar{v}) = y(y-1)(A - A_1 - B + B_1 - R - xP - xW) \tag{16-8}$$

从而得到政府和企业的复制动态方程组:

$$\begin{cases} F(x) = \dfrac{\mathrm{d}x}{\mathrm{d}t} = x(x-1)(M - P + yP + yW) \\ F(y) = \dfrac{\mathrm{d}y}{\mathrm{d}t} = y(y-1)(A - A_1 - B + B_1 - R - xP - xW) \end{cases} \tag{16-9}$$

对方程组进行求解,得到 5 个均衡点,分别为 $O_1(0,0)$、$O_2(0,1)$、$O_3(1,0)$、

$O_4(1,1)$、$O_5(\dfrac{A - A_1 - B + B_1 - R}{P + W}, \dfrac{P - M}{P + W})$。

16.2.2　SD演化博弈模型

通过建立系统动力学模型,比较在政府不同的惩罚力度及补贴力度下,电子回收品行业渠道选择概率的变化情况,从而为政府提供建议,来抑制电子回收品行业通过不正规渠道回收电子产品的行为。政府和电子回收品企业演化博弈的SD模型如图16-2所示。

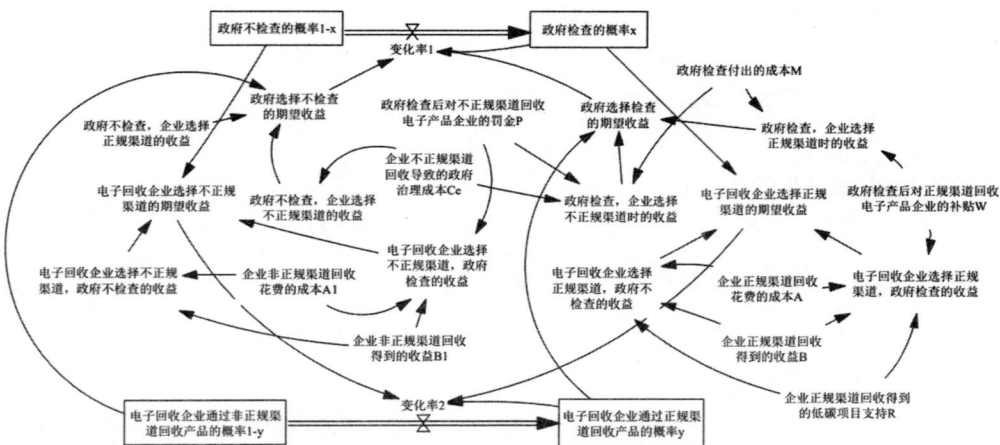

图16-2　政府和电子回收企业演化博弈的SD模型

16.2.3　政府惩罚以及补贴力度的仿真分析

对政府和电子回收企业之间的演化博弈加以仿真,分析政府的惩罚力度以及补贴力度对电子回收企业的正规渠道选择行为产生的影响,从而为政府提供科学合理的建议。为了对不同惩罚和补贴力度进行区分,政府的惩罚由 P 变成了 $h(y)=(1-y)m$,并且 $m>A>0$,政府的惩罚由 W 变成了 $f(y)=(1-y)n$,同时 $0<n<A$, m 和 n 分别是最大惩罚和补贴力度。依据 $0\leqslant\dfrac{A-A_1-B+B_1-R}{P+W}\leqslant 1$ 以及 $0\leqslant\dfrac{P-M}{P+W}\leqslant 1$,选择参数值,分别为: $A=5\,000$, $A_1=3\,000$, $M=2\,000$, $B=4\,000$, $W=2\,500$, $B_1=5\,000$, $R=1\,000$, $P=3\,500$, $C_e=2\,000$ 。另外,设定 $m=7\,000$, $m=9\,000$, $n=1\,000$, $n=4\,000$,分别对应低惩罚、高惩罚、低补贴和高补贴。此外,设定政府检查的概率 x 和电子回收企业选择正规渠道的概率 y 的初始值为0.4。可以得到不同惩罚及补贴力度下政企双方概率的演化过程,如图15-3所示。

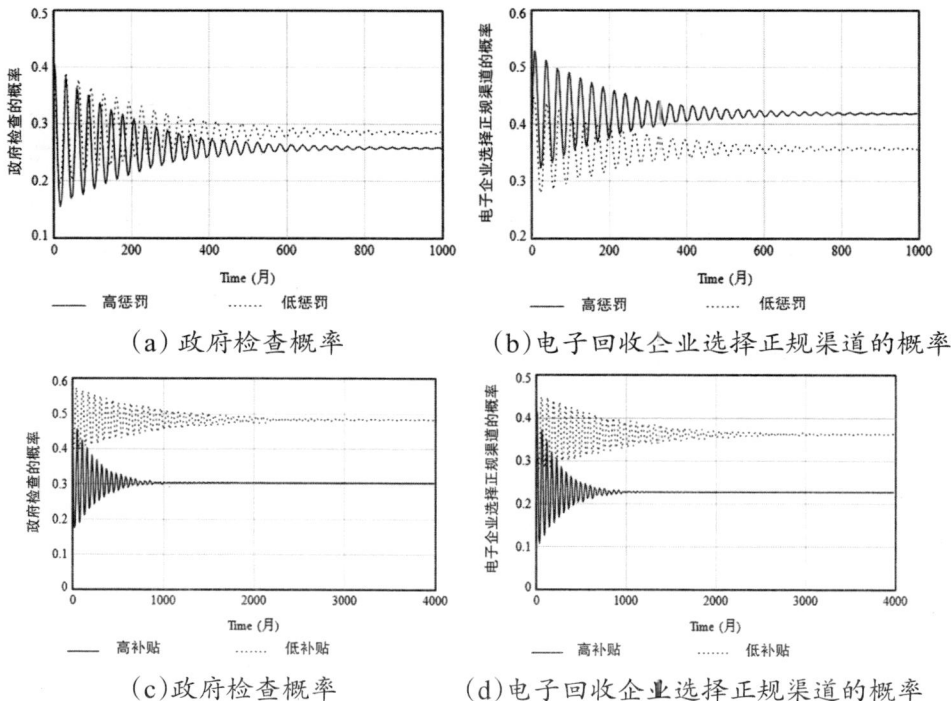

（a）政府检查概率　（b）电子回收企业选择正规渠道的概率

（c）政府检查概率　（d）电子回收企业选择正规渠道的概率

图16-3　不同惩罚及补贴力度下政企双方概率的演化过程

由图16-3可以看到,在不同惩罚力度下,政府选择检查的概率及企业选择正规渠道的概率都呈现逐渐稳定的趋势。但是在高惩罚力度下,政府和企业的动态博弈较快达到稳定状态,政府检查的概率变低且电子回收企业选择检查的概率升高,这对企业来说是非常理想的状态,不用付出过多的检查成本就能达到规范电子回收品行业回收行为的目的。同样的,在不同补贴力度下,政府选择检查的概率及企业选择正规渠道的概率都呈现逐渐稳定的趋势,且在低补贴力度下,政府检查的概率变高、电子回收企业选择检查的概率升高,这对企业来说是可以接受的状态,实现了付出相应的检查成本达到规范电子回收品行业回收行为的目的。因此,政府可以通过在一定范围内加大惩罚力度或者减小补贴力度来规范电子回收企业的行为。

16.3　研究结论

为了减少电子废旧产品通过非正规渠道回收带来的碳排放,本章基于政府所采取的动态惩罚和动态补贴措施,构建了政府和电子回收企业之间的演化博弈模型,从系统动力学角度研究政府和电子回收企业的渠道选择问题。通过改变政府惩罚和补贴力度,讨论政府和电子回收企业的渠道选择概率。研究表明,在高惩罚力度下,政府和企业的动态博弈较快达到稳定状态,政府检查的概率变低且电子回收企业选择检查的概率升高,这对企业而言是理想状态;在低补贴力度下,政府检查的概率变高且电子回收企业选择检查的概率升高,这对企业而言是可接受状态。政府可以通过在一定范围内加大惩罚力度或者减小补贴力度来规范电子回收企业的行为。

第六部分 对策建议

　　本部分在前文的研究成果基础上，结合我国的实际情况，从政府、企业、行业协会以及科研机构等视角提出绿色供应链优化调控的对策建议，对本研究进行总结和未来展望。在对策建议方面，从政府部门视角，主要围绕绿色供应链建设所需的法律规范以及政策推行展开；从企业组织视角，主要围绕绿色供应链的实施主体在优化调控中遇到的阻碍和问题的解决展开；从行业协会视角，主要围绕绿色供应链企业在优化调控过程中行业协会的协同与规范作用展开；从科研机构视角，主要围绕最大化地利用其拥有的资源为绿色供应链的优化调控提供政策支持和技术支持展开。

第17章

绿色供应链优化调控的对策建议

在对绿色供应链进行优化调控时,需要考虑多方面的利益相关者。本章分别从政府部门、企业组织、行业协会以及科研机构等视角来提出针对性的对策建议。绿色供应链的优化调控,需要政府部门提供法律规范、在实施过程中进行监管并且配合一定程度的宣传教育;需要企业组织落实主体责任并且注重系统评估和风险控制;需要行业协会推动绿色同盟的建立;同时也需要广大科研院所、机构、大学等单位提供技术和研究支持。只有多管齐下,对绿色供应链进行优化与调控,才能更好地促进绿色供应链在不同行业、不同地域的实施、推行与创新发展。

17.1 政府部门视角

17.1.1 构建统一碳交易市场

(1)合理控制配额发放量

目前,在试点的过程中发现,拥有碳配额的主体对于碳交易的重视程度不够,对这一资产缺乏有效的管控,并没有从企业的战略层面重视碳配额。反而只是在履约期限将至时,对碳配额的盈余进行统计,并频繁地买进卖出,在短期进行集中式的交易,这体现出碳配额在日常的企业生产中并没有起到预期的效果,反而只是被企业当作一项固定资产。因此,在企业碳配额的获得上,应该设置更高的门槛,以引起企业足够的重视。碳配额的发放,更多应该采取集中拍卖的手段进行分配。拍卖一方面可以降低灰色交易,另一方面可以筛选出有支付能力且有高度需求的企业,使碳配额真正发挥物有所值的作用。此外,在拍卖规则、流程的设置上,也更应该体现控制总量的原则,即,最终有偿发放部分的成交价格应该接近市场的预期价格,不可以出现较大幅度的差异。

（2）建设碳排放权交易平台

目前，国内碳交易市场的构建尚未完全成熟。目前建设的七个碳交易市场为广东、湖北、深圳、上海、北京、重庆以及天津。自成立以来，各个交易试点单位虽然共计完成了3亿吨左右的二氧化碳现货交易，但是却表现出各交易所成交分化严重、交易不活跃的问题，广东、湖北以及深圳三家交易所的成交量占到了全国市场总交易额的80%，同时，交易市场活跃度最高的仅为5%。各家交易平台彼此之间交易规则有较大的差异，并没有形成相互之间的联动与合作。因此，建立统一的碳排放权交易平台就变得至关重要。在现有的七家交易市场的基础上，新增交易市场，逐渐打破各家交易市场之间的规则壁垒，形成统一的交易规则，最终建立统一的碳排放权交易平台，不同行业、不同地区的企业均可以在同一平台内进行二氧化碳的交易。同时，统一的交易平台有利于交易成本的降低、交易数据信息的完善，稳定市场参与者的信心。

（3）优化核查机制和信息披露机制

目前，在碳交易中，由于市场尚不够成熟，信息披露机制以及核查机制并没有形成相对完善的体系。政府目前对于减排的承诺以及对减排目标的释放尚不够充分，政策也在随着市场的变化不断发生变化。因此，政府部门应该加强对碳交易市场的管控，保持政策的稳定性，并及时准确地将政策信息对外界进行披露。市场参与者以及投资者只有对市场信息有充分的把控，才会增强对市场的信心，并主动加大碳排放市场的参与投资力度。另外，市场缺乏强有力的核查机制，导致目前碳排放市场上鱼龙混杂，交易混乱，灰色地带很多。多数企业虽然有参与碳排放市场的热情，但是受限于市场的不完善，对市场持观望的态度，参与积极性也不高。因此，优化目前碳排放市场中的信息披露机制和核查机制，有助于为参与企业以及投资人营造公平公正的交易环境，加快市场建设的进程，推动企业节能减排的步伐。

（4）扩大市场参与

目前，碳排放市场仅在有限的七个试点地区形成了交易试点。未来，应该分三步走，逐渐扩大碳排放市场的参与企业，并进一步推动统一的碳排放市场的建立。首先，应该在各省市形成完善的碳交易市场，结合试点单位获得的丰富经验，确保各省建立起统一的市场。七个试点单位过于局限，许多碳交易潜力巨大的中西部省份,如山西、宁夏、甘肃等地区,也迫切地需要引入碳排放市场机制。其次,应形成区域化的交易市场,京津冀、长三角、珠三角等地区已经形成天然的区位经济优势,在此基础上建立区域碳排放交易市场也就顺理成章。打破区域内各省市的交易壁垒,协调各省市的交易规则、管理办法等,推动碳排放交易的流动和扩大化。最终,建成统一的全国性碳交易市场。在区域化的市场基本形成后,对各区域市场进行整合,由国家牵头制定全国性的交易规则,实施统一的监管机制,最终覆盖全行业、全地区,形成稳定活跃的全国碳交易市场。碳排放交易将在不同的行业、不同的地区之间自由地流动,不仅可以刺激国内节能减排的进程,还有利于吸引外来资本,接入国际碳交易市场进行合作。

(5)鼓励金融机构参与市场建设

金融机构的参与将会给碳交易市场带来前所未有的活力。现有的碳交易市场交易热情不高,交易金额有限,市场参与主体过于单一。金融机构的进入,可以为我国的碳交易市场注入活力,推动市场不断地发展与完善。金融机构的进入,可以开发与碳交易相关的更多衍生金融产品,从而可以对冲碳交易过程中产生的价格风险,有助于推动更多低碳技术的研发和推广,促进碳交易市场的配套基础设施的建设。另外,在金融机构雄厚的资金保障下,可以稳定国内市场,避免遭受外来投机者和国际游资的恶意冲击,降低金融风险。

17.1.2　建立碳税征收制度

(1)设置合理的碳税征收方式

在设置碳税的征收方式时,应充分考虑我国的国情,不可照搬国外的碳税模式。在经济发展情况上,目前我国仍然处于工业化发展的中间阶段,同时目前的碳排放也主要集中在工业生产领域,第三产业产生的碳排放并没有占据突出位置。因此,在选择碳税的征收对象时,应该重点关注在工业生产中消耗化石能源、排放二氧化碳的企业主体。同时,碳税的征收方式,也应该集中在生产环节而不是消费环节。欧美国家在征收碳税时,多数采用了较高的固定税率。但是,考虑到纳税企业主体的承受能力和节能减排的要求,我国在初期征收时,应采取较低的累进税率,减少开征的压力和风险。随后,随着节能减排目标的接近和产业结构的调整,逐渐调高碳税征收税率。

（2）设计差异化、分级的碳税税率

在碳税税率的设置上，应该做到因地制宜，分区域、分行业设置不同的征收税率。发达国家的碳税税率是随着征收年限的增加逐渐提高的，并且采取了差别税率。我国在起初征收碳税时，也应该结合本国的能源结构和产业结构，设置较低的碳税税率。同时，不同行业设置分级化的税率，对于能耗大、能源依赖高、竞争力差和出口导向型的行业采取较高的碳税税率，以逼迫其改进生产技术、使用低碳能源来减少碳排放。另外，在区域划分上，根据实际情况，可以探索向长三角、珠三角等沿海发达地区的企业设置较高的税率，从而利用征收的碳税，由沿海发达地区向内陆欠发达地区进行转移支付。此外，随着碳税政策的实施，碳税税率应该逐渐提高，同时各行业、各地区的碳税税率也应该逐渐减少差异化，形成全国一体化的碳税征收政策。

（3）健全相应补偿税收优惠措施

对于积极执行减排政策、二氧化碳排放量低于标准的企业，应给予一定的奖励和其他减免税措施，如按一定标准安排财政专项补助资金，帮助生产企业完成转型。碳税政策保持中立，以鼓励企业继续减少二氧化碳排放，同时鼓励企业积极研究和开发低碳技术，坚持低碳概念并促进低碳经济的持续发展。一般来说，碳税对低收入人群的影响要大于高收入人群。由于低收入群体支出中化石能源的消费量大于高收入群体，并且新能源和绿色能源等相关替代品的价格相对较高，因此不可避免的是化石能源价格短期内的上涨。低收入群体在日常生活中对化石能源价格的变化不敏感，其生活将受到一定程度的影响。如果对他们征收碳税，不利于社会的稳定。因此，在征收碳税时，考虑到煤炭和天然气对居民的基本生活的影响，需要给予减免税等优惠措施。

17.1.3 构建绿色金融科技体系

（1）完善顶层设计，加强国际合作

政府应该积极推进金融科技的顶层设计，制定各项金融科技的技术标准、行业标准，在统一的金融科技体系框架下发展绿色金融，杜绝各行其是的现象。同时释放出明确的政策信号，引导金融科技有序、合规发展，融入绿色供应链发展体系。我国的金融科技应用绝大多数还处于规划研发阶段，可以借鉴国外相关经验，跟踪研究国外金融科技应用的最新进展,参考国外金融科技与绿色金融结合的案例,通过对国外金融科技应用的归纳总结,再结合国内实际综合评估金融科技对我国绿色供应链的影响。同时,我国金融科技的发展应用不能脱离国际整体,因此需要加强国际合作,例如,可以鼓励金融机构加入全球金融创新网络联盟等国际金融科技驱动力组织,加强在国际上的话语权,积极参与金融科技国际标准的制定。我国的金融科技发展要与国际接轨,就必须综合考虑国内外不同的法律体系、制度差异,并在此基础上完成金融科技发展的顶层设计。

(2)深化金融科技研究,趋利避害

目前,我国一些互联网企业正在探索金融科技的实际应用。政府应加快完善金融科技基础设施的建设,在产业结构不合理、能耗高、污染严重的地区普及金融科技应用于绿色供应链的理念,给金融科技促进绿色供应链的发展创造良好的外部环境;同时,可以对金融科技研究给予适当的优惠政策,鼓励国有银行与金融科技公司合作,将商业银行的资金优势和金融科技公司的技术优势结合起来;或者可以效仿国外成立专门的金融科技研究机构,共享经验成果,对金融科技进行更深层次的理论探索。在理论研究不断深入的基础上,政府可以鼓励在有条件的地区开展金融科技+绿色供应链试验,逐渐积累经验,在风险可控的条件下将经验推广至全国。

(3)理性对待,灵活监管

金融科技的各项技术目前还远称不上成熟,其在绿色供应链领域的应用面临着很多不确定性,本身也有许多地方需要改进。尤其在我国绿色供应链体系本身不够成熟的条件下,二者的结合尚需深刻的理论研究与广泛的实践检验。

对于监管者来说,更要理性看待金融科技的热度,一方面不能管得太过机械,抹杀金融科技发展的空间;另一方面又不能管得太松,任由金融科技野蛮生长,给金融系统带来风险。监管者要在避免系统性风险的条件下给予金融科技充分成长的机会以驱动绿色供应链发展,同时变革传统监管模式,积极运用金融科技来监管金融科技,如参考英国实行的"监管沙盒",实现灵活监管、适度监管。

17.1.4 建立碳标签制度

(1)加快出台碳标签法律制度

目前,我国并没有明确的关于碳标签的相关法律制度。而西方国家大多已经形成一套非常完善的碳标签体系,包括碳标签的种类、碳足迹的计算、碳标签的管理与规范等制度,通过对生产企业的法律约束,在降低本国碳排放的同时推动节能减排技术的发展。另外,碳标签制度的颁布可以更好地保护本国的产品和服务,避免外来企业高碳足迹、低生产成本的产品进入本国市场,从而形成一种进入壁垒。我国在经历了很长一段时间的资源消耗和环境消耗带来的经济红利后,开始改变发展理念,着重强调可持续发展。而碳标签法律制度的完善,可以倒逼污染型企业进行碳减排,改变原先粗放的生产方式,从而达到对环境的友好,并且可以提升本国产品在国际市场中的竞争力。

(2)设立碳标签认证与管理专门机构

在完善法律制度的同时,要设立专门负责认证和管理碳标签的部门。英国政府在确立碳标签制度时,专门设立了专业的信托公司来负责碳标签制度的实施,包括碳足迹的计算、碳标签的认证与颁发等。日本由经济产业省设立专门机构来管理碳标签,该机构研究了国际上主流的认证标准,结合日本的情况,独创出符合日本国情的碳标签制度。结合发达国家的经验,我国同样应该设立专门机构来负责碳标签的具体运营。在过往的推进过程中,国家质检总局以及国家发展和改革委员会在碳标签的设立过程中一直扮演着主要角色。碳标签管理的专门机构应该在政府层面上,专门成立涉及多部门、多行业、多领域的权威管理机构,全权负责碳标签制度的具体运营和管理。

(3)建立和完善碳标签预警机制

在当今的国际贸易中,贸易保护主义与逆全球化思潮盛行,这给涉及进出口贸易的中小型企业带来了不小的挑战。同时,各国的碳标签政策及规范也在不断变化和更新中。中小型企业受限于资金和规模,很难及时了解政策的变化,这就增大了在国际贸易中的风险,自身较弱的风险防范意识和危机处理能力最终很可能对企业造成灭顶之灾。因此,政府部门应在国家层面建立规范、完善的碳标签预警机制,同时及时对信息进行更新、披露和阐释,以方便中小型企业及时评估和预防风险、调整战略方向并且避免产生贸易争端。

(4)统一碳标签计算规范与标准

碳标签的计算标准是相对复杂的一个过程,同时一个规范的计算标准对于碳标签制度的实施至关重要。目前,国际上通用的碳标签计算标准分别是由国际标准组织（International Organization for Standar-dization, ISO）制定的ISO 14067、由英国标准协会制定的PAS 2050以及由世界资源研究所出版的GHG Protocol等。这几种标准在计算的侧重点、评估原则以及测算数据等方面都有比较大的区别，因此在实际应用的过程中，如果一件产品使用不同的计算标准，通常会出现几个相差较大的结果，这就给产品的进出口造成了很大的阻碍。如，美国不同的州采用了不同的标准，这给商品在美国国内的流通带来了不便。因此，需要在借鉴国际标准的基础上，设立符合我国国情的统一的碳标签计算规范与标准。一方面，有利于国内碳标签市场的规范；另一方面也可以在国内商品出口时为企业提供便利。要想设立规范和标准，就要提前进行大量的数据采集和分析，设立各类产品的数据库，并且要搭建专门的计算平台，为碳标签制度的实施创造良好的措施保障。

（5）设置碳标签分类制度

由专门机构颁发的碳标签分为两种，一种是传统意义上的碳标签制度，即在生产的产品上标注碳足迹的数值。这类碳标签需要专门机构对碳足迹进行测算、认证以及授权之后才可以标注，而且应设定一定的期限。在到期时，应评估当期产品的生产是否达到预期的减排目标；否则，碳标签将被收回，企业需要重新进行碳标签的核算以及认证。第二种碳标签是激励性质的"碳减排标签"。这种标签是在产品已经存在碳标签的基础上，基于企业采取低碳技术、运用低碳能源、改进生产技艺等手段，使碳足迹的数量明显得到控制，由专门机构进行评估并向其授予"碳减排标签"，允许该产品进行标注。这一措施可以使消费者看到企业在碳减排方面做出的努力，也能够激励企业进一步形成对环境更加友好的行为。

（6）形成碳标签制度逐步推进计划

碳标签的建立并不是一蹴而就的，应该选择试点行业、试点区域循序渐进地实施，最终形成统一的碳标签制度。选择试点区域，应该集中在生产密集型的地区以及进出口贸易的地区，综合考虑可以选择珠三角地区为碳标签制度的试点区域。而试点行业也应该慎重选择，碳足迹易于测算、民众购买频繁以及生产工艺较为简单的行业更为适合。同时，结合欧美国家的经验，可以选择食品行业作为试点行业。食品行业深刻地融入民众的日常生活，且由于食品生产过程中的生产工艺较为简单，因此碳足迹的测算也比较方便。当试点行业、试点区域的碳标签制度积累起丰富经验、取得显著成果时，再逐渐扩大试点范围，并最终推广至全国各行业，在全国范围内建立起统一的碳标签制度。

17.2 企业组织视角

17.2.1 优化企业组织结构与转型升级

（1）设立碳减排专门机构

对于企业而言，发展低碳经济的重点是将碳排放量作为其在企业战略层面上未来发展的战略任务。因此，企业必须建立专门的碳减排机构，以促进企业生产和供应链中二氧化碳排放量的减少，以履行其解决环境问题的社会责任。专门的碳减排机构需要制订企业中长期碳减排计划，监督和限制企业日常生产和生活中的二氧化碳排放量，探索企业碳减排的技术和方法，并运用企业环境绩效评估系统对员工和管理者进行绩效评估。该专门机构应向公司最高管理层报告并对其负责，有权建议公司进行战略调整，提高节能减排水平。

（2）推动企业转型升级

当今的低碳经济环境中，公司不仅必须关注自身的经济影响，还必须考虑外部利益相关者的关注，特别是消费者对环境保护的关注。企业需要转型升级为低碳环保组织，履行社会责任，为消费者树立良好的企业社会形象。企业的转型升级应该是渐进的、系统的。渐进意味着企业的转型不可能在一夜之间完成，因此有必要预测并避免未来转型过程中可能出现的风险；系统意味着在公司追求低碳的同时，必须从公司整体出发，并注意转型升级中可能出现的成本增加和收益减少的情况。

17.2.2 加大低碳技术研发力度

（1）增加技术创新资金投入

研究表明，低碳技术的资本投资与运营绩效之间存在正相关关系，随着公司投资额的增加，其获得的回报也将增加。在研发的早期阶段，新技术创新活动需要企业投入一定的成本，而成功的技术研发活动需要大量资金。理论上，企业在技术研发中的资本投入强度越大,企业越容易获得价值的提升。站在长远发展的角度上,低碳经济发展趋势会逐步加强,国家会出台更多的环境政策,低碳技术创新的投资额增加,可以同时满足国家的低碳发展需求以及公司自身的低碳需求。通过低碳技术创新活动,公司不仅可以降低成本、提高核心竞争力并获得显著价值,而且可以树立良好的企业形象,获得无形的价值。

（2）提升技术创新人员整体素质

技术创新不仅需要大量的资金投入,还需要对相关人员进行培训。实证研究表明,创新作为技术人才的一项重要技能,仅增加低碳技术创新者的数量无法为公司增加价值。公司必须积极培养并继续发展现有人才的创新能力,提高相关人员的整体素质。具体来说,可以对员工进行技术培训,设置经常性的经验交流会以及向具有先进经验的标杆企业学习。此外,公司必须建立强有力的评估和激励体系,并积极创新组织文化。全面的激励评估系统可以激励技术人员进行创新,并营造一种积极向上的文化氛围。

（3）围绕核心技术重点突破

企业应聚焦于现有行业内的核心技术突破,专注于节能减排和能源效率的提高、清洁高效能源的开发与温室气体排放的控制与处理利用技术。通过这些核心技术的进步和发展,绿色低碳技术将真正成为企业可持续发展的高端核心技术,并牢牢控制未来技术的领先地位。特别是技术密集型的钢铁、石油及电力等行业,应面向未来,着力促进低碳环保技术创新,扩大先进技术的研究、开发和应用,并将技术创新、业务转型与绿色低碳发展紧密结合。

（4）倡导自主研发与战略合作

与欧美国家对比,我国的低碳技术创新水平相对落后。从国外进口大量技术,在短期内可能弥补了业务发展的不足,但从长远来看,这将导致对技术引进的依赖,使国内自主创新变得艰难。为了促进企业的自主研发,政府已经发布许多优惠政策。在低碳经济的大背景下,企业必须抓住机遇,不断提高研发能力,只有具有创新和探索能力的企业才能紧跟时代潮流。对于企业而言,仅依靠技术购买很难立足。研发活动本身具有很高的风险,因此,为了最大程度地降低风险,公司应加强与其他公司的战略合作。通过签署战略合作协议,企业不仅可以充分利用双方的资源,而且可以通过资源共享和优势互补有效地控制风险。

(5)健全完善绿色低碳技术保障体系

企业可以加大对绿色共性技术研发的投入,关注生态环境治理,通过研究环境污染过程的基本原理和机制及其在技术研发工作中的风险,解决技术难题。企业应着力提高环保低碳技术装备的研发水平,降低节能降耗技术改造的装备成本,提高企业独特的创新能力,积极增加投资,确保研发人员、设备、资金等投入的及时和完善,加快形成具有自主知识产权的核心技术和低碳品牌布局,力争在绿色低碳技术创新中处于主导地位。

(6)健全能源循环利用产业链

绿色有机资源本身是可回收的,构成了自然界独特的有机循环系统。在这方面,企业应通过材料流通、能源利用和公共工程的协同,充分利用产业集群的规模效应,促进不同企业、不同行业间的融合发展。建立天然气、石油、煤炭、铁矿石、水和其他资源之间的循环经济产业链,以及固体废物循环利用的产业链体系。继续促进"三废"等资源的再利用,进一步加大地热能利用的试点工作,形成成熟的推广技术,通过不断研发和对清洁能源的推广,打造绿色能源服务链。

17.2.3 建立风险评估机制

(1)提高企业低碳信息披露程度

在当前的发展过程中,信息已越来越成为市场中必不可少的要素。在信息爆炸的时代,信息直接影响各种业务活动的发展。完整而准确的信息有助于改善投资者对公司的判断,合理决策并降低风险。当前,由于市场上的不完善之处仍然很多,因此公司的信息披露程度仍然较低。由于公司信息具有机密性和公开大量信息需要更多的人力和财力,并非所有公司都愿意公开。在低碳经济的背景下,投资者可以"利用公司的社会责任报告和其他信息来快速了解公司在环境保护方面对社会的贡献。同时,有关低碳技术创新的研发信息可以提高投资者对公司的期望。因此,在低碳技术创新中提高信息披露程度,可以有效地为公司增加价值,树立良好形象。

(2)建立环境绩效评价体系

投资者和政府部门通常使用财务指标来衡量业务运营。在低碳经济的背景下,如果一家企业只关注财务指标而忽略了对环境的影响,那么企业收益与生态环境污染之间的矛盾将更加难以协调。因此,政府部门除财务指标外,还应建立一套环境指标考核体系,如,将企业的节能减排率、能源消耗利用率等作为评估企业总体环境绩效的衡量标准。当企业的环境绩效不符合国家规定时,需要相应地对其进行处罚。建立环境绩效体系可以更有效地鼓励企业开展低碳技术创新活动,减少企业造成的环境污染。

(3)建立系统评估与风险管理机制

为了实现低碳减排,企业必须在早期投入大量的研发资金并进行人员培训,因此企业的投资成本很可能超过利润。由于缺乏系统的评估和风险管理意识,许多公司在此过程中面临更大的风险。因此,企业在确定减排任务后,必须系统地评估未来的减排投资、减排收益、企业内部风险、市场风险、政策风险和其他因素,以确保未来有足够的抗风险能力。

17.3 行业协会视角

17.3.1 建立行业绿色规范

行业协会可以通过建立统一的行业绿色规范来达到整个行业排放总量减排的目标。行业协会应该加强行业内企业的监督管理,建立统一的企业评估考核制度,强化环境监管,落实减排责任。行业协会可以建立完善的总量控制制度,再考虑区域差异和环境承载力的因素来优化碳排放总量的分配机制。要求协会下各企业组织建立完善的环保组织体系、健全低碳减排制度,配备专职人员对企业生产中的二氧化碳排放情况进行监控和管理。定期对各企业的低碳技术与能源使用情况、减排目标的实现情况进行巡查并督促未达标企业及时改进,保证减排措施落实到位。

17.3.2 设立企业绿色同盟

行业内各企业之间形成绿色同盟,推动绿色发展合作,彼此加强交流合作,促进低碳技术的不断创新与完善。在低碳能源研发、绿色低碳生产工艺、污染治理与循环利用等绿色低碳发展的重点领域中形成深度交流与合作。同时,彼此间的信息互通与资源共享,可以在一定程度上降低企业低碳转型的风险,加快企业在低碳技术上的研发。此外,行业内形成强有力的绿色同盟,可以推动同行业其他企业重新审视碳减排的重要性,及时进行企业的战略调整。企业绿色同盟的形成对于消费者绿色消费意识的增强也有很强的示范作用。

17.4　科研机构视角

17.4.1　加大政策支持研究

对于绿色供应链的优化调控,相关的科研院所、机构等,可以发挥自身的优势,加大对优化调控的政策研究。一方面,需要配合政府弥补现有法律法规的缺失。碳标签、碳税等限制碳排放的政策措施、法律规范还不够完善,导致在实际推行的过程中因缺乏法律依据而举步维艰。相关机构需要基于我国国情和未来的发展规划,深入研究适用于各地区、各行业的政策规范。另一方面,可以为政府、行业企业等提供基础性的数据支持和应用工具。例如,在碳足迹的计算过程中,目前缺乏一个完备的全品类产品碳足迹数据库,这类数据库需要耗费大量的时间和精力,因此,科研院所可以利用自身的资源优势,加大相关项目的研究力度,为碳税、碳标签等优化调控措施提供基础的数据支持。

17.4.2　注重清洁能源研究

低碳产品的研发涉及基础性的研究与创新,需要投入巨大的人力、物力,很多公司不愿意。而且,在研发过程中存在着很大的失败风险。因此,对低碳产品的研发还是需要把科研院所作为主体,依靠政府调拨基金,在清洁能源、低碳材料以及产品生产技艺改进等方面重点突破。

第18章
研究总结与展望

本章全面回顾研究的理论成果和应用实践，并对可进一步拓展的研究空间范畴以及应用前景进行了展望。

18.1 研究总结

人类在追求发展物质的文明过程中对自然资源过度利用，对自然环境造成了负面影响。自20世纪90年代以来，许多国家逐渐开始调整自己的发展战略，全球性的产业结构也开始呈现绿色发展战略趋势，绿色产业、绿色产品随之陆续出现。由于一个绿色产品从原材料的开发到消费者最终的消费，期间包含了诸如生产、运输等流通过程，因此实施绿色战略，仅靠其中某些工艺或者某些企业是无法实现的，它涉及整个供应链的各个环节，于是"绿色供应链"这一概念应运而生。传统供应链在运营过程中追求的是供应链系统各主体利润最大化，尽管在一些情况下也会考虑材料能源的节约，但从范围来看，这只考虑到企业内部成本以及环境因素，并没有从更广泛的视角考虑生产废弃物如何处理、如何回收再制造等问题。

因此，从多角度来关注和解决绿色供应链的运作优化和调控问题，对于提高产品国际竞争力、发展环境友好型经济，最终助力"碳达峰、碳中和"具有十分重要的现实意义。本研究基于碳足迹视角，研究了供应链低碳转型升级战略以及供应链协同运营模式的优化策略，得到了一系列有价值的研究结论和启示。

第一部分为研究概述，包括第1章和第2章。第1章首先界定了本次研究的核心问题，明确了基本术语及其相关概念，并对本次研究的研究背景和研究意义进行了说明。第2章对研究的主要内容进行了详细的阐述。本次研究解决的核心问题是如何更好地实现对绿色供应链的优化与调控，其中优化和调控的目的在于：①降低供应链系统的总成本,增加总收益;②实现供应链的协调,避免无谓的运作损耗和利润的流失;③降低绿色供应链总碳足迹。对于供应链的优化问题,分析的切入点有两个:一是通过绿色产品的定价优化和路径优化的方式,来实现对绿色供应链的优化。这种对定价和配送路径的优化,可以降低供应链系统的运作成本,增加收益,实现专业化和规模化,有利于运作优化;二是通过供应链主体间合作、回购企业以及政府补贴等协调机制来实现对供应链的优化。在这种协调机制下,可以避免无谓的运作损耗和利润的流失。对于供应链的调控问题,分析的切入点为:政府通过碳税、碳交易以及惩罚等措施来实现对绿色供应链的调控,引导企业绿色采购、绿色生产及消费者绿色消费,从全产业链进行绿色改造,降低供应链各环节对环境造成的负面影响。

第二部分为理论基础与问题解析,包括第3章至第5章。第3章对绿色供应链、碳足迹、绿色供应链的优化与调控等相关基础理论进行了梳理,第4章对目前绿色供应链运营现状的主要问题进行了总结归纳,得出现阶段的主要问题:①从供应链企业视角看,企业缺乏绿色供应链的建设意识、对绿色生产的重视程度不够,因此在低碳技术的推广、绿色供应链的构建上都不够积极主动;②从政府视角看,政府没有为绿色供应链的实施设计出相应的顶层制度支持,没有形成完善的信息公开和监督机制;③从行业协会视角看,行业协会对于绿色供应链的定义、范围、主要作用和实施路径没有形成统一的认识,导致难以形成一致的努力方向;④从公众视角看,公众由于缺乏政府部门以及市场的引导与宣传,未形成较强的绿色消费意识和绿色观念。第5章通过对供应链优化调控关键要素进行分析和评价,在传统的供应链绩效评价理论基础上,结合社会发展的实际情况,引入低碳环保因素,构建出以财务价值、供应链内部流程、客户服务水平、创新与学习、低碳绿色五个维度为主,顺应低碳经济发展趋势的供应链优化关键要素评价指标体系。

第三部分对不同行业的碳足迹核算方法进行了说明,即第6章。碳足迹分析是对一项生产活动各个环节产生的碳排放进行测算。测算碳足迹为有效界定一个企业或一项活动的碳排放量和责任,制定合理的碳税、碳交易政策提供理论依据,这对于有目标地采取相应的减排措施,建立供应链碳足迹可持续管理模式具有重要意义。通过研究得出:由于绿色产品在从原材料开采到消费者最终消费的过程中产业链很长且每个环节互相关联,因此无论对哪个行业进行碳足迹核算,且无论基于政府视角还是企业视角,碳排放的测算都需要在全产业链的视角下进行,即应该包括绿色产品的生产、运输、消费等环节,而非仅仅产品的使月环节。其次,在对某一活动或某一过程进行碳足迹的核算前,首先应该对核算范围进行界定,然后充分结合宏观与微观方法进行核算。此外,通过对生鲜行业具体碳足迹的核算得出,配送阶段是碳足迹的主要来源,因此在对冷链进行优化和调控时,可以有针对性地通过路径优化等方式控制冷链系统总碳足迹。

第四部分为绿色供应链优化和调控。其中,第7章至第10章对绿色供应链的优化策略进行了研究,而第11章和第12章研究的重点是政府视角对绿色供应链的调控策略选择。第7章探究了非对称权力情形下,绿色供应链主体既承担社会责任又承担环境责任时的博弈决策变化规律。将企业社会责任与权力结构相结合,探究权力结构和碳减排的成本系数对博弈均衡解的作用规律,在一定程度上丰富了绿色供应链中企业社会责任的研究,并对绿色供应链的管理提供了思路。研究表明:无论供应链成员的权力是否对称,从产品销售价格、碳足迹以及供应链总利润角度,分散决策模式均显示出了竞争导致的低效率,但供应链之间主体的竞争有利于产品的低碳化。因此,在对供应链进行优化时,需要考虑低碳与效率之间的权衡。第8章主要分析了绿色供应链网络均衡优化问题,分析后得出:①碳排放量直接影响碳交易利润,且回收商对碳足迹有很大的影响,适当提高再生产品回收系数和废品再制造系数,可以使碳排放量和碳交易利润同时达到最优水平;②为了提高供应链中碳交易的利润,制造商需要制订合理的订货计划,以平衡碳排放和碳交易的利润,这进一步说明,要实现低碳供应链的网络均衡,需要供应链成员之间的协调与合作;③通过回收利用、工艺改进等措施,减少供应链网络的碳排放,并将多余的碳排放在碳交易市场上出售,这些利润可以抵销减排的成本投入,最终达到低碳供应链管理的目的。第9章在绿色供应链的碳足迹优化管理中引入了合作减排机制,通过供应链主体间的相互合作,可以实现经济效益和环境效益的双赢。通过研究得出:①制造商的碳减排行为可以增加供应链主体的利润,但是会出现零售商"搭便车"的现象,通过制造商与零售商的合作减排行为能够消除这种不公平现象;②在制造商与零售商实行合作减排后,零售商采取投资的行为分担减排成本,当零售商对制造商的投资比例到达某一特定比例时,制造商和零售商的利润可以同时实现最大化,有效对供应链进行优化。第10章基于碳税约束分析了回购契约、补贴政策、回购和补贴的联合政策对绿色供应链协调的作用效果。通过研究得出：①回购契约会降低集中决策模式下的系统总利润，因此当绿色供应链集中决策时，不需要回购契约。而对于分散决策下的供应链，需要契约来实现成员间的协调和利润的最大化；②相比补贴政策，回购契约可以更有效地协调分散决策下的供应链；③联合回购和补贴策略可以实现分散决策供应链的协调，实现生产者的利润。第11章基于政府视角研究了政府在不采取减排措施、采取碳税政策和采取碳交易政策三种情形下，企业的最优产出水平、最优减排投入以及社会总福利最大化的问题，为政府基于不同的情况采取相应的碳减排调控策略提供建议。研究得出：①当环境影响系数较小时，由于碳交易政策环境下社会总产出较低，碳交易政策环境下的社会总碳足迹也相对较低，说明此时在减少碳足迹方面，碳交易政策更有优势；反之，当环境影响系数较大时，在减少碳足迹方面，碳税政策更有优势。②当环境影响系数较小时，碳交易政策环境下的社会总福利高于碳税政策环境下的社会总福利，因此从社会总福利角度，此时政府适合采取碳交易政策；相反，当环境影响系数较大时，政府采取碳税政策更有优势；③尽管随着碳税的增加，碳足迹控制的效果越来越好，但是碳税增加到一定范围以后，社会总福利便会开始呈向下的趋势。因此，从政府的角度而言，需要制定合理的碳税，在保证碳足迹控制效果较好的同时，考虑碳税对社会总福利的影响。当政府实行碳交易政策时，需要规定合理的碳排放额度，实现碳足迹和社会总福利的协调。第12章将政府惩罚行为引入绿色供应链碳足迹管理，分析了政企间动态演化博弈规律。研究得出：当政府选择监管策略和制造商（零售商）选择进行碳减排投入的概率越大时，零售商（制造商）便会采取"搭便车"策略；同时，当政府处罚力度较低以及管制成本较高时，企业也会采取此策略。因此，政府应协同多方部门，加大监管力度，制定合理惩罚制度，同时设置碳交易政策及碳排放权，促使企业自主地进行低碳减排。企业应该加大力度自主研发碳减排的设备或技术手段，同时可通过合作协调或者收益共享契约等方式，避免"搭便车"行为的发生。

　　第五部分为行业应用，包括第13章至第16章。第13章以生鲜品行业为例，针对冷链物流的碳足迹进行测算和优化调控。通过分析得出：国家相关部门尽快建立健全相应的法律法规并落实到位，对积极实行节能减排的企业实行一定补贴，这对于冷链物流行业的可持续发展有积极的引导作用，也解决了相关企业在经济成本和环境成本中进行取舍的后顾之忧。第14章以纺织服装品行业为例，分析了考虑政府监督下的纺织服装行业的供应链定价调控问题。通过分析得出结论:对于企业而言,在实施碳交易的同时,还应重视低碳减排,进而提高企业减排动力,还应结合碳交易价格的变动以期采取恰当的策略;此外,供应链上下游企业也可以进一步选择合适的契约方式,通过提高碳减排来加大产品的市场竞争力。第15章以农产品行业为例,通过分析得出结论:零售价、碳减排量以及产品需求量都随着碳税的增加而增加,而供应链系统利润都随着碳税的增加而降低;在集中决策下,农产品销售价格降低,而碳减排量、农产品需求量以及供应链整体总利润上升,使消费者和企业双方都能够获利,集中决策下的农产品更具市场优势;随着零售商对制造商投资比例的增加,制造商利润呈上升趋势,零售商利润呈下降趋势,且随着投资比例的增加,制造商利润增加和零售商利润减少的趋势更加明显。第16章以电子回收品行业为例,从系统动力学角度研究政府和电子回收企业的渠道选择问题。通过分析得出结论:政府可以通过在一定范围内加大惩罚力度或者减小补贴力度来规范电子回收企业的行为。

18.2　研究展望

通过理论研究和行业应用研究对绿色供应链的优化和调控策略进行了较为深入的分析,但仍存在一定局限性,主要包括以下几点。

(1)核算方法存在局限性

本研究中碳足迹的核算方法采取的全生命周期评价法,这是一种自下而上的核算方法,结果具有较强的针对性。由于该方法存在核算边界的问题,因此使用某种产品而间接排放的二氧化碳未被考虑在内,结果存在截断误差。从准确性角度而言,全生命周期评价法更适用于微观系统的核算。

(2)数据获取存在滞后性

数据大多来源于统计年鉴以及相关行业报告,因此获取的数据存在一定的滞后性,研究结果只能近似地反映真实情况。此外,通过调研获取详细的行业数据,需要耗费超出预期的人力和物力,且数据由于涉密性难以全部获取。

附录1　定理证明清单

定理 1：制造商与零售商形成分散式供应链时，制造商与零售商的最优决策组合是 (p_1^*, p_2^*, E^*) ，零售商与制造商获得的最优利润是 π_r^* 和 π_m^* 。

证明：制造商主动承担碳减排任务，花费碳减排成本 $I_{E^*} = \dfrac{(E^*)^2}{2}$ 进行碳减排，碳减排量是 E^* 。制造商和零售商形成分散式供应链，寻求自身利益最大化。碳减排后的双渠道产品受消费者偏好，消费者对产品的需求量变大，增加了 ηE^* 。在主导者制造商确定了直销价和碳减排量后，零售商确定其零售价，此时，零售商和制造商利润函数分别为：

$$\pi_r^* = (p_1^* - w)(q_1^* + \eta E^*) \tag{1}$$

$$\pi_m^* = (p_2^* - c)(q_2^* + \eta E^*) + (w - c)(q_1^* + \eta E^*) - I_{E^*} \tag{2}$$

制造商作为主导的一方，将其通过线上渠道出售给消费者的价格 p_2^* 以及碳减排量 E^* 确定，利用逆向归纳法对式（2）求关于 p_1^* 的一阶偏导并通过求解方程可得关于产品线下零售价的函数 $p_1^* = \dfrac{1 + \sigma p_2^* + \eta E^* + w}{2}$ ，把函数式代入式（1），分别对 p_2^* 和 E^* 求一阶、二阶偏导，解得关于 π_m^* 的 Hessian 矩阵行列式 $|H| = (2 - \sigma^2) - \dfrac{\eta^2(\sigma+2)^2}{4}$ ，因为 $\dfrac{\partial^2 \pi_m^*}{(\partial p_2^*)^2} = \sigma^2 - 2 < 0$ ，因此当 $(2 - \sigma^2) - \dfrac{\eta^2(\sigma+2)^2}{4} > 0$ ，也就是说 $\eta < \dfrac{2\sqrt{2 - \sigma^2}}{2 + \sigma}$ 时，Hessian 矩阵是负定的，此时函数存在最优解，解得线上直销价和碳减排量为：

$$p_2^* = \frac{4 - 6c\eta^2 - \sigma^2 c\eta^2 + 2\eta^2 w + 2\sigma + 4c - 2\sigma^2 c - 2\sigma c - 5\sigma c\eta^2 + 4\mu\sigma w + \sigma\eta^2 w}{4(2 - \sigma^2) - \eta^2(\sigma + 2)^2}$$

$$E^* = \frac{\eta \left(4 + \sigma^2 + 4w + 4\sigma - 8c + \sigma^3 c + 3\sigma^2 c - 4\sigma c + 4\sigma w \right)}{4(2 - \sigma^2) - \eta^2(\sigma + 2)^2}$$

为了求解其他函数的解，分别把 p_2^* 和 E^* 代进产品线下零售价的函数、零售商利润函数以及制造商利润函数中，求得：

$$p_1^* = \frac{4 - \sigma^2 + 4w - 4c\eta^2 - \sigma^2 c\eta^2 + 2\sigma - \sigma^3 c - \sigma^2 c + 2\sigma c - 5\sigma c\eta^2 + \sigma\eta^2 w}{4(2 - \sigma^2) - \eta^2(\sigma + 2)^2}$$

$$\pi_r^* = \frac{[\eta^2(\sigma+1)(\sigma+4)(c-w)+\sigma c(\sigma+2)(\sigma-1)+4w(1-\sigma^2)+(\sigma-1)^2-5]^2}{[4(2-\sigma^2)-\eta^2(\sigma+2)^2]^2}$$

$$\pi_m^* = \frac{4c^2-16c+8w+8\sigma c\eta^2+2\eta^2(c-2w)(\sigma^2 c-4\sigma w+3c)-8(\sigma^2 w+\sigma-w)(w-c)}{8(2-\sigma^2)-2\eta^2(\sigma+2)^2} +$$

$$\frac{(\sigma^3 c+\sigma+2)(\sigma+2)+\sigma^2 c^2(2\sigma-3)+2\sigma c(3\sigma-2c)+\eta^2 w^2(6+2\sigma^2)}{8(2-\sigma^2)-2\eta^2(\sigma+2)^2}$$

得证。

定理 2：制造商与零售商形成分散式供应链并合作减少碳排放，若 $\alpha < 1 - \frac{\eta^2(2+\sigma)^2(\beta-1)}{4[\sigma^2(1+\beta)-2]}$，则供应链的最优决策组合是 (p_1^g, p_2^g, E^g)，最优利润分别是 π_r^g、π_m^g。

证明：制造商与零售商合作进行减排，制造商对零售商的减排成本以投资比例 α 进行投资，零售商还能够分享制造商的部分收益，分享的比例是 β。制造商和零售商的利润函数发生变化，分别是：

$$\pi_r^g = (p_1^g-w)(q_1^g+\eta E^g)-\alpha I_E^g+\beta[(p_2^g-c)(q_2^g+\eta E^g)+(w-c)(q_1^g+\eta E^g)] \quad （3）$$

$$\pi_m^g = (1-\beta)[(p_2^g-c)(q_2^g+\eta E^g)+(w-c)(q_1^g+\eta E^g)]-(1-\alpha)I_E^g \quad （4）$$

制造商与零售商形成分散式供应链时，零售商以投资比例 α 对制造商进行投资，对式（3）求线下零售价 p_1^g 的二阶偏导 $\frac{\partial^2 \pi_r^g}{\partial(p_1^g)^2}=-2<0$，零售商利润是关于 p_1^g 的凸函数，p_1^g 存在唯一最优解。令 $\frac{\partial \pi_r^g}{\partial p_1^g}=0$，得到线下零售价的反应函数 $p_1^g(p_2^g,E^g)=\frac{\sigma p_2^g+\eta E^g+w-\beta[\sigma(c-p_2^g)-c+w]+1}{2}$。将反应函数的结果代进（4），求关于线上直销价和碳减排量的一阶、二阶偏导，得到 Hessian 矩阵行列式 $|H|=[2-\sigma^2(1+\beta)](1-\alpha)(1-\beta)-(\eta+\frac{\sigma\eta}{2})^2(\beta-1)^2$，因为 $\frac{\partial^2 \pi_m^g}{\partial(p_2^g)^2}=[2-\sigma^2(1+\beta)](\beta-1)<0$，若要 Hessian 矩阵是负定的，就要使 $[2-\sigma^2(1+\beta)](1-\alpha)(1-\beta)-(\eta+\frac{\sigma\eta}{2})^2(\beta-1)^2>0$，解得 $\alpha<1-$

$\dfrac{\eta^2(2+\sigma)^2(\beta-1)}{4[\sigma^2(1+\beta)-2]}$，函数存在唯一最优的线上直销价 $p_2{}^g$ 和碳减排量 E^g。

$$p_2{}^g = \frac{1}{\eta^2(\beta-1)(2+\sigma)^2 - 4(\alpha-1)[2-(1+\beta)\sigma^2]}[4-\eta^2(2c+2w+\sigma^2)-4c\alpha+4\sigma w +$$
$$2(\sigma+2c-2\alpha)-\sigma c(2\sigma+c+\eta^2)+\eta^2 w(2\beta-\sigma)+\beta\eta^2 c(2+\sigma^2)-2\sigma\alpha +$$
$$2\sigma c\alpha(\sigma+1)+4\sigma c\beta(1-\alpha)-4\sigma w(\alpha+\beta)+\sigma\beta\eta^2(w+3c)+4\sigma\alpha\beta(\sigma-c-w)]$$

$$E^g = \frac{\eta(1-\beta)(4\sigma+\sigma^3 c-4w+4+\sigma^2-\sigma^2 c-4\sigma c+4\sigma^2 w+4\sigma w+4\sigma c\beta-4\sigma\beta w)}{\eta^2(\beta-1)(2+\sigma)^2-4(\alpha-1)[2-(1+\beta)\sigma^2]}$$

将 $p_2{}^g$ 和 E^g 代入线下零售价反应函数、零售商利润函数及制造商利润函数中，可以得到产品线下零售价 $p_1{}^g$、零售商利润 $\pi_r{}^g$ 和制造商利润 $\pi_m{}^g$。

得证。

定理 3：当政府进行绿色供应链碳足迹调控时，最优碳税税率与最优碳排放额度相等。

证明：碳税政策下，政府首先规定税率 t，然后企业决定产量与碳减排投入。此时，企业 A 和 B 的利润函数分别为：

$$\Pi_1 = (p-c_1)q_1 - k_1(d_1 q_1)^2 - tq_1(1-d_1)$$
$$\Pi_2 = (p-c_2)q_2 - k_2(d_2 q_2)^2 - tq_2(1-d_2)$$

社会总福利函数为：$W = \Pi_1 + \Pi_2 + \dfrac{Q^2}{2} - \lambda[q_1(1-d_1)+q_2(1-d_2)]^2$ （5）

其中，$\lambda[q_1(1-d_1)+q_2(1-d_2)]$ 表示对环境产生的负面影响。

基于逆向归纳法求解博弈均衡解：

令 Π_i 关于 q_i 和 d_i 的一阶导数为零，得：

$$\begin{cases} \dfrac{\partial\Pi_1}{\partial q_1} = a-c_1-2k_1 q_1 d_1^2 - 2q_1 - \eta q_2 - t(1-d_1) = 0 \\[2mm] \dfrac{\partial\Pi_2}{\partial q_2} = a-c_2-2k_2 q_2 d_2^2 - q_1 - 2\eta q_2 - t(1-d_2) = 0 \\[2mm] \dfrac{\partial\Pi_1}{\partial d_1} = -2k_1 d_1 q_1^2 + tq_1 = 0 \\[2mm] \dfrac{\partial\Pi_1}{\partial d_2} = -2k_2 d_2 q_2^2 + tq_2 = 0 \end{cases} \quad \text{解得：} \begin{cases} q_{12} = \dfrac{a-2c_1+c_2-t}{3} \\[2mm] q_{22} = \dfrac{a+c_1-2c_2-t}{3\eta} \\[2mm] d_{12} = \dfrac{3t}{2k_1(a-2c_1+c_2-t)} \\[2mm] d_{22} = \dfrac{3t\eta}{2k_2(a+c_1-2c_2-t)} \end{cases} \quad (6)$$

将式(6)代入(5)可得 W_2。由于 $\frac{\partial^2 W_2}{\partial t^2} < 0$，故存在唯一最优税率。令 $\frac{\partial W_2}{\partial t} = 0$ 可得政府最优税率：

$$t^* = \frac{B_1 B_2}{B_3 + B_4}$$

其中，$B_1 = 2k_1 k_2(a\eta + a - 2c_1\eta + c_1 + c_2\eta - 2c_2)$，$B_2 = 2k_1 k_2\eta\lambda - 3k_1 k_2\eta + 2k_1 k_2\lambda - k_1 k_2 + 3k_1\eta\lambda + 3k_2\eta\lambda$，$B_3 = 2k_1^2 k_2^2(2\lambda\eta^2 - 3\eta^2 + 4\eta\lambda - 4\eta + 2\lambda - 1)$，$_4 = 3k_1 k_2\eta(k_1 + k_2)(4\lambda\eta - 3\eta + 4\lambda)B + 9\lambda\eta^2(k_1 + k_2)^2$。

碳交易政策下，政府先规定每个企业的碳排放限额 e_i，并允许在市场上自由交易碳排放额，假设碳交易价格为 γ。此情形下，企业 A 和企业 B 的利润函数分别为：

$$\Pi_1 = (p - c_1)q_1 - k_1(d_1 q_1)^2 - \gamma[q_1(1 - d_1) - e_1]$$

$$\Pi_2 = (p - c_2)q_2 - k_2(d_2 q_2)^2 - \gamma[q_2(1 - d_2) - e_2]$$

社会总福利函数为：

$$W = \Pi_1 + \Pi_2 + \frac{Q^2}{2} - \lambda(e_1 + e_2)^2 \tag{7}$$

其中，$\lambda(e_1 + e_2)$ 表示对环境产生的负面影响。

基于逆向归纳法求解博弈均衡解：

令 Π_i 关于 q_i 和 d_i 的一阶导数为零，得：

$$\begin{cases} \dfrac{\partial \Pi_1}{\partial q_1} = a - c_1 - 2k_1 q_1 d_1^2 - 2q_1 - \eta q_2 - \gamma(1 - d_1) = 0 \\[2mm] \dfrac{\partial \Pi_2}{\partial q_2} = a - c_2 - 2k_2 q_2 d_2^2 - q_1 - 2\eta q_2 - \gamma(1 - d_2) = 0 \\[2mm] \dfrac{\partial \Pi_1}{\partial d_1} = -2k_1 d_1 q_1^2 + \gamma q_1 = 0 \\[2mm] \dfrac{\partial \Pi_1}{\partial d_2} = -2k_2 d_2 q_2^2 + \gamma q_2 = 0 \end{cases} \quad 解得：\begin{cases} q_{13} = \dfrac{a - 2c_1 + c_2 - \gamma}{3} \\[2mm] q_{23} = \dfrac{a + c_1 - 2c_2 - \gamma}{3\eta} \\[2mm] d_{13} = \dfrac{3\gamma}{2k_1(a - 2c_1 + c_2 - \gamma)} \\[2mm] d_{23} = \dfrac{3\eta\gamma}{2k_2(a + c_1 - 2c_2 - \gamma)} \end{cases} \tag{8}$$

在碳交易市场上，碳排放额需求等于供给，即 $e_1 + e_2 = q_{13}(1 - d_{13}) + q_{23}(1 - d_{23})$，则：

$$e = \frac{a - 2c_1 + c_2 - \gamma}{3}[1 - \frac{3\gamma}{2k_1(a - 2c_1 + c_2 - \gamma)}] + \frac{a + c_1 - 2c_2 - \gamma}{3\eta}[1 - \frac{3\eta\gamma}{2k_2(a + c_1 - 2c_2 - \gamma)}]$$

解得碳交易价格：$\gamma^* = \dfrac{2k_1 k_2[\eta(a - 2c_1 + c_2 - 3e) + c_1 + a - 2c_2]}{2k_1 k_2(\eta + 1) + 3\eta(k_1 + k_2)}$

将式(8)代入(7)可得 W_3。由于 $\dfrac{\partial^2 W}{\partial e^2} < 0$，故存在唯一政府最优碳限额，令 $\dfrac{\partial W}{\partial e} = 0$，得：

$$e^* = \frac{B_1 B_2}{B_3 + B_4}$$

得证。

附录2 调查问卷清单

附录2.1

绿色供应链现状问题调查

您好:

　　本问卷旨在了解您对当前绿色供应链发展现状及所存在问题的看法。本问卷共有17个问题,填写问卷花费的时间在3分钟左右。请您按照真实的想法回答问题,在○处打"√"。非常感谢您的支持和配合!

第一部分:个人基本信息

◆您的性别
　　○ 男　　　　○ 女

◆您的职业
　　○ 教师　　　○ 学生　　　○ 企业职工　　　○ 其他

第二部分:企业市场角度

◆企业缺乏绿色供应链建设意识
　　○ 非常反对　　　○ 反对　　　○ 中立　　　○ 同意　　　○ 非常同意

◆企业对于绿色供应链信息系统建设不到位
　　○ 非常反对　　　○ 反对　　　○ 中立　　　○ 同意　　　○ 非常同意

◆企业对于绿色供应链模式创新不够
　　○ 非常反对　　　○ 反对　　　○ 中立　　　○ 同意　　　○ 非常同意

◆企业对于绿色生产的重视程度不够
　　○ 非常反对　　　○ 反对　　　○ 中立　　　○ 同意　　　○ 非常同意

◆企业对于低碳技术的推广力度不够
　　○ 非常反对　　　○ 反对　　　○ 中立　　　○ 同意　　　○ 非常同意

第三部分:政府部门角度

◆政府缺乏以绿色供应链为主题的顶层设计制度
　　○ 非常反对　　　○ 反对　　　○ 中立　　　○ 同意　　　○ 非常同意

◆政府缺乏完善的环境信息公开和监督机制
　　○ 非常反对　　　○ 反对　　　○ 中立　　　○ 同意　　　○ 非常同意

◆政府缺乏绿色供应链的宣传教育

  ○ 非常反对 ○ 反对 ○ 中立 ○ 同意 ○ 非常同意

第四部分:行业协会角度

◆行业协会对于绿色供应链未形成统一的认识

  ○ 非常反对 ○ 反对 ○ 中立 ○ 同意 ○ 非常同意

◆行业协会缺乏绿色供应链发展规范标准和评价体系

  ○ 非常反对 ○ 反对 ○ 中立 ○ 同意 ○ 非常同意

◆行业协会缺乏上下游供应商和服务商的联动

  ○ 非常反对 ○ 反对 ○ 中立 ○ 同意 ○ 非常同意

第五部分:公众角度

◆公众绿色消费意识淡薄

  ○ 非常反对 ○ 反对 ○ 中立 ○ 同意 ○ 非常同意

◆公众难以负担产品绿色制造带来的价格上涨

  ○ 非常反对 ○ 反对 ○ 中立 ○ 同意 ○ 非常同意

第六部分:开放性问题

◆除了以上提到的当前绿色供应链存在的问题,您认为还有哪些问题?

◆您认为促使公众接受绿色产品最重要的原因是什么?

附录2.2

针对政府绿色供应链优化调控举措的调查

您好:

　　本问卷旨在了解您对政府绿色供应链优化调控举措的态度。本问卷共有21个问题,填写问卷花费的时间在4分钟左右。请您按照真实的想法回答问题,在○处打"√"。非常感谢您的支持和配合!

第一部分:个人基本信息

◆您的性别
　　○ 男　　　　○ 女

◆您的职业
　　○ 教师　　　○ 学生　　　○ 企业职工　　　○ 其他

第二部分:碳标签

◆政府应该建立碳标签制度
　　○ 非常反对　　　○ 反对　　　○ 中立　　　○ 同意　　　○ 非常同意

◆政府应该设立专门的碳标签认证与管理机构
　　○ 非常反对　　　○ 反对　　　○ 中立　　　○ 同意　　　○ 非常同意

◆政府应该建立规范的碳标签预警机制
　　○ 非常反对　　　○ 反对　　　○ 中立　　　○ 同意　　　○ 非常同意

◆政府应该借鉴国际标准设立符合国情的碳标签统一计算标准
　　○ 非常反对　　　○ 反对　　　○ 中立　　　○ 同意　　　○ 非常同意

第三部分:碳交易

◆政府建设了碳交易试点市场
　　○ 非常反对　　　○ 反对　　　○ 中立　　　○ 同意　　　○ 非常同意

◆政府应该建立统一的碳排放权交易平台
　　○ 非常反对　　　○ 反对　　　○ 中立　　　○ 同意　　　○ 非常同意

◆政府建立了完善的碳排放市场信息披露机制和核查机制
　　○ 非常反对　　　○ 反对　　　○ 中立　　　○ 同意　　　○ 非常同意

◆政府营造了公平公正的碳交易环境
　　○ 非常反对　　　○ 反对　　　○ 中立　　　○ 同意　　　○ 非常同意

第四部分:碳税
◆政府应该征收碳税 　○ 非常反对　　　○ 反对　　　○ 中立　　　○ 同意　　　○ 非常同意
◆政府应该向企业而不是向消费者征收碳税 　○ 非常反对　　　○ 反对　　　○ 中立　　　○ 同意　　　○ 非常同意
◆政府应该设计差异化、分级的碳税税率 　○ 非常反对　　　○ 反对　　　○ 中立　　　○ 同意　　　○ 非常同意
◆政府应该有一定的税收优惠措施 　○ 非常反对　　　○ 反对　　　○ 中立　　　○ 同意　　　○ 非常同意
第五部分:消费市场
◆政府经常向公众进行环境保护和低碳生活宣传教育 　○ 非常反对　　　○ 反对　　　○ 中立　　　○ 同意　　　○ 非常同意
◆政府有通过不同途径向消费者推荐绿色产品 　○ 非常反对　　　○ 反对　　　○ 中立　　　○ 同意　　　○ 非常同意
◆政府应该降低市场上的绿色产品价格 　○ 非常反对　　　○ 反对　　　○ 中立　　　○ 同意　　　○ 非常同意
◆政府在公众绿色消费方面对消费者进行了一定的补贴 　○ 非常反对　　　○ 反对　　　○ 中立　　　○ 同意　　　○ 非常同意
第六部分:
◆政府在绿色供应链优化调控方面做了巨大的努力 　○ 非常反对　　　○ 反对　　　○ 中立　　　○ 同意　　　○ 非常同意
◆政府在绿色供应链优化调控方面的举措令人满意 　○ 非常反对　　　○ 反对　　　○ 中立　　　○ 同意　　　○ 非常同意
◆您对政府的绿色供应链优化调控还有什么建议?

附录2.3

关于绿色供应链优化调控对策建议的访谈大纲
时间：　　　年　　　月　　　日 地点：
受访人基本信息 姓名：　　　　性别：　　　　年龄： 职务：　　　教育程度：
第一部分：基本情况
01.对碳足迹及其衍生概念的了解。
02.对绿色供应链现状的了解。
03.国内外绿色供应链发展中存在的问题。
04.对绿色供应链优化调控的利益相关者的了解。
第二部分：政府部门视角
05.碳足迹计算的方法及标准。
06.在国内设立碳标签制度的必要性。
07.设立统一的碳交易市场对绿色供应链优化调控的作用。
08.碳税的征收方式与补贴方式。
第三部分：企业组织视角
09.设立专门的碳减排机构的必要性。
10.提升企业低碳技术创新的方式。
11.建立风险评估机制的方式。
12.企业对外进行低碳信息披露的必要性。
第四部分：行业协会视角
13.健全行业协会低碳减排制度。
14.建立行业绿色规范。

15.建立企业绿色同盟的必要性。
16.行业协会在绿色供应链扮演的角色。
第五部分：科研院所视角
17.科研院所在绿色供应链优化调控中的作用。
18.配合政府完善政策研究。
19.在绿色材料研发中的作用。
20.负责配套数据的收集与应用模型的建立。

参考文献

[1] Benita M. Beamon. Designing the Green Supply Chain[J]. Logistics Information Management, 1999, 12(4): 332-342.

[2] Aref A. Hervani, Marilyn M. Helms, Joseph Sarkis. Performance measurement for Green Supply Chain Management[J]. Benchmarking: An International Journal, 2005, 12(4): 330-353.

[3] 方健, 徐丽群. 考虑碳排放的绿色供应链网络设计研究[J]. 现代管理科学, 2012(1): 72-73+91.

[4] 曹翠珍, 赵国浩. 链合创新下绿色供应链组织间知识共享的系统分析[J]. 财贸研究, 2014, 25(2): 122-128.

[5] 蔡霞, 耿修林. 精益绿色供应链绩效评价设计及实证研究[J]. 科技管理研究, 2016, 36(9): 85-88.

[6] 傅京燕, 程芳芳. 推动"一带一路"沿线国家建立绿色供应链研究[J]. 中国特色社会主义研究, 2018(5): 80-85.

[7] 王正巍. 企业可持续发展的绿色供应链管理探讨[J]. 中国市场, 2019(28): 5-6+27.

[8] 程晏萍, 赵喜洋, 刘卿瑜. 大数据时代下的绿色供应链管理研究[J]. 现代商贸工业, 2020, 41(28): 49-51.

[9] 杨晓叶. 绿色供应链金融风险评估研究：基于 Logit 模型与 BP 神经网络的比较研究[J]. 工业技术经济, 2020, 39(12): 46-53.

[10] 金宝辉, 兰婷. 中小企业实施绿色供应链的动力机制研究与发展建议[J]. 成都工业学院学报, 2020, 23(4): 70-74.

[11] Steve V. Walton, Robert B. Handfield, Steven A Melnyk. The Green Supply Chain: integrating suppliers into environmental management processes[J]. Journal of

Supply Chain Management, 1998, 34(2): 2-11.

[12] M. H. Nagel. Managing the environmental performance of production facilities in the electronics industry: more than application of the concept of cleaner production[J]. Journal of Cleaner Production, 2003, 11(1): 11-26.

[13] George A. Zsidisin, Sue P. Siferd. Environmental purchasing: a framework for theory development[J]. European Journal of Purchasing and Supply Management, 2001, 7(1): 61-73.

[14] Remko I van Hoek. Case studies of greening the automotive supply chain through technology and operations[J]. Int. J. of Environmental Technology and Management, 2001, 1(1/2): 140-163.

[15] Chia-Wei Hsu, Allen H Hu. Applying hazardous substance management to supplier selection using analytic network process[J]. Elsevier, 2009, 17(2): 255-264.

[16] 武春友, 朱庆华, 耿勇. 绿色供应链管理与企业可持续发展[J]. 中国软科学, 2001(3): 67-70.

[17] 张金华. 绿色供应链管理运作框架及信息集成模式分析[J]. 情报科学, 2014, 32(12): 105-108+114.

[18] 谢志明, 谢青青, 易玄. 绿色供应链管理对制造企业绩效的影响[J]. 财经理论与实践, 2015, 36(1): 111-116.

[19] 尹小悦, 王娟, 陈昭玖. 基于模糊评价的绿色供应链管理可行性评估方案[J]. 湘潭大学自然科学学报, 2016, 38(4): 116-120.

[20] 成琼文, 周璐, 余升然. 绿色供应链管理与实践绩效研究: 以电解铝企业为例[J]. 中国软科学, 2017(10): 163-172.

[21] 何欣怡, 王璟, 颜健. 电子行业绿色供应链管理体系的建立及绩效评价研究[J]. 信息技术与标准化, 2019(7): 63-66+71.

[22] 郭怡, 刘淼, 顾江源. 印刷行业绿色供应链管理现状研究[J]. 北京印刷学院学报, 2020, 28(6): 148-154.

[23] 孙海鹏, 彭雨, 孙飞, 等. 汽车行业绿色供应链环境绩效评价的探讨[J]. 中国环保产业, 2020(9): 20-24.

[24] Steve Lippmann. Supply Chain Environmental Management: elements for suc-

cess[J]. Corporate Environmental Strategy, 1999, 6(2): 175-182.

[25] Trowbridge P. A case study of Green Supply-Chain Management at advanced micro devices[J]. Greener Management International, 2001(35): 121-135.

[26] Joseph Sarkis. A strategic decision framework for Green Supply Chain Management[J]. Journal of Cleaner Production, 2003, 11(4): 397-409.

[27] Su-Yol Lee. Drivers for the participation of small and medium-sized suppliers in Green Supply Chain Initiatives[J]. Supply Chain Management: An International Journal, 2008, 13(3): 185-198.

[28] Stefan Ambec, Paul Lanoie. Does it pay to be green? A systematic overview [J]. Academy of Management Perspectives, 2008, 22(4): 45-62.

[29] Francesco Testa, Fabio Iraldo. Shadows and lights of GSCM (Green Supply Chain Management): determinants and effects of these practices based on a multi-national study[J]. Journal of Cleaner Production, 2010, 18(10): 953-962.

[30] 张荣兰, 路世昌. 钢铁企业绿色供应链影响因素测度研究[J]. 环境科学与技术, 2015, 38(1): 188-194+204.

[31] 吴绒. 制度—管理—技术协同驱动下绿色供应链组织协同创新研究[J]. 商业经济研究, 2016(2): 107-109.

[32] 张璇, 马志军, 田东红, 等. 企业绿色供应链管理实践的影响因素研究: 基于元分析方法的探索[J]. 中国人口·资源与环境, 2017, 27(12): 183-195.

[33] 王晓玉, 李广培. 供应链视角下绿色设计驱动因素及其影响机理研究综述 [J]. 物流工程与管理, 2018, 40(9): 89-91+88.

[34] 李婧婧, 李勇建, 刘露, 等. 激励绿色供应链企业开展生态设计的机制决策 [J]. 系统工程理论与实践, 2019, 39(9): 2287-2299.

[35] 尚文芳, 滕亮亮. 考虑政府补贴和销售努力的零售商主导型绿色供应链博弈策略[J]. 系统工程, 2020, 38(2): 40-50.

[36] 孙博行. 基于三重底线理论的绿色供应链管理影响因素研究[J]. 内蒙古科技与经济, 2020(21): 55-56+58.

[37] 谭乐平, 宋平, 杨琦峰. 绿色供应链的投贷联动融资决策均衡[J]. 计算机工程与应用, 2020(20): 1-18.

[38] Giuliano Noci. Designing "Green" Vendor Rating Systems for the assessment of a supplier's environmental performance[J]. European Journal of Purchasing and Supply Management, 1997, 3(2): 103-114.

[39] Robert Handfield, Steven V. Walton, Robert Sroufe Steven, et al. Applying environmental criteria to supplier assessment: a study in the application of the analytical hierarchy process[J]. European Journal of Operational Research, 2002, 141(1): 70-87.

[40] Joseph Sarkis. A strategic decision framework for Green Supply Chain Management[J]. Journal of Cleaner Production, 2003, 11(4): 397-409.

[41] Louis Y. Y. Lu, C. H. Wu, T. C. Kuo. Environmental principles applicable to green supplier evaluation by using Multi-objective Decision Analysis[J]. International Journal of Production Research, 2007, 45(22): 5451-5451.

[42] Amy H. I. Lee, He-Yau Kang, Chang-Fu Hsu, et al. A Green Supplier selection model for high-tech Industry[J]. Expert Systems With Applications, 2009, 36(4): 7917-7927.

[43] Krishnendu Shaw, Ravi Shankar, Surendra S. Yadav, et al. Supplier selection using Fuzzy AHP and Fuzzy Multi-objective Linear Programming for developing low carbon supply chain[J]. Expert Systems with Applications, 2012, 39(9): 8182-8192.

[44] W. H. Tsai, Shih-Jieh Hung. A Fuzzy Goal Programming Approach for Green Supply Chain Optimisation under activity-based costing and performance evaluation with a value-chain structure[J]. International Journal of Production Research, 2009, 47 (18): 4991-5017.

[45] G. Tuzkaya, A. Ozgen, D. Ozgen, et al. Environmental Performance Evaluation of Suppliers: a Hybrid Fuzzy Multi-criteria Decision Approach[J]. International Journal of Environmental Science & Technology, 2009, 6(3): 477-490.

[46] Anjali Awasthi, Satyaveer S. Chauhan, S. K. Goyal. A Fuzzy Multicriteria Approach for Evaluating Environmental Performance of Suppliers[J]. International Journal of Production Economics, 2010, 126(2): 370-378.

[47] Chunguang Bai, Joseph Sarkis. Green Supplier Development: analytical evaluation using Rough Set Theory[J]. Journal of Cleaner Production, 2010, 18(12): 1200-1210.

[48] R. J. Kuo, Y. C. Wang, F. C. Tien. Integration of artificial neural network and MADA methods for Green Supplier Selection[J]. Journal of Cleaner Production, 2010, 18(12): 1161-1170.

[49] Adam C. Faruk, Richard C. Lamming, Paul D. Cousins, et al. Analyzing, mapping, and managing environmental impacts along supply chains[J]. Journal of Industrial Ecology, 2001, 5(2): 13-36.

[50] 刘名武, 翟梦月, 陈翔. 关税和补贴视角下的跨国绿色供应链决策研究[J]. 软科学, 2019, 33(9): 21-26.

[51] 黄湘萌, 杨帅. 绿色供应链协同利益分配策略研究：基于区块链技术的 Shapley 值修正模型[J]. 技术经济与管理研究, 2020(8): 14-19.

[52] 魏光兴, 付巧玲, 陈曦. 考虑偏好异质性及其信息不对称的绿色供应链决策[J]. 软科学, 2020, 30(10): 1-13.

[53] 尚媛媛, 赵浩森, 金东梅, 等. 基于主成分分析的北京市蔬菜企业绿色供应链研究[J]. 北方园艺, 2020(22): 137-143.

[54] Ai Xu, Xiangpei Hu, Shufeng Gao. Review of Green Supply Chain Management[J]. Int. J. of Networking and Virtual Organisations, 2013, 12(1): 27-39.

[55] Sanjay Sharma, Mohd Asif Gandhi. Exploring correlations in components of Green Supply Chain Practices and Green Supply Chain Performance[J]. Competitiveness Review, 2016, 26(3): 332-368.

[56] David Pérez-Neira, Anibal Grollmus-Venegas. Life-cycle Energy assessment and carbon footprint of peri-urban horticulture: a comparative case study of local food systems in spain[J]. Landscape and Urban Planning, 2018, 172: 60-68.

[57] Divya Pandey, Madhoolika Agrawal, Jai Shanker Pandey. Carbon footprint: current methods of estimation[J]. Environmental Monitoring and Assessment, 2011, 178(1-4): 135-160.

[58] Zugang (Leo) Liu, Trisha D. Anderson, Jose M. Cruz. Consumer environmental awareness and competition in two-stage supply chains[J]. European Journal of Operational Research, 2011, 218(3): 602-613.

[59] 石敏俊, 袁永娜, 周晟吕, 等. 碳减排政策：碳税、碳交易还是两者兼之?[J].

管理科学学报, 2013, 16(9): 9-19.

[60] Amir Mohajeri, Mohammad Fallah. A Carbon Footprint-based Closed-loop Supply Chain Model under uncertainty with risk analysis: a case study[J]. Transportation Research Part D, 2016, 48: 425-450.

[61] 石松, 颜波, 石平. 考虑公平关切的自主减排低碳供应链决策研究[J]. 系统工程理论与实践, 2016, 36(12): 3079-3091.

[62] Zhaofang Mao, Shan Zhang, Xiaomei Li. Low Carbon Supply Chain firm integration and firm performance in China[J]. Journal of Cleaner Production, 2017, 153: 354-361.

[63] Mohan Munasinghe, Priyangi Jayasinghe, Vidhura Ralapanawe, et al. Supply/value Chain Analysis of carbon and energy footprint of garment manufacturing in Sri Lanka[J]. Sustainable Production and Consumption, 2016, 5: 51-64.

[64] Jin Xiao Chen, Jian Chen. Supply Chain Carbon Footprinting and Responsibility Allocation under emission regulations[J]. Journal of Environmental Management, 2017, 188: 255-267.

[65] Hsuan Hong, Jack C. P. Su, Chih-Hsing Chu, et al. Decentralized Decision Framework to coordinate product design and supply chain decisions: evaluating trade offs between cost and carbon emission[J]. Journal of Cleaner Production, 2018, 204: 107-116.

[66] Qingguo Bai, Yeming (Yale) Gong, Mingzhou Jin, et al. Effects of carbon emission reduction on Supply Chain Coordination with vendor-managed deteriorating product inventory[J]. International Journal of Production Economics, 2019, 208: 83-99.

[67] 孙嘉楠, 肖忠东. 考虑消费者双重偏好的低碳供应链减排策略研究[J]. 中国管理科学, 2018, 26(4): 49-56.

[68] Huini Leong, Huiyi Leong, Dominic C Y Foo, et al. Hybrid Approach for Carbon-Constrained Planning of Bioenergy Supply Chain Network[J]. Sustainable Production and Consumption, 2019, 18: 250-267.

[69] Lixin Shen, Laya Olfat, Kannan Govindan, et al. A Fuzzy Multi Criteria Approach for evaluating green supplier's Performance in Green Supply Chain with linguis-

tic preferences[J]. Resources Conservation & Recycling, 2013, 74: 170-179.

[70] 刘超, 慕静. 碳排放政策不同和碳敏感度差异对于供应链的影响研究[J]. 中国管理科学, 2017, 25(9): 178-187.

[71] Chuanwang Sun, Zhi Li, Tiemeng Ma, et al. Carbon efficiency and international specialization position: evidence from global value chain position index of manufacture[J]. Energy Policy, 2019, 128: 235-242.

[72] 乔毅, 马骋. 低碳供应链金融融资策略研究[J]. 青岛大学学报(自然科学版), 2020, 33(4): 115-124+131.

[73] 李艳冰, 汪传旭, 张东东. 公平偏好下普通与低碳产品竞争的供应链决策[J]. 上海海事大学学报, 2020, 41(3): 66-72.

[74] 徐春秋, 王芹鹏. 考虑政府参与方式的供应链低碳商誉微分博弈模型[J]. 运筹与管理, 2020, 29(8): 35-44.

[75] 刘小红, 张人龙, 单泪源. 低碳供应链柔性资源配置模型及算法的鲁棒性研究[J]. 企业经济, 2020, 39(8): 79-86.

[76] 范贺花, 张超, 周永卫. 考虑随机需求环境下的低碳供应链渠道选择[J]. 统计与决策, 2020, 36(14): 166-170.

[77] 罗运阔, 周亮梅, 朱美英. 碳足迹解析[J]. 江西农业大学学报(社会科学版), 2010, 9(2): 123-127.

[78] Edgar G. Hertwich, Glen P. Peters. Carbon footprint of nations: a global, trade-linked analysis. [J]. Environmental Science & Technology, 2009, 43(16): 6414-6420.

[79] David Browne, Bernadette O'Regan, Richard Moles. Use of carbon footprinting to explore alternative household waste policy scenarios in an Irish City-region[J]. Resources Conservation & Recycling, 2009, 54(2): 113-122.

[80] 杨传明. 不确定环境下产品供应链碳足迹优化[J]. 计算机集成制造系统, 2018, 24(12): 3189-3200.

[81] 孙丽文, 王丹涪, 杜娟, 等. 基于LMDI的中国工业能源碳足迹生态压力因素分解研究[J]. 生态经济, 2019, 35(1): 13-18.

[82] 冯雪. 旅游交通碳足迹与旅游经济增长关系研究[J]. 中国环境管理干部学

院学报, 2019, 29(4): 66-70.

[83] 赖镜鸿, 杨国清. 基于NEP模型的广东省碳足迹研究[J]. 农业与技术, 2020, 40(23): 8-13.

[84] 侯欣彤, 田驰, 韩振南, 等. 基于自主生命周期软件对原镁生产的碳足迹评价[J]. 辽宁化工, 2020, 49(12): 1522-1528.

[85] 孙建卫, 赵荣钦, 黄贤金, 等. 1995–2005年中国碳排放核算及其因素分解研究[J]. 自然资源学报, 2010, 25(8): 1284-1295.

[86] 叶作义, 江千文. 长三角区域一体化的产业关联与空间溢出效应分析[J]. 南京财经大学学报, 2020(4): 34-44.

[87] 董会娟, 耿涌. 基于投入产出分析的北京市居民消费碳足迹研究[J]. 资源科学, 2012, 34(3): 494-501.

[88] 王丽萍, 刘明浩. 基于投入产出法的中国物流业碳排放测算及影响因素研究[J]. 资源科学, 2018, 40(1): 195-206.

[89] 毕华玲, 卢福强, 齐婉晴. 基于投入产出法的河北旅游业碳排放测算[J]. 中外企业家, 2018(32): 229.

[90] 王晓旭, 陈晓芳, 卫凯平, 等. 碳氮足迹研究进展与展望[J]. 绿色科技, 2019 (4): 32-34.

[91] 徐恺飞, 金继红. 基于投入产出法的中国制造业碳排放研究[J]. 时代金融, 2020(9): 105-106.

[92] Jesper Kronborg Jensen. Product carbon footprint developments and gaps[J]. International Journal of Physical Distribution & Logistics Management, 2012, 42 (4): 338-354.

[93] 杨东, 刘晶茹, 杨建新, 等. 基于生命周期评价的风力发电机碳足迹分析[J]. 环境科学学报, 2015, 35(3): 927-934.

[94] 宋博, 穆月英. 设施蔬菜生产系统碳足迹研究: 以北京市为例[J]. 资源科学, 2015, 37(1): 175-183.

[95] 刘文珊, 吴雄英, 丁雪梅. 毛纱产品工业碳足迹的核算[J]. 毛纺科技, 2015, 43(2): 57-61.

[96] 张帆, 肖郡笑, 肖锋. 果类农产品碳足迹核算及碳标签推行策略: 以赣南脐

橙为例[J].江苏农业科学, 2016, 44(10): 568-571.

[97] 师帅, 李翠霞, 李媚婷. 畜牧业"碳排放"到"碳足迹"核算方法的研究进展[J]. 中国人口(资源与环境), 2017, 27(6): 36-41.

[98] 童庆蒙, 沈雪, 张露, 等. 基于生命周期评价法的碳足迹核算体系: 国际标准与实践[J]. 华中农业大学学报(社会科学版), 2018(1): 46-57+158.

[99] 崔文超, 焦雯珺, 闵庆文, 等. 基于碳足迹的传统农业系统环境影响评价: 以青田稻鱼共生系统为例[J]. 生态学报, 2020, 40(13): 4362-4370.

[100] Aylin Çiğdem Köne, Tayfun Büke. Factor analysis of projected carbon dioxide emissions according to the IPCC based sustainable emission scenario in Turkey[J]. Renewable Energy, 2019, 133: 914-918.

[101] Maximilian Schueler, Sissel Hansen, Hans Marten Paulsen. Discrimination of milk carbon footprints from different dairy farms when using IPCC Tier 1 Methodology for calculation of GHG emissions from managed soils[J]. Journal of Cleaner Production, 2018, 177: 899-907.

[102] 侯玉梅, 梁聪智, 田歆, 等. 我国钢铁行业碳足迹及相关减排对策研究[J]. 生态经济, 2012(12): 105-108+145.

[103] 赵先贵, 肖玲, 马彩虹, 等. 山西省碳足迹动态分析及碳排放等级评估[J]. 干旱区资源与环境, 2014, 28(9): 21-26.

[104] 张兰怡, 郭小燕, 史本杰. 基于IPCC法的物流业碳足迹测算实证分析[J]. 鸡西大学学报, 2016, 16(11): 88-92.

[105] 闫丰, 王洋, 杜哲等. 基于IPCC排放因子法估算碳足迹的京津冀生态补偿量化[J]. 农业工程学报, 2018, 34(4): 15-20.

[106] 杨名扬, 冯骁, 徐浩. 宁夏能源消费的碳足迹研究[J]. 宁夏大学学报(自然科学版), 2020, 41(3): 291-294+302.

[107] Turan Paksoy, Nimet Yapici Pehlivan, Eren Özceylan. Fuzzy Multi-bjective Optimization of a Green Supply Chain Network with risk management that includes environmental hazards[J]. Human and Ecological Risk Assessment: An International Journal, 2012, 18(5): 1120-115

[108] Hasani Aliakbar, Mokhtari Hadi, Fattahi Mohammad. A Multi-objective Opti-

mization Approach for Green and Resilient Supply Chain Network Design: A Real-Life Case Study[J]. Journal of Cleaner Production, 2021, 278: 123-199.

[109] S.U. Sherif, P. Asokan P., P. Sasikumar, et al. Integrated optimization of transportation, inventory and vehicle routing with simultaneous pickup and delivery in Two-echelon Green Supply Chain Network[J]. Journal of Cleaner Production, 2021, 287.

[110] 田中禾, 陈琛. 现代企业绿色供应链管理模式的建构与优化[J]. 科技管理研究, 2007(10): 176-178.

[111] 郭羽含, 杨晓翠. 绿色供应链网络构建的双阶段综合优化方法[J]. 计算机工程, 2016, 42(10): 192-200.

[112] 吕利平, 马占峰. 基于绿色供应链管理的农产品流通模式优化[J]. 商业经济研究, 2020(5): 116-119.

[113] 张克勇, 李春霞, 姚建明, 等. 政府补贴下具风险规避的绿色供应链决策及协调[J]. 山东大学学报(理学版), 2019, 54(11): 35-51.

[114] Jerome K. Vanclay, John Shortiss, Scott Aulsebrook, et al. Customer response to carbon labelling of groceries[J]. Journal of Consumer Policy, 2011, 34(1): 153-160.

[115] Yvonne Feucht, Katrin Zander. Consumers' preferences for carbon labels and the underlying reasoning: a mixed methods approach in 6 european countries[J]. Journal of Cleaner Production, 2018, 178: 740-748.

[116] Chuan-Min Shuai, Li-Ping Ding, Yu-Kun Zhang, et al. How consumers are willing to pay for low-carbon products? — results from a carbon-labeling scenario experiment in China[J]. Journal of Cleaner Production, 2014, 83: 366-373.

[117] Peschel Anne O, Grebitus Carola, Steiner Bodo, et al. How Does Consumer Knowledge Affect Environmentally Sustainable Choices? Evidence from A Cross-country Latent Class Analysis of Food Labels[J]. Appetite, 2016, 106: 78-91.

[118] Florentine Brunner, Verena Kurz, David Bryngelsson, et al. Carbon label at a university restaurant-label implementation and evaluation[J]. Ecological Economics, 2018, 146: 658-667.

[119] Nazila Babakhani, Andy Lee, Sara Dolnicar. Carbon Labels on restaurant menus: do people pay attention to them? [J]. Journal of Sustainable Tourism, 2020, 28 (1): 51-68.

[120] 佘运俊, 王润, 孙艳伟, 等. 建立中国碳标签体系研究[J]. 中国人口(资源与环境), 2010, 20(S2): 9-13.

[121] 兰梓睿. 发达国家碳标签制度的创新模式及对我国启示[J]. 环境保护, 2020, 48(12): 71-73.

[122] 尹忠明, 胡剑波. 国际贸易中的新课题: 碳标签与中国的对策[J]. 经济学家, 2011(7): 45-53.

[123] 彭永华, 刘昕. 低碳壁垒对我国出口贸易的实质影响与应对思考[J]. 行政与法, 2011(1): 87-91.

[124] 申娜. 碳标签制度对中国国际贸易的影响与对策研究[J]. 生态经济, 2019, 35(5): 21-25.

[125] 彭慧灵, 瞿慧, 李平. 碳标签制度的实施对我国食用菌出口的影响[J]. 北方园艺, 2020(21): 145-150.

[126] 胡剑波, 丁子格, 任亚运. 发达国家碳标签发展实践[J]. 世界农业, 2015 (9): 15-20.

[127] 康丹. 企业产品碳足迹核算及碳标签制度设计[D]. 西安: 西安理工大学, 2018.

[128] 冯振宇. 国际法视角下碳标签法律问题研究[D]. 贵阳: 贵州大学, 2016.

[129] 申成然, 刘小媛. 碳标签制度下供应商参与碳减排的供应链决策研究[J]. 工业工程, 2018, 21(6): 72-80.

[130] C. Pigou. The economics of the war loan[J]. The Economic Journal, 1917, 27 (105): 16-25.

[131] S. J. Birchall. Structural challenges that contributed to the decline of the communities for climate protection programme[J]. Local Environment, 2017, 22(9): 1061-1079.

[132] Babatunde Damilola E, Anozie Ambrose N, Omoleye James A, et al. Prediction of Global Warming Potential and Carbon Tax of a Natural Gas-fired Plant[J]. Ener-

gy Reports, 2020, 6(S9): 1061-1070.

[133] Khastar Mojtaba, Aslani Alireza, Nejati Mehdi. How does carbon tax affect social welfare and emission reduction in Finland? [J]. Energy Reports, 2020, 6: 736-744.

[134] Nordhaus William. A question of balance: weighing the options on global warming policies[M]. New Haven: Yale University Press, 2008.

[135] Hasan Md. Rakibul, Roy Tutul Chandra, Daryanto Yosef, et al. Optimizing inventory level and technology investment under a carbon tax, cap-and-trade and strict carbon limit regulations[J]. Sustainable Production and Consumption, 2021, 25: 604-621.

[136] 贺菊煌, 沈可挺, 徐嵩龄. 碳税与二氧化碳减排的 CGE 模型[J]. 数量经济技术经济研究, 2002(10): 39-47.

[137] 刘兰翠. 我国二氧化碳减排问题的政策建模与实证研究[D]. 合肥: 中国科学技术大学, 2006.

[138] 姚昕, 刘希颖. 基于增长视角的中国最优碳税研究[J]. 经济研究, 2010, 45(11): 48-58.

[139] 刘洁, 李文. 征收碳税对中国经济影响的实证[J]. 中国人口·资源与环境, 2011, 21(9): 99-104.

[140] 包群, 邵敏, 杨大利. 环境管制抑制了污染排放吗?[J]. 经济研究, 2013, 48(12): 42-54.

[141] 马草原, 周亚雄. 配套型环境税、技术进步与污染治理: 基于新经济地理学的分析[J]. 南开经济研究, 2015(2): 118-135.

[142] 王娜, 张玉林. 碳税政策下闭环供应链定价及减排决策[J]. 工业工程与管理, 2020, 25(1): 171-179.

[143] 庞庆华, 周未沫, 向敏. 碳税情形下考虑低碳偏好的收益共享契约协调模型[J]. 工业工程, 2020, 23(6): 75-82.

[144] 王齐齐. 国内环境税研究回顾及展望(1998–2019 年): 基于 CiteSpace 的可视化分析[J]. 林业经济, 2020, 42(7): 27-40.

[145] Ramsey. A contribution to the theory of taxation[J]. The Economic Journal,

1927, 37(145): 47-61.

[146] Sarah E West, Roberton C. Williams. Estimates from A consumer demand system: implications for the incidence of environmental taxes[J]. Journal of Environmental Economics and Management, 2003, 47(3): 535-558.

[147] Shiro Takeda. The double dividend from carbon regulations in Japan[J]. Journal of The Japanese and International Economies, 2006, 21(3): 336-364.

[148] Don Fullerton, Seung-Rae Kim. Environmental investment and policy with distortionary taxes, and endogenous growth[J]. Journal of Environmental Economics and Management, 2008, 56(2): 141-154.

[149] Defa Cai, Yikuan Hao, Jing Cai. Optimal tax policy based on endogenous growth model of low carbon economy[J]. Advanced Materials Research, 2015, 3702: 2759-2762.

[150] Minyue Jin, Xiao Shi, Emrouznejad Ali, et al. Determining the optimal carbon tax rate based on data envelopment analysis[J]. Journal of Cleaner Production, 2018, 172: 900-908.

[151] 付伯颖. 论环境税"双盈"效应与中国环境税制建设的政策取向[J]. 现代财经–天津财经学院学报, 2004(2): 7-9+17.

[152] 程永伟, 穆东. 供应链的碳税模式及最优税率[J]. 系统管理学报, 2016, 25(4): 752-758+766.

[153] 周艳菊, 胡凤英, 周正龙, 等. 最优碳税税率对供应链结构和社会福利的影响[J]. 系统工程理论与实践, 2017, 37(4): 886-900.

[154] 张孜孜. 我国碳税的税率估算及其影响研究[D]. 武汉:华中科技大学, 2014.

[155] 金成晓, 张东敏, 王静敏. 最优环境税、影响因素及配套政策效果研究[J]. 山东大学学报(哲学社会科学版), 2018(3): 39-49.

[156] 李雪慧, 李智, 王正新. 中国征收碳税的福利效应分析:基于2013年中国家庭收入调查数据的研究[J]. 城市与环境研究, 2019(4): 63-79.

[157] 唐文广, 袁晓晖, 郝娜. 基于政企博弈的最优碳税比例选择[J]. 软科学, 2020, 34(7): 94-100.

[158] 许舒婷, 缪朝炜, 檀哲, 等. 碳税制度下企业产品升级及信息披露策略研究 [J]. 管理工程学报, 2020, 34(2): 224-230.

[159] Hepburn Cameron. Carbon trading: a review of the Kyoto Mechanisms[J]. Annual Review of Environment and Resources, 2007, 32: 375-393.

[160] Thais Diniz Oliveira, Angelo Costa Gurgel, Steve Tonry. The effects of a linked carbon emissions trading scheme for Latin America[J]. Climate Policy, 2020, 20 (1):1-17.

[161] Clive L. Spash. The brave new world of carbon trading[J]. New Political Economy, 2010, 15(2): 169-195.

[162] Eckart Zollner. Carbon tax vs carbon trading[J]. Resource, 2020, 22(3): 42-43.

[163] Steven Sorrell. Carbon trading in the policy mix[J]. Oxford Review of Economic Policy, 2003, 19(3): 18-18.

[164] Maria Flora, Tiziano Vargiolu. Price dynamics in the European Union Emissions Trading System and evaluation of its ability to boost emission-related investment decisions[J]. European Journal of Operational Research, 2020, 280(1): 383-394.

[165] Yasaman Memari, Ashkan Memari, Sadoullah Ebrahimnejad, et al. A mathematical model for optimizing a biofuel supply chain with outsourcing decisions under the carbon trading mechanism[J]. Biomass Conversion and Biorefinery, 2021: 1-24.

[166] Qiang Wang, Jiayi Sun. Investment strategy analysis of emission-reduction technology under cost subsidy policy in the carbon trading market[J]. Kybernetes, 2020, 49(2):252-284.

[167] Xu Chen, C K Chan, Y C E Lee. Responsible production policies with substitution and carbon emissions trading[J]. Journal of Cleaner Production, 2016, 134: 642-651.

[168] Hosang Jung, Suk-jae Jeong. A Green Supply Planning Model considering carbon taxes and carbon emission trading[J]. Journal of the Korean Society of Supply Chain Management, 2010, 10(1):13-22.

[169] Zakeri Atefe, Dehghanian Farzad, Fahimnia Behnam, et al. Carbon pricing

versus emissions trading: a supply chain planning perspective[J]. International Journal of Production Economics, 2015, 164:197-205.

[170] Fawcett Tina, Parag Yael. An introduction to personal carbon trading[J]. Climate Policy, 2010, 10(4): 329-338.

[171] Parag Yael, Eyre Nick. Barriers to personal carbon trading in the policy arena [J]. Climate Policy, 2010, 10(4): 353-368.

[172] Fawcett Tina. Personal carbon trading in different national contexts[J]. Climate Policy, 2010, 10(4): 339-352.

[173] L. I. Guzman, A. Clapp. Applying personal carbon trading: a proposed carbon, health and savings system for British Columbia, Canada[J]. Climate Policy, 2017, 17(5): 616-633.

[174] Fahd Mohamed Omar Al-Guthmy, Wanglin Yan. Mind the gap: personal carbon trading for road transport in Kenya[J]. Climate Policy, 2020, 20(9): 1141-1160.

[175] 徐春秋, 赵道致, 原白云. 政府补贴政策下产品差别定价与供应链协调机制[J]. 系统工程, 2014, 32(3): 78-86.

[176] 朱庆华, 窦一杰. 基于政府补贴分析的绿色供应链管理博弈模型[J]. 管理科学学报, 2011, 14(6): 86-95.

[177] 王爱虎, 黄凌波, 贺裕雁, 等. 碳税与减排补贴下混合双寡头企业竞合博弈研究[J]. 工业工程, 2020, 23(2): 9-18.

[178] 曹细玉, 张杰芳. 碳减排补贴与碳税下的供应链碳减排决策优化与协调[J]. 运筹与管理, 2018, 27(4): 57-61.

[189] 李友东, 赵道致, 夏良杰. 低碳供应链纵向减排合作下的政府补贴策略[J]. 运筹与管理, 2014, 23(4): 1-11.

[180] 路正南, 衣珊珊. 考虑碳税政策下的闭环供应链定价策略研究[J]. 生态经济, 2019, 35(9): 75-80+144.

[181] 戴发山, 曹江琴. 考虑低碳偏好和政府补贴的供应链博弈分析[J]. 物流技术, 2015, 34(19): 156-160+248.

[182] 李友东, 赵道致. 考虑政府补贴的低碳供应链研发成本分摊比较研究[J]. 软科学, 2014, 28(2): 21-26+31.

[183] 邱国斌. 不同政府补贴模式对制造商与零售商决策的影响[J]. 科学决策, 2013(7): 12-24.

[184] 杨仕辉, 付菊. 基于消费者补贴的供应链碳减排优化[J]. 产经评论, 2015, 6(6): 104-115.

[185] 罗天龙, 蔡文学. 政府干涉对大宗货物双渠道低碳运输供应链的协调研究[J]. 软科学, 2016, 30(10): 70-74.

[186] Anselm Schultes, Marian Leimbach, Gunnar Luderer, et al. Optimal international technology cooperation for the low-carbon transformation[J]. Climate Policy, 2018, 18(9): 1165-1176.

[187] 熊爱华, 丁友强, 胡玉凤. 低碳门槛下绿色创新补贴对全要素生产率的影响[J]. 资源科学, 2020, 42(11): 2184-2195.

[188] M. A. Gorji, M. B. Jamali. A game-theoretic approach for decision analysis in end-of-life vehicle reverse supply chain regarding government subsidy[J]. Waste Management, 2021(12): 734-747.

[189] Kaiying Cao, Ping He, Zhixin Liu. Production and pricing decisions in a dual-channel supply chain under remanufacturing subsidy policy and carbon tax policy [J]. Journal of the Operational research Society, 2020,71(8): 1199-1215.

[190] Yuyin Yi, Jinxi Li. The effect of governmental policies of carbon taxes and energy-saving subsidies on enterprise decisions in a two-echelon supply chain[J]. Journal of Cleaner Production, 2018, 181:675-691.

[191] 柳键, 邱国斌. 政府补贴背景下制造商和零售商博弈研究[J]. 软科学, 2011, 25(9): 48-53.

[192] 邱国斌. 不同政府补贴模式对制造商与零售商决策的影响[J]. 科学决策, 2013(7): 12-24.

[193] Peng Ma, Haiyan Wang, Jennifer Shang. Contract design for two-stage supply chain coordination: integrating manufacturer-quality and retailer-marketing efforts [J]. International Journal of Production Economics, 2013, 146(2): 745-755.

[194] 熊勇清, 李小龙, 黄恬恬. 基于不同补贴主体的新能源汽车制造商定价决策研究[J]. 中国管理科学, 2020, 28(8): 139-147.

[195] 张扬, 陆宸欣. 政府、企业和消费者三方在新能源汽车后补贴时代的演化博弈分析[J]. 重庆交通大学学报(自然科学版), 2020, 39(5): 38-48.

[196] Junsong Bian, Guoqing Zhang, Guanghui Zhou. Manufacturer vs. consumer subsidy with green technology investment and environmental concern[J]. European Journal of Operational Research, 2020, 287(03): 832-843.

[197] M. C. Cohen, R. Lobel, G. Perakis. The impact of demand uncertainty on consumer subsidies for green technology adoption[J]. Management Science, 2016, 62 (5): 1235-1258.

[198] 王冬冬, 刘勇. 考虑利他偏好和碳减排努力绩效的供应链决策[J]. 工业工程与管理, 2020, 25(6): 116-125.

[199] 王勇, 龙超. 碳交易政策下三级供应链双领域减排合作[J]. 系统管理学报, 2019, 28(4): 763-770.

[200] 孙晓华, 郑辉. 技术溢出、研发投资与社会福利效应[J]. 科研管理, 2012, 33 (9): 47-53.

[201] 尚猛, 李辉, 康建英. 考虑低碳推广的供应链合作决策与协调[J]. 计算机工程与应用, 2019, 55(23): 235-240+247.

[202] 刘名武, 万谧宇, 吴开兰. 碳交易政策下供应链横向减排合作研究[J]. 工业工程与管理, 2015, 20(3): 28-35.

[203] Hui Li, Chuanxu Wang, Meng Shang, et al. Pricing, Carbon Emission reduction, low-carbon promotion and returning decision in a closed-loop supply chain under vertical and horizontal cooperation[J]. Multidisciplinary Digital Publishing Institute, 2017, 14(11): 1332-1332.

[204] 李卫红, 陈圻, 王强. 基于NASH谈判模型的上下游企业R&D合作与协调机制研究[J]. 管理工程学报, 2012, 26(2): 65-71.

[205] Tsao Yu Chung, Sheen Gwo Ji. Effects of promotion cost sharing policy with the sales learning curve on supply chain coordination[J]. Computers & Operations Research, 2012, 39(8): 1872-1878.

[206] 谢鑫鹏, 赵道致. 低碳供应链企业减排合作策略研究[J]. 管理科学, 2013, 26(3): 108-119.

[207] 黄守军, 陈其安, 任玉珑. 低碳技术组合应用下纵向合作减排的随机微分对策模型[J]. 中国管理科学, 2015, 23(12): 94-104.

[208] 王素凤, 杨善林, 彭张林. 面向多重不确定性的发电商碳减排投资研究[J]. 管理科学学报, 2016, 19(2): 31-41.

[209] 张翼, 杜涛. 中国高质量工业碳减排的地区协同路径: 基于雁阵式发展视角[J]. 学习与实践, 2020(11): 49-57.

[210] 王芹鹏, 赵道致. 两级供应链减排与促销的合作策略[J]. 控制与决策, 2014, 29(2): 307-314.

[211] 徐春秋, 赵道致, 原白云, 等. 上下游联合减排与低碳宣传的微分博弈模型[J]. 管理科学学报, 2016, 19(2): 53-65.

[212] 赵道致, 原白云, 徐春秋. 低碳环境下供应链纵向减排合作的动态协调策略[J]. 管理工程学报, 2016, 30(1): 147-154.

[213] 游达明, 朱桂菊. 低碳供应链生态研发、合作促销与定价的微分博弈分析[J]. 控制与决策, 2016, 31(6): 1047-1056.

[214] 陈东彦, 黄春丽. 滞后效应影响下低碳供应链减排投入与零售定价[J]. 控制与决策, 2018, 33(9): 1686-1692.

[215] 王道平, 王婷婷. 政府补贴下供应链合作减排与促销的动态优化[J]. 系统管理学报, 2020, 29(6): 1196.

[216] Hui Li, Chuanxu Wang, Meng Shang, et al. Cooperative decision in a closed-loop supply chain considering carbon emission reduction and low-carbon promotion [J]. Environmental Progress & Sustainable Energy, 2019, 38(01): 143-153.

[217] Honghu Gao, Shifeng Liu, Danting Xing, et al. Optimization strategy of cooperation and emission reduction in supply chain under carbon tax policy[J]. Journal of Discrete Mathematical Sciences & Cryptography, 2018, 21(04): 825-835.

[218] M. K. Chien, L. H. Shih. An empirical study of the implementation of Green Supply Chain Management Practices in the electrical and electronic industry and their relation to organizational performances[J]. International Journal of Environmental Science and Technology, 2007, 4(3): 383-383.

[219] C. Ninlawan, P. Seksan, K. Tossapol, et al . The implementation of Green

Supply Chain Management practices in electronics industry[J]. Lecture Notes in Engineering and Computer Science, 2010, 2182(1): 1563-1563.

[220] 路世昌, 王晨. 基于绿色供应链管理的企业综合竞争力研究：以电子制造企业为例[J]. 辽宁工程技术大学学报(社会科学版), 2017, 19(3): 289-296.

[221] 朱庆华, 窦一杰. 绿色供应链中政府与核心企业进化博弈模型[J]. 系统工程理论与实践, 2007(12): 85-89+95.

[222] Jörn-Henrik Thun, Daniel Hoenig. An empirical analysis of supply chain risk management in the German automotive industry[J]. International Journal of Production Economics, 2009, 131(1): 242-249.

[223] Damert Matthias, Baumgartner Rupert J. Intra-Sectoral differences in climate change strategies: evidence from the global automotive industry. [J]. Business strategy and the environment, 2018, 27(3): 265-281.

[224] B Kaiser, P D Eagan, H Shaner. Solutions to health care waste: life-cycle thinking and "Green" purchasing[J]. Environmental Health Perspectives, 2001, 109(3): 205-207.

[225] Wan Nurul K. Wan Ahmad, Jafar Rezaei, et al. Commitment to and preparedness for sustainable supply chain management in the oil and gas industry[J]. Journal of Environmental Management, 2016, 180: 202-213.

[226] Hamideh Shekari, Skandar Shirazi, Mohamad Ali Afshari, et al. Analyzing the key factors affecting the Green Supply Chain Management: a case study of steel industry[J]. Management Science Letters, 2011, 1(4): 541-550.

[227] Towfique Rahman, Syed Mithun Ali, Md. Abdul Moktadir, et al. Evaluating barriers to implementing Green Supply Chain Management: an example from an emerging economy[J]. Production Planning & Control, 2020, 31(8): 673-698.

[228] 郑季良, 周旋. 钢铁企业绿色供应链管理协同效应评价研究[J]. 科研管理, 2017, 38(S1): 563-568.

[229] Ai Chin Thoo, Abu Bakar Abdul Hamid, Amran Rasli, et al. The moderating effect of enviropreneurship on Green Supply Chain Management practices and sustainability performance[J]. Advanced Materials Research, 2014(2915): 773-776.

[230] Sreejith Balasubramanian, Vinaya Shukla. Green Supply Chain Management: an empirical investigation on the construction sector[J]. Supply Chain Management: An International Journal, 2017, 22(1): 58-81.

[231] Noor Aslinda Abu Seman, Kannan Govindan, Abbas Mardani, et al. The mediating effect of green innovation on the relationship between Green Supply Chain Management and environmental performance[J]. Journal of Cleaner Production, 2019, 229: 115-127.

[232] K. Mathiyazhagan, Ali Diabat, Abbas Al-Refaie, et al. Application of analytical hierarchy process to evaluate pressures to implement Green Supply Chain Management[J]. Journal of Cleaner Production, 2015, 107: 229-236.

[233] Allen H. Hu, Chia-Wei Hsu. Critical factors for implementing Green Supply Chain Management practice[J]. Management Research Review, 2010, 33(6): 586-608.

[234] Xiangmeng Huang, Boon Leing Tan, Xiaoming Ding. An exploratory survey of Green Supply Chain Management in Chinese manufacturing small and medium-sized enterprises[J]. Journal of Manufacturing Technology Management, 2015, 26(1): 80-103.

[235] Hsin-Hung Wu, Shih-Yu Chang. A case study of using DEMATEL Method to identify critical factors in Green Supply Chain Management[J]. Applied Mathematics and Computation, 2015, 256: 394-403.

[236] 周鹏飞, 陈栋, 王秋良. 建筑绿色供应链实施的仿真分析: 以大连为例[J]. 系统仿真学报, 2014, 26(1): 173-180.

[237] 梁婷, 庄云娇. 绿色供应链管理在建筑业的应用研究[J]. 价值工程, 2016, 35(7): 96-98.

[238] Richard Saade, Mira Thoumy, Omar Sakr. Green Supply Chain Management adoption in lebanese manufacturing industries: an exploratory study[J]. International Journal of Logistics Systems and Management, 2019, 32(3/4): 520-547.

[239] 刘洁. 基于精益思想的汽车绿色供应链管理绩效评价及实证研究[D]. 天津: 天津师范大学, 2018.

[240] 冀巨海, 郭忠行. 钢铁企业绿色供应链管理绩效灰色关联评价[J]. 太原理工大学学报, 2012, 43(2): 224-228.

[241] 昌业芹. 钢铁企业低碳供应链绩效评价研究[D]. 重庆:重庆交通大学, 2015.

[242] 张彩平, 张莹. 基于资源价值流的碳绩效评价指标及其在钢铁企业的应用 [J]. 湖南财政经济学院学报, 2016, 32(1): 39-47.

[243] 温素彬, 朱珊, 张宇晴. 企业碳排放绩效评价指标体系的构建及应用[J]. 会计之友, 2017(20): 127-130.

[244] 周容霞, 郑颖. 基于神经网络的钢铁企业低碳供应链绩效的模糊综合评价 [J]. 哈尔滨师范大学自然科学学报, 2018, 34(2): 70-76.

[245] 许立帆, 成楠. 碳关税背景下中国制造业转型升级的思考[J]. 时代经贸, 2016(33): 42-45.

[246] 李岩岩, 兰玲, 陆敏. 碳税对工业企业节能减排影响的模拟分析[J]. 统计与决策, 2017(16): 174-177.

[247] 王文举, 姚益家. 碳税规制下地方政府与企业减排行为分析[J]. 财经问题研究, 2019(11): 39-46.

[248] 喻小宝, 郑丹丹. 动力学视角下电力行业碳减排反馈机制研究[J]. 上海电力大学学报, 2020, 36(6): 603-612.

[249] 刘瑞芝, 赵艳妍, 高伟强, 等. 水泥行业在碳交易政策下的前景展望[J]. 水泥, 2017(8): 1-4.

[250] 宋献中, 刘浪, 郭枫晚. 企业碳减排措施选择及动因研究:以碳排放权交易试点A电力企业为例[J]. 财会月刊, 2019(1): 141-150.

[251] 孙振清, 李欢欢, 刘保留. 中国碳交易下的工业绿色发展效率及影响因素 [J]. 华东经济管理, 2020, 34(12): 57-64.

[252] 吴军, 李曼, 徐广姝, 等. 碳排放总量控制下行业间碳配额分配的博弈机制研究[J]. 北京化工大学学报(自然科学版), 2020, 47(6): 115-120.

[253] 李新军, 陈美娜, 达庆利. 碳交易视角下政府管制的汽车制造企业闭环供应链优化决策[J]. 管理评论, 2020, 32(5): 269-279.

[254] 屠年松, 余维珩. 碳关税对制造业全球价值链嵌入的影响研究:基于WTO改革背景[J]. 生态经济, 2020, 36(9): 25-31.

[255] Sarita Bahl. Green banking —The new strategic imperative[J]. Asian Journal

of Research in Business Economics and Management, 2012, 2(2): 176-185.

[256] V. R. Pramod, D. K. Banwet, P. R. S. Sarma. Understanding the barriers of service supply chain management: an exploratory case study from Indian telecom industry[J]. OPSEARCH, 2016, 53(2): 358-374.

[257] 顾金星. 绿色供应链金融博弈模型研究[D]. 大连:大连理工大学, 2017.

[258] 黄浩锋. 电子商务环境下的绿色供应链管理研究[J]. 现代商业, 2017(5): 9-10.

[259] 朱云亚. 绿色物流服务供应链绩效评价研究[D]. 徐州:中国矿业大学, 2016.

[260] 聂晓培, 周星, 周敏, 等. 生产性服务业与制造业节能减排评价及影响因素研究[J]. 中国矿业大学学报, 2020, 49(4): 807-818.

[261] 崔铁宁, 牟雪娇. 绿色供应链视角下的物质流过程:厨余垃圾减量研究[J]. 环境科学与技术, 2017, 40(10): 196-204.

[262] 孙玉环, 杨光春. 中国旅游业碳排放的影响因素分解及脱钩效应[J]. 中国环境科学, 2020, 40(12): 5531-5539.

[263] 郑洁, 柳存根, 林忠钦. 绿色船舶低碳发展趋势与应对策略[J]. 中国工程科学, 2020, 22(6): 94-102.

[264] 田静, 刘学文. 低碳壁垒影响下中国低碳外贸发展的制度安排[J]. 价格月刊, 2020(11): 73-79.

[265] 包耀东, 李晏墅, 张世忠. 长三角区域物流业碳排放规模及其影响因素研究[J]. 生态经济, 2020, 36(11): 25-31+53.

[266] 滕泽伟. 中国服务业绿色全要素生产率的空间分异及驱动因素研究[J]. 数量经济技术经济研究, 2020, 37(11): 23-41.

[267] 江红莉, 王为东, 王露, 等. 中国绿色金融发展的碳减排效果研究:以绿色信贷与绿色风投为例[J]. 金融论坛, 2020, 25(11): 39-48+80.

[268] 余奕杉, 卫平, 高兴民. 生产性服务业集聚对城市绿色全要素生产率的影响:以中国283个城市为例[J]. 当代经济管理, 2021, 43(4): 1-15.

[269] 王许亮, 王恕立. 中国服务业集聚的绿色生产率效应[J]. 山西财经大学, 2021(3): 43-55.

[270] 李晓华, 邵举平, 孙延安. 绿色低碳产品消费市场活力激发研究:基于绿色家电产品的演化博弈[J]. 生态经济, 2021, 37(1): 27-34.